Transit   Heft 5   Winter 1992/93
Gute Gesellschaft

Editorial   2

Charles Taylor, *Wieviel Gemeinschaft braucht die Demokratie?*   5

Jerzy Szacki, *Aus einem fernen Land. Kommentar zu Taylor*   21

Otto Kallscheuer, *Individuum, Gemeinschaft und die Seele Amerikas. Die christliche Republik*   31

Bert van den Brink, *Gerechtigkeit und Solidarität. Die Liberalismus-Kommunitarismus-Debatte in der politischen Philosophie*   51

Susan M. Okin, *Für einen humanistischen Liberalismus*   74

Iris M. Young, *Stadtleben und Differenz. Die Stadt als Modell für eine offene Gemeinschaft*   91

Willem van Reijen, *Das Politische - eine Leerstelle. Zur politischen Philosophie in Frankreich*   109

Günter Frankenberg, *Fremde in Deutschland. Stichworte zur Alchemie von Recht und Fremdheit*   123

Robert Wistrich, *Iudaeus ex machina. Die Wiederkehr eines alten Feindbildes*   140

Jacqueline Hénard, *Von Zigeunern und Menschen*   150

Artur Szlosarek, *Vorlieben. Gedichte*   159

Susanne Marten, *Das Erdbeben. Virtuosen. Zwei Erzählungen*   163

David Stork, *Die Krönung des Ion Cioaba. Photographien*   177

Zu den Autoren   185

Editorial

Wie keine andere Modernisierungsstrategie hat der Kommunismus die traditionalen Bindungen der Gesellschaft nicht nur zur Disposition gestellt, sondern programmatisch und systematisch zerstört – um eine neue Gemeinschaft zu stiften. Daran ist er gescheitert. Nur noch Zwang und Widerstand hielten die Gesellschaft zusammen. Wenn dieser Zwang wegfällt – wie 1989 geschehen –, entsteht ein enormer (Nachhol-)Bedarf an Bindungen und Identitäten. Nationalismus und Fremdenfeindlichkeit waren in den neuen Demokratien schnell zur Stelle, um Surrogatgemeinschaften und -identitäten anzubieten.

Doch ist das Problem sicherlich nicht auf die postkommunistischen Gesellschaften beschränkt. 1989 ist nicht einfach ein Teil Europas zugunsten des anderen verschwunden. Es war ein unterirdisches Erdbeben, das die Fundamente Europas erschüttert hat. Europa nach 1989 ist so wenig ein größer gewordenes Westeuropa, wie Deutschland eine größere Bundesrepublik ist. Beide müssen neu aufgebaut werden. Eine Reflexion auf ihre Grundbedingungen hat also vielleicht nicht nur theoretische Bedeutung.

Heute ist es nicht mehr möglich, »westlich«, »liberal« oder »Demokratie« schlicht als Gegenbegriffe zum bösen östlichen Totalitarismus zu definieren. Was bedeuten diese Begriffe also? Was macht eine liberale demokratische Gesellschaft aus? Ihrem Anspruch nach zeichnet sie sich durch Offenheit aus: die Anderen, das Andere und Neues gelten zu lassen – jene Fähigkeit also, die wir – wie keine andere – stolz und vielleicht selbstgerecht mit »Demokratie«, mit dem »Westen« und seinem »Liberalismus« verbinden. So universal dieser grundlegende Offenheitsanspruch »unserer« Gesellschaften ist, er ist doch zugleich kontingent, Resultat eines geschichtlichen Prozesses. Daß die Geschichte dieses Anspruchs ihm keineswegs äußerlich ist, zeigt sich darin, daß der Weg in den westlichen, liberalen und demokratischen Himmel bis heute mit Ausschluß und Unterdrückung von Anderen – Sklaven, Indianern oder Frauen, um nur einige zu nennen – gepflastert ist. Aber selbst wenn es gelänge, alle Ausschlußmechanismen zu identifizieren und außer Kraft zu setzen, was wäre mit jenen Anderen, die gesellschaftliche und kulturelle Vorstellungen mitbringen, die unvereinbar mit »unseren« sind?

Die vor kurzem von Amerika nach Europa übergesprungene »Kommunitarismus-Debatte«, deren zentrale Argumentationslinien Bert van den Brink nachzieht, kann man interpretieren als den Versuch einer kritischen Rückwendung der liberalen Gesellschaft auf sich selbst, als eine Bestandsaufnahme sowohl der immanenten Ursachen für ihre Krise als auch der eigenen Kräfte zu deren Überwindung. Eine Kritik am westlichen Liberalismus also, die von innen kommt – in dem Sinne auch, daß der Liberalismus in dieser Diskussion vielfach im Namen seiner eigenen, uneingelösten Ideale kritisiert wird.

Auf die Wahrung der Rechte des einzelnen bedacht, stellt das liberale Modell die traditionellen sozialen Bindungen und Verbindlichkeiten zur Disposition, ja trägt zu ihrer Auflösung bei, ohne im selben Maße neue zu produzieren. Gleichzeitig bedarf das liberale Modell eben dieser Bindungen, um seine Ziele überhaupt durchzusetzen und seine Errungenschaften zu bewahren – um lebensfähig zu sein.

In Krisenzeiten besinnt man sich auf diese Ressourcen: Dann wird gerne die Idee der Gemeinschaft beschworen, als Remedium gegen die strukturellen Defizienzen, mit welchen die modernen Gesellschaften in den Augen ihrer Kritiker von Geburt an behaftet sind (und die, wie Willem van Reijen zeigt, bei einigen Vertretern der politischen Philosophie in Frankreich, positiv gewendet, ontologischen Status annehmen können.)

Als vor- bzw. außerinstitutionelle Bedingung einer lebendigen liberalen Demokratie nennt Charles Taylor »Patriotismus« im Sinne von Bürgertugend jenseits individueller Interessen und diesseits einer *volonté générale* (gleich welcher Provenienz).

Jerzy Szacki akzeptiert Bürgersinn als Bedingung für Demokratie, aber er stellt die Frage: Wie soll die Demokratisierung der postkommunistischen Gesellschaft in Polen bewerkstelligt werden, wenn diese Bedingung dort nicht gegeben ist? Taylor gibt keine Antwort, wie sie zu schaffen sei. West und Ost scheinen noch immer weit voneinander entfernt, auch was die »demokratischen Gewohnheiten« und ihre Reflexion betrifft.

Otto Kallscheuer versucht zu zeigen, daß die amerikanische Gesellschaft und ihre Demokratie von jeher auf Bürgertugenden beruhst. Insofern hat sie nie recht dem liberalen Inbild entsprochen, das man sich gerne von ihr macht. Ihre Wurzeln liegen in der »amerikanischen Seele«, wie sie den Bund der Auswanderer mit seiner spezifischen Kombination von Pluralismus und individueller Gotteserfahrung inspiriert.

Nicht alle gemeinschaftsstiftenden Kräfte sind so unumstritten wie die von Taylor beschworenen Bürgertugenden. Einige tragende Gemeinschaftsstrukturen, über die die liberale Gesellschaft sich bis auf den heutigen Tag reproduziert, hält sie zugleich von ihren liberalen Prinzipien ausgeschlossen. Eine solche Struktur ist die Familie. Susan M. Okin will zeigen, wie diese Gemeinschaftsform mittels der klassischen Unterscheidung öffentlich/privat von Gerechtigkeitskriterien ausgenommen wird und so als strapazierbares Unterfutter der modernen amerikanischen Gesellschaft fungieren kann. Okins Analyse ist ein liberales Plädoyer für die Durchsetzung der Rechte der Einzelnen, besser: der Frauen, auch dort, wo der Staat – zu deren vermeintlichem Schutz – bisher vor der Tür blieb – und zugleich durch die Hintertür intervenierte.

Während Okin die Inkonsequenz und Halbherzigkeit des herrschenden Liberalismus aufdecken will, warnt – ebenso aus liberalen Motiven – Iris M. Young vor den Konsequenzen eines radikalen alternativen Gemeinschaftskonzepts, das gegen die Pluralität der modernen liberalen Gesellschaft den Traum von Unmittelbarkeit, Transparenz und Einheit beschwört: Gemeinschaften können auch Anschlußstellen zu Nationalismus, Xenophobie und Fundamentalismus – alt oder neu – bilden; sie neigen dazu, sich abzuschließen und Andere (und das Andere) auszuschließen. Die Großstadt mit ihrer niemals in sich selbst abschließbaren Komplexität scheint Young daher ein ideales Modell für eine offen Gemeinschaft. Ein Modell, möchte man zu bedenken geben, das vielleicht doch nur bei halbwegs schönem Wetter funktioniert.

Wie Okin versucht Günter Frankenberg, einen inneren Widerspruch der liberalen Gesellschaft bloßzulegen, und zwar in der Rechtsvorstellung und -praxis hinsichtlich der »Fremden« in Deutschland: Die ethnische Konzeption und juristische Konstruktion dessen, was als deutsch gilt, funktioniert als Ausschlußmechanismus und verstößt so gegen die das Grundgesetz inspirierenden Prinzipien von Gleichheit und Gerechtigkeit. Ein größtenteils längst integrierter Teil der Gesellschaft darf zwar drinnen bleiben, aber vor der Tür.

Auch die Artikel von Jacqueline Hénard und Robert Wistrich thematisieren Ausschlußmechanismen liberaler Gesellschaften. So universal wie die Ablehnung der Zigeuner scheint das Fortleben des Antisemitismus – selbst dort, wo er seine Opfer längst vernichtet hat.

Viele Ausschlußmechanismen lassen sich als langfristig behebbare Defizite interpretieren: Reste von Ungleichheit. Soweit sie aber konstitutiv sind, stellen sie für die liberale Gesellschaft ein Dilemma dar. 1989 hat dieses Dilemma zu einem akuten Problem werden lassen.

Wien und Boston, Dezember 1992

Charles Taylor
Wieviel Gemeinschaft braucht die Demokratie?

I

Im folgenden möchte ich über die Voraussetzungen der Demokratie am Ende des 20. Jahrhunderts nachdenken. Gleichzeitig möchte ich im Zuge dieser Überlegungen danach fragen, was wir heute unter dem Begriff »Demokratie« verstehen.

Zuvor aber einige Bemerkungen über die zentrale Bedeutung der Demokratie für unsere Zeit. Die Demokratie ist zu einer Norm geworden, der sich niemand mehr verweigern kann. Es gibt eine Art Demokratisierungsdruck, der für alle Gesellschaften gilt, auch wenn dieser Trend in vielen Teilen der Welt blockiert ist oder die Bewegung sogar rückwärts verläuft.

Letzten Endes hängt dies mit der Frage zusammen, was heute als politische Legitimation akzeptiert wird. Die letzten Herrschaftssysteme, die auf Hierarchie oder vererbter Autorität beruhen, sind verschwunden. Die Welle der faschistischen und rechts-autoritären Regime vor dem Zweiten Weltkrieg repräsentierte die letzte ideologische Alternative zur Demokratie. Seitdem müssen sich alle Regierungsformen als Demokratien legitimieren. Auch die kommunistischen Regime beanspruchten, eine radikalere Demokratie zu besitzen als die bürgerlichen Gesellschaften. Und wo es heute noch autoritäre Regime gibt, behaupten sie, die Gesellschaft zur Demokratie zurückzuführen, sobald sie dazu »bereit« sei. Kurz, es ist heute einzig die Demokratie, die politische Legitimität liefert. Vielleicht ist all dies nur Ausdruck der heute geltenden Formen obligatorischer Heuchelei. Dennoch glaube ich, daß die zunehmende Verpflichtung zur Demokratie tiefere Gründe hat.

Um dies besser zu verstehen, müssen wir festhalten, daß die Demokratie und die zentralen Ideale des liberalen Kanons – Freiheit der Person und Rechtsstaatlichkeit – eine enge Verbindung eingegangen sind und sich gegenseitig stützen. Die Liberalen haben stets behauptet, daß beide einander bedingen, doch war dies keineswegs immer der Fall. Im 18. Jahrhundert, dem goldenen Zeitalter des Despotismus, gab es Regierungsformen, die das Recht respektierten und in denen zumindest die führenden

Schichten Schutz genossen, in denen aber nicht einmal für sie eine Möglichkeit vorgesehen war, sich an den Regierungsgeschäften zu beteiligen.

Mit dem Zerfall hierarchischer Formen samt den entsprechenden klaren Grenzen zwischen den Klassen schwanden die Bedingungen, denen sich diese Despotien verdankten. Seitdem gibt es keine unüberwindliche Schranke mehr, die ein despotisches Regime davon abhalten könnte, die schlimmsten Menschenrechtsverletzungen zu begehen. Die einzige Garantie für Freiheit der Person und Wahrung des Rechts bietet die Demokratie oder zumindest die Aussicht, daß sie in absehbarer Zeit eingerichtet wird. Umgekehrt sind Freiheit der Person und Rechtsstaatlichkeit offensichtlich Bedingungen einer echten Demokratie, d.h. einer politische Form, unter der sich die Menschen unabhängig von der herrschenden Macht organisieren können, um sie abzulösen oder eine andere Politik zu erzwingen. Rechtsstaatlichkeit und Demokratie gehören zusammen.

II

Was ist eine Demokratie, und was macht sie lebensfähig und lebendig? Natürlich kann man Demokratie stets als ein Bündel bestimmter institutioneller Merkmale definieren, etwa die Existenz repräsentativer, durch Abstimmung gewählter Versammlungen oder Parteienpluralismus. Aber ganz abgesehen davon, daß wohl keine Liste solcher Merkmale unumstritten sein dürfte, fehlt dieser Definition etwas Wesentliches. Sie beantwortet nicht die Frage, in welchem spezifischen Verhältnis die Bürger eines demokratischen Gemeinwesens zueinander stehen. Im folgenden will ich versuchen, den realen politischen Prozeß besser zu verstehen, der die Demokratie auszeichnet, aber auch die Art und Weise, wie er die an ihm Beteiligten zueinander in Beziehung setzt.

Es gibt eine ganze Reihe von Theorien, die bereits Erklärungen anbieten. Ich möchte hier nur zwei erwähnen, die weitverbreitet und beliebt, meiner Ansicht nach aber falsch und in verhängnisvoller Weise irreführend sind. Danach möchte ich eine dritte Theorie vorschlagen. Natürlich kann keine Theorie eine komplexe Wirklichkeit wie das demokratische Gemeinwesen jemals erschöpfend erklären. Und jede Theorie, auch die schlechteste, wird auf irgendeinen Aspekt dieser Wirklichkeit zutreffen. Einige Theorien schließlich machen den Fehler, Aspekte der Demokratie mit ihrem Wesen zu verwechseln.

Hier von einzelnen »Theorien« zu sprechen, ist eine Vereinfachung. Auch wenn ich zuweilen den Singular benutze, meine ich jeweils eine Familie von Theorien, die sich auf ähnliche Grundvorstellungen stützen.

1. Die erste, unzutreffende, Theorie ist in der amerikanischen Politologie bis heute sehr geläufig. Ihre Hauptwurzeln liegen in der ökonomisch argumentierenden Demokratietheorie, wie sie zuerst von Schumpeter formuliert wurde.[1] Die Theorien Lockes und Hobbes' und deren Fortführung durch die Aufklärer des 18. Jahrhunderts bilden eine weitere Quelle.

Zentral für diese erste Demokratietheorie (ich nenne sie im folgenden auch »ökonomische Theorie«), die ich hier diskutieren möchte, ist die Vorstellung, daß die politische Form der Gesellschaft ein von der Gemeinschaft in Anspruch genommenes Instrumentarium ist, das den Zielsetzungen ihrer Mitglieder, seien es Individuen oder Gruppen, unterworfen ist. Ziele und Zwecke werden dabei grundsätzlich, ja, man kann sagen ontologisch, als solche von Individuen verstanden. Gruppenziele sind insofern Resultat einer Konvergenz von individuellen Zielen. Ein Gemeinschaftsziel kann immer auf seine individuellen Komponenten zurückgerechnet werden.

Eine Demokratie zeichnet sich demnach dadurch aus, daß sie in der Lage ist, auf die Zielsetzungen und Wünsche ihrer Mitglieder einzugehen. Da aber jegliche Form politischer Herrschaft auf *irgend jemandes* Wünsche eingeht, und seien es nur die des Despoten, können wir die Stärke des demokratischen Systems als Gerechtigkeit fassen: Ideal gesprochen, gilt hier der Wunsch jedes einzelnen gleichviel. Ein weiterer wichtiger Vorzug der Demokratie besteht darin, daß sie nicht nur gerecht ist, sondern den Bedürfnissen und Zielsetzungen der Menschen auch gerecht wird. Dabei kann der Anspruch auf Wirksamkeit mit dem auf Gerechtigkeit in Widerspruch geraten. Für die beste Methode, die Vorzüge der Demokratie in die politische Wirklichkeit umzusetzen, gelten regelmäßige Wahlen zum Parlament und zu Regierungsämtern unter den Bedingungen des Parteienpluralismus, kurz Prozeduren und Institutionen, die wir gemeinhin mit Demokratie assoziieren.

Offensichtlich korrespondiert dieses Bild mit einigen Merkmalen moderner hochindustrialisierter und bürokratisierter politischer Gemeinwesen. Und tatsächlich haben viele, die mit dieser Theorie konfrontiert werden, den Eindruck, daß sie der Erfahrung im Vergleich zu anderen Theorien am besten entspricht. Der Erfahrung von Bürgern einer unübersichtlich gewordenen, bürokratisch verwalteten Gesellschaft, die sich nur minimal mit ihr identifizieren. Sie haben aber ihre eigenen Lebenspläne und nehmen das in ihren Augen allen zustehende Recht in Anspruch, sie zu verwirklichen und dabei auch Unterstützung zu finden (oder zumindest nicht daran gehindert zu werden). Von der Regierung fordern sie, daß sie als wirksames und faires kollektives Instrument handelt. Die Ansprüche ähneln den Erwartungen, die man einem Geschäftspartner gegenüber hegt, genauer gesagt, gegenüber einer Gruppe konkurrierender Unternehmen, die es erlaubt, bei Nichtgefallen den Partner zu wechseln. Von dieser Analogie macht Schumpeter Gebrauch, wenn er den Kampf der Parteien um die Gunst des Wählers nach dem Muster von Firmen interpretiert, die um Konsumenten werben.

Dieses Modell der Demokratie vernachlässigt gerade das, was von jeher als die Tugend und Würde des Bürgers, als »Bürgerschaft« (*citizenship*) angesehen wurde: daß Menschen sich aktiv an der Regierung ihres Gemeinwesens beteiligen, daß sie sich in gewisser Weise selbst regieren. Der ökonomische Blick übersieht dieses Prinzip der Partizipation allerdings weniger, als daß er es mit Argwohn betrachtet. Zwar konzediert auch er den Bürgern ein gewisses Maß an Einfluß, um zu gewährleisten, daß das System ihren Ansprüchen entspricht; dazu gehören allgemeines Stimmrecht und die Möglichkeit, neue Parteien oder Bewegungen zu gründen, wenn wichtige Ziele bei den alten keine hinreichende Unterstützung finden. Eine darüber hinausgehende Aktivität der Bürger – etwa daß sie sich unmittelbar an politischen Entscheidungen beteiligten – ist allerdings keineswegs erforderlich. Es reicht, daß sie durch die Macht, die Regierung abzuwählen, eine glaubhafte Bedrohung für alle Politiker darstellen, die den Kontakt zu den Wünschen ihrer Wähler verlieren.

Eine intensivere Partizipation, so die Argumentation, wäre kontraproduktiv, wenn nicht geradezu gefährlich. Kontaproduktiv, weil die Wahrnehmung von Regierungsgeschäften heute ein beträchtliches Fachwissen voraussetzt. Man überläßt sie daher besser den Experten bzw. Leuten, die eine besondere Fähigkeit und Erfahrung haben, sich des Expertenwissens zu bedienen, also den professionellen Politikern. Wenn sich hier jeder Bürger einmischen könnte, so würde das die Effizienz der Politik beträchtlich senken; es käme zu Enttäuschung und Legitimitätsverlust, was sogar gefährlich werden kann. Die Mobilisierung der Massen zwecks Druckausübung auf die Regierung kann aber auch unmittelbar gefährlich sein. Sie könnte die empfindliche Balance zerstören, die die Regierung finden muß, wenn sie den unterschiedlichen Interessen gerecht werden will, und dies wäre eine Gefahr für das ganze Gemeinwesen.

Es gibt eine ganze Reihe von Argumenten gegen diese Theorie. Von links kam die Kritik, daß das System die verschiedenen Interessen nicht so gleich und umfassend berücksichtigt, wie es seine Befürworter behaupten. In der Tat können sich nicht alle Interessengruppen in gleichem Maße geltend machen. Manche werden systematisch benachteiligt und finden nur schwer Gehör bei den Politikern, wie etwa unterprivilegierte ethnische oder sprachliche Minderheiten.

Zweifellos spricht einiges für diese Argumente, doch berühren sie nicht das, worum es mir hier geht: um die Grundvoraussetzungen des demokratischen Gemeinwesens. Würde es seinem Anspruch genügen, wenn es allen Interessen gleichermaßen gerecht und damit vollkommen verwirklicht würde? Ich glaube nicht. Mein Argument ist nicht einfach, daß Partizipation und die damit gegebene Würde ein bedeutendes menschliches Gut darstellen. Dem könnte die ökonomische Theorie leicht entgegenhalten, daß sie zwar im Prinzip damit übereinstimme, daß Partizipation über ein gewisses Maß hinaus aber nicht praktikabel sei.

Mir geht es um etwas Grundlegenderes. Die ökonomische Theorie ignoriert das zentrale Anliegen der gesamten bürgerlich-humanistischen Tradition: daß nämlich jede freie (d.h. nichtdespotische) Regierungsform einer starken Identifikation von seiten ihrer Bürger bedarf – etwas, das Montesquieu *vertu* nannte. Die Bürger müssen die Pflichten auf sich nehmen – manchmal sogar unter persönlichen Opfern –, die die Pflege ihres Gemeinwesens mit sich bringt, und es gegen seine Feinde verteidigen. Sie müssen Steuern zahlen, sich an die Gesetze halten und sich engagieren, wenn ihre Gemeinschaft von innen oder von außen bedroht ist. Wenn sie dies nicht unter Zwang tun sollen (was sich für eine freie politische Gemeinschaft verbietet), dann müssen sie es selbst wollen. Das setzt aber voraus, daß die Bürger einen starken Sinn für die Zugehörigkeit zu ihrem Gemeinwesen haben, ja daß sie im äußersten Fall dazu bereit sind, für es zu sterben. Kurz, sie müssen etwas besitzen, das man bis ins 18. Jahrhundert hinein »Patriotismus« nannte.

Vor diesem Hintergrund weist das Bild der Demokratie, wie es die ökonomische Theorie zeichnet, wesentliche Lücken auf. Wenn die Menschen ihre Zielsetzungen wirklich als individuell, wenn sie ihr Gemeinwesen wirklich als Instrument ansähen, dann besäßen sie keinen Patriotismus, keine *vertu*, und die Gemeinschaft der Bürger wäre nicht imstande, sich äußeren Angriffen, inneren Umsturzversuchen oder einfach der Erosion der politischen Institutionen zu widersetzen. Das System zu betrügen, würde allgemeiner Usus und es schließlich lahmlegen, so daß nur noch die Mittel der Despotie greifen.

Kurz, in einer funktionierenden Demokratie können nicht alle Zielsetzungen individuell sein bzw. gemeinsame Ziele nicht schlicht deren Konvergenzprodukt. An einem Gemeingut zumindest muß unbedingt festgehalten werden: Die Existenz des Gemeinwesens als solches samt seinen Gesetzen muß ein Gut darstellen, das respektiert und gepflegt wird.

In diesem Licht läßt sich die in großen Demokratien zu beobachtende Entfremdung der Bürger von ihrem Gemeinwesen, die sich darin äußert, daß sie ihre Ziele tatsächlich als individuelle setzen und ein instrumentelles Verhältnis zur Gesellschaft haben, als parasitäres Phänomen verstehen.

Daß so viele Menschen ein loses und distanziertes Verhältnis zu ihrer Demokratie haben können, ist nur deshalb möglich, weil es gleichwohl immer noch ein beträchtliches Maß allgemeiner Identifikation mit der Gesellschaft und ihren Gesetzen gibt. Wenn allerdings alle ihr den Rücken zukehrten, wäre sie ernstlich bedroht.

2. Der Familie der Demokratietheorien, die dem ökonomischen Modell folgen, steht diametral eine andere Theoriefamilie gegenüber, die sich von Rousseau herleitet, oder zumindest von einer möglichen Interpretation Rousseaus. Diese Theorien beanspruchen, jene Tradition des bürgerlichen Humanismus aufzunehmen, der es vor allem um das geht, was die ökonomische Theorie vernachlässigt, also um den Anspruch der Bürger, sich selbst zu regieren, und die damit verbundene Würde.

Folgt man der Argumentation des »Contrat Social«, kann Selbstregierung als Wille aufgefaßt werden. Ich bin frei und bestimme über mich selbst, wenn ich nur mir selbst gehorche und von meinem eigenen Willen geleitet werde. Für eine *Gesellschaft* kann dies nur dann eine Grundlage abgeben, wenn es einen Gemeinwillen, eine *volonté générale* gibt. Andernfalls würde der Wille des einen den des andern unterdrücken. Demokratie hat demnach einen Gemeinwillen zur unabdingbaren Voraussetzung, an dessen Artikulierung alle partizipieren und mit dem sich alle identifizieren.

Niemand beruft sich heute unmittelbar auf Rousseau, aber seine Idee des Gemeinwillens inspirierte eine ganze Reihe von Demokratieauffassungen, die bis in unsere Zeit lebendig geblieben sind. Wir finden sie z. B. in den Forderungen nach radikaler Partizipation wieder, wie sie die Protestbewegungen der späten sechziger Jahre erhoben. Sie gingen von der stillschweigenden Annahme aus, daß, wenn Einfluß und Macht bestimmter undemokratischer Interessen bzw. die Gewalt repressiver Lebensformen erst einmal gebrochen sind, eine bisher verborgene Einmütigkeit zutage träte, die jeden einzelnen in die für alle geltenden Bedingungen einer vollen Entfaltung der Gesellschaft einwilligen lassen würde.

Der geschichtsmächtigste Erbe der politischen Ideen Rousseaus aber war der Marxismus, besonders seine leninistische Variante. Ihm liegt die tiefe Überzeugung zugrunde, daß Gesellschaftskonflikte Klassenkonflikte sind und daß die Überwindung der Klassengesellschaft schließlich eine Harmonie der Interessen zum Vorschein bringen wird. Entsprechend heißt es im »Kommunistischen Manifest«: »An die Stelle der alten bürgerlichen Gesellschaft mit ihren Klassen und Klassengegensätzen tritt eine Assoziation, worin die freie Entwicklung eines jeden die Bedingung für die freie Entwicklung aller ist«.[2] Insofern kann man hier von einem

Gemeinwillen des Proletariats sprechen, der es durch die Revolution hindurch trägt, hinein in eine neue, auf Herrschaftsfreiheit angelegte Gesellschaft. Der Leninismus übernahm diese Vorstellung und verband sie mit der verhängnisvollen Idee der Partei als Avantgarde des Proletariats. Die leninistischen Parteien bzw. Regierungen haben immer im Namen der Arbeiterklasse gesprochen, als ob diese sich durch eine einzige Zielsetzung auszeichnete, die von der Partei zu artikulieren und zu verwirklichen wäre. So lebte die *volonté générale* im 20. Jahrhundert weiter in Gestalt von Regimen, die die Unterdrückung in wahrhaft gigantischen Dimensionen systematisierten. Jean-Jacques hätte das Grauen gepackt, wenn er erlebt hätte, was man aus seiner Idee gemacht hat.

Wie die ökonomische Theorie trifft auch die des Gemeinwillens eine wirkliche Erfahrung. Diese Erfahrung stellt allerdings das genaue Gegenteil des Gefühls der Entfremdung vom Gemeinwesen dar. Es ist die Erfahrung von Menschen, denen es gelingt, gegen ein Klima von Entfremdung oder gar Repression eine Bewegung zu mobilisieren, mittels derer sie ihre Interessen in Angelegenheiten einbringen können, die sie selbst betreffen. Wenn Bürger sich gegen eine Diktatur organisieren oder Mieter sich gegen den Abbruch ihres Hauses zur Wehr setzen, machen sie die Erfahrung eines starken Gemeinschaftsgefühls: Sie verfolgen ein gemeinsames Ziel, empfinden ihre Stärke bei dessen Durchsetzung und achten sich als Menschen, die ihr Schicksal selbst in die Hand nehmen. In dieser Kampfsituation wird Rousseaus Idee Wirklichkeit. Die Beteiligten überwinden die Differenzen, die sie sonst trennen, sie sind sich der Bedeutung ihres gemeinsam angestrebten Zieles bewußt und haben das berechtigte Gefühl, daß dieses Ziel zu erreichen, ein Sieg für den Anspruch auf Selbstregierung wäre. Sich unter einem solchen gemeinsamen Ziel zu versammeln, kann für die Bürger und das Gemeinwesen sehr belebend sein. Es ist ein wichtiges Moment von Demokratieerfahrung.

Gleichwohl spiegelt diese Erfahrung den demokratischen Prozeß und die Beziehungen, die die Menschen in ihm eingehen, nur zum Teil wider; für eine Demokratietheorie gibt sie keinen hinreichenden Ansatz ab. Denn es wird ganz davon abgesehen, daß Menschen und Gruppen die meiste Zeit Ziele verfolgen, die einander widersprechen, daß sie Gegner oder Rivalen sind, mit unterschiedlichen und unvereinbaren Interessen und mit verschiedenen Vorstellungen vom Gemeinwohl. In einem demokratischen System müssen diese Differenzen und Rivalitäten auf eine bestimmte Weise ausgetragen werden können, statt daß man ihnen ausweicht. Die Momente, da eine ganze Gesellschaft die Euphorie eines gemeinsamen Willens teilt, sind selten, und oft genug sind es gerade die tragischen Augenblicke in ihrer Geschichte. Die Erfahrung des Gemeinwillens von Gruppen ist Teil des laufenden Kampfes um Zielsetzungen und kann nicht an seine Stelle treten.

Als Leitfaden für eine demokratische Gesellschaft ist das von Rousseau inspirierte Modell verheerend. Es spricht Differenzen, Konkurrenz und Streit ihre Legitimität ab. Da diese aber nur durch Repression abgeschafft werden können, sind alle Regime, die auf diesem Modell beruhen, Despotien.

3. An beiden hier vorgestellten Modellen ist etwas Wahres, doch möchte ich nun ein drittes vorstellen, das meines Erachtens dem Wesen einer lebendigen demokratischen Gesellschaft besser gerecht wird. Es stützt sich ebenfalls stark auf die bürgerlich-humanistische Tradition, aber anders als das auf Rousseau zurückgehende Modell. Es räumt Konkurrenz und Streit den Platz ein, der ihnen in einer freien Gesellschaft gebührt; darin unterscheidet es sich von der Theorie des Gemeinwillens. Dennoch geht dieses dritte Modell davon aus, daß es für die Mitglieder der Gesellschaft einen zentralen, einheitstiftenden Identifikationspol gibt; darin entfernt es sich von der ökonomischen Theorie. Die Quellen der dritten Theorie finden sich bei Tocqueville[3] und, was unsere Zeit betrifft, bei Hannah Arendt[4].

Der Identifikationspol besteht im »Gesetz« als dem Inbegriff der zentralen Institutionen und Verfahren des politischen Systems. Diese Einrichtungen werden als Gemeingut betrachtet und gepflegt, weil alle Beteiligten in ihnen Quelle und Schutz ihrer Würde sehen. Dabei gilt den Bürgern als selbstverständlich, daß sie oft Konkurrenten sind, daß sie mit der Politik und der Verteilung der Staatsämter nicht immer einverstanden sind, aber gleichzeitig ist mit der Möglichkeit, als Gleiche an diesen Auseinandersetzungen teilzunehmen, ein hohes Maß an Achtung verbunden. Die Gesetze, welche diese Möglichkeit für alle gewährleisten, spiegeln den gemeinschaftlichen Willen wider, sich gegenseitig in dieser Möglichkeit anzuerkennen, und stellen damit ein Gemeingut von unschätzbarem Wert dar.

Das ist natürlich eine Idealisierung, besser: ein Idealtyp, wie bei den anderen beiden Theorien. Bürger, die aktiv partizipieren und Anspruch auf eine Führungsrolle in den Auseinandersetzungen des öffentlichen Lebens erheben, stellen eher eine Minderheit dar. In Wirklichkeit gibt es für Menschen, die sich in Organisationen und Bewegungen engagieren, mehrere Ebenen möglicher Partizipation und mehrere Wege, Einfluß auf den politischen Prozeß zu gewinnen – von politischen Spitzenpositionen bis zum Engagement an der Basis. Und alle Aktiven zusammengenommen bilden wohl immer noch eine Minderheit.

Darüber hinaus decken, wie bereits erwähnt, die anderen beiden Theorien bereits ein Gutteil der Alltagserfahrung ab. Viele, die politisch abstinent bleiben, würden die ökonomische Theorie zutreffend finden; und wer Protestbewegungen organisiert, mag sich eher durch die Theorie des Gemeinwillens angesprochen fühlen. Aber dies alles einmal zugestanden, so ist es wohl doch wahr, daß die Gesetze und Institutionen der demokratischen Gesellschaft allgemein anerkannt werden als eine Art gemeinsamen Ausdrucks von Bürgerwürde, wie sie allen gleichermaßen zusteht. Dies ist von entscheidender Bedeutung.

Zur Illustration eine Episode aus der jüngeren Geschichte der Vereinigten Staaten: Trotz aller Unvollkommenheiten dieses Gemeinwesens als Demokratie, trotz all seiner gigantischen, machtgierigen Bürokratien in Wirtschaft und öffentlichem Leben, trotz des Gefühls der Entfremdung und der politischen Ohnmacht bei den Bürgern, wurde Watergate dermaßen stark als nicht hinzunehmender Vertrauens- und Machtmißbrauch empfunden, daß der Präsident sein Amt abgeben mußte. Ein klassischer Fall, in dem sich Bürger zur Wehr gesetzt haben in der Überzeugung, daß ihre Würde im Gesetz verbürgt ist und daß dessen Verletzung nicht geduldet werden darf.

Es dürfte nun klar geworden sein, warum ich dieses Demokratiemodell vorziehe. Alle drei Modelle korrespondieren mit heutigen Erfahrungen. Aber die ersten beiden verfehlen den demokratischen Gesamtprozeß und die Beziehung seiner Teilnehmer untereinander. Wir bedienen uns in der Tat eines gemeinsamen politischen Instrumentariums; wir sind zuweilen auch in einem gemeinsamen Willen vereint. Aber wenn eines dieser Momente zum zentralen Faktum unseres politischen Lebens wird, werden wir uns nicht mehr lange eines demokratischen Gemeinwesens erfreuen. Dessen einzige solide Basis besteht darin, daß es von seinen Mitgliedern als eine Einrichtung wahrgenommen und verteidigt wird, die allen gleichermaßen Bürgerwürde garantiert.

III

Worin bestehen nun die Bedingungen, die ein solches Gemeinwesen möglich und lebendig machen? Zu den zentralen Merkmalen demokratischen Lebens, wie ich es eben skizziert habe, gehört die Vorstellung von der gleichen Würde aller Beteiligten. Sie wurde bereits in den ersten Demokratien bei den Griechen anerkannt; in einigen bezeichneten sich die Bürger als »die Gleichen«. Doch gehörten in diesen Gesellschaften nicht alle ihre Mitglieder zur Klasse der Bürger. Es waren Demokratien, die Verhältnisse eklatanter Ungleichheit enthielten, wie etwa Sklaverei, und die die Unterdrückten von allen Staatsgeschäften ausschlossen.

Unsere moderne Vorstellung von Demokratie unterscheidet sich davon: Demokratie hat alle einzuschließen, ohne Ausnahme. Folglich verträgt sich Demokratie nicht mit Verhältnissen, seien sie kulturell oder ökonomisch, die es den Menschen unmöglich machen, sich als Gleiche zu betrachten. In einer hierarchisch geprägten Kultur, die den verschiedenen Schichten verschiedene Ränge zuweist, kann Demokratie nicht gedeihen. Ähnliches gilt für Verhältnisse, in denen die ökonomische Macht hoch konzentriert ist, wie etwa bei den Großgrundbesitzern in Lateinamerika.

Damit erhebt sich die Frage nach der Verträglichkeit von Demokratie und sozialistischer bzw. kapitalistischer Wirtschaftsform. Ich komme später darauf zurück. Zunächst möchte ich einige weitere Bedingungen von Demokratie betrachten.

1. Eine solche Bedingung ist *Einheit*. Gemäß dem von mir verfochtenen dritten Modell ist es für eine Demokratie wesentlich, daß ihre Mitglieder sich als Beteiligte am gemeinsamen Unternehmen der Wahrung ihrer Bürgerrechte verstehen. Das heißt nicht einfach, daß sie Demokratie allgemein gutheißen, sondern daß sie sich ihren Mitbürgern gegenüber hinsichtlich der Verteidigung dieser Rechte in besonderer Weise verpflichtet fühlen. Wenn Demokratie und Rechtsstaatlichkeit mißachtet werden, insbesondere wenn dies mit Blutvergießen verbunden ist, ist die öffentliche Meinung in der zivilisierten Welt tief schockiert. Viele Menschen würden gerne helfen, denn sie fühlen sich der Demokratie als politischer Form prinzipiell verpflichtet. Doch bleibt es, wie wir wissen, meist bei den guten Absichten. Wenn ein Bürger seine Verfassung wirklich verteidigen, wenn er sich wirklich für die Mitbürger einsetzen soll, deren Rechte verletzt werden, muß der Antrieb stärker sein. Er kann nur aus einem Gefühl von Solidarität kommen, das die allgemeine Verpflichtung zur Demokratie übersteigt und mich mit jenen anderen, meinen Mitbürgern, verbindet.

Dieses Solidaritätsgefühl ist Bestandteil der ursprünglichen Bedeutung von »Patriotismus«, die ich oben erwähnt habe. Heute hat sich die Bedeutung des Wortes etwas in Richtung »Nationalismus« verschoben, zumindest im Englischen und Französischen, was in keiner Weise seinem Verständnis etwa zu Zeiten der Amerikanischen und Französischen Revolution entspricht. Allerdings ist dieser Bedeutungswandel selbst bezeichnend, insofern Solidarität heute zu einem großen Teil aus nationalistischen Gefühlen gespeist wird.

Wie verhalten sich Einheit als Bedingung von Demokratie und Einheit in Gestalt nationaler Identität zueinander? Letztere beruht oft auf einer bestimmten Sprache bzw. Kultur und ist mit der – manchmal fiktiven –

Geschichte einer kulturellen Gruppe verbunden. Nationales Bewußtsein hängt in hohem Maße von narrativen Formen ab, die ein Gefühl dafür hervorbringen, von woher wir kommen und wohin wir gehen. Aber zwischen der nationalen Erzählung und der Tatsache, daß wir uns zu der Einheit eines von uns selbst regierten Gemeinwesens zusammengeschlossen haben, muß es keinen Zusammenhang geben. Die demokratische Einheit kann sogar unvereinbar mit der nationalen sein. Durch das ganze 19. Jahrhundert hindurch und bis ins 20. hinein ließ sich z. B. ein großer Teil der Bevölkerung Frankreichs nur allzu gern eine Geschichte nationaler Größe erzählen, die den republikanischen Institutionen Hohn sprach. In den Augen von vielen arbeitete der Nationalismus gegen die Demokratie, im Namen von Regimen zumeist royalistischer Prägung. Ihr schäbiges Ende fand diese Erwartung in Vichy. Es war dann der katholische und national gesonnene Militär Charles de Gaulle, der mit Erfolg zur Verteidigung des republikanischen Frankreich aufrief.

Langfristig stabil sind vor allem jene Demokratien, in welchen die nationale Identität mit den Institutionen und Verfahren der Selbstregierung eng verwoben ist. Die nationale Geschichte, gleich, ob sie einen Mythos erzählt oder Anspruch auf historische Wahrheit erhebt, hat in diesen Fällen die Entstehung der demokratischen Institutionen selbst zu einem zentralen Thema gemacht: Zur Nation zu gehören, heißt nicht zuletzt, Loyalität gegenüber diesen Institutionen zu empfinden. Beispiele hierfür sind die angelsächsischen Demokratien.

2. Als zweite Bedingung für Demokratie möchte ich hier die *Partizipation* nennen. Deren Verkümmerung ist eine bedrohliche Gefahr für die Massendemokratien des ausgehenden 20. Jahrhunderts. Angesichts von Regierungen, die immer bürokratischer werden und sich gegen andere Bürokratien, auch solche von Konzernen, behaupten müssen, angesichts der schieren Größe von Bürokratien, die für eine Millionengesellschaft mit ihrer komplexen Wirtschaft zuständig sind, angesichts der immer unvorhersehbarer werdenden Folgen von politischen Entscheidungen – angesichts all dessen empfinden viele Bürger eine wachsende Hilflosigkeit und kehren ihrem Gemeinwesen den Rücken. Dadurch entsteht ein Klima, das die ökonomische Theorie als die angemessenste erscheinen läßt, und in der Tat scheinen die von ihr favorisierten Mechanismen die letzte Chance für die Demokratie im Zeitalter der Bürokratien darzustellen.

Doch ist ebenso klar, daß der Schwund der Partizipation das Bewußtsein untergräbt, an dem gemeinsamen Vorhaben der Selbstregierung beteiligt zu sein. Wenn die dritte Theorie zutrifft, kann die Demokratie ohne dieses Bewußtsein kaum überleben. Der Bürgersinn würde in einer weitgehend schweigenden, bürokratisierten Gesellschaft, in der sich Partizipation auf die alle vier Jahre erfolgende Stimmabgabe beschränkt, kaum aufrechtzuerhalten sein. Damit würde auch der Sinn dafür schwinden, wenn nicht verschwinden, daß Gesetze und Institutionen ein schützenswertes Gemeingut sind.

Demokratie lebt also von direkter Partizipation. Darunter verstehe ich Bewegungen, in denen sich die Bürger selbst organisieren, um auf den politischen Prozeß einzuwirken, um die öffentliche Meinung zu ändern, um Druck auf die Regierung auszuüben, um über Wählerinitiativen bestimmte Personen in politische Ämter zu bringen, oder auch, um gelegentlich die Dinge selbst in die Hand zu nehmen, wenn die Regierung in ihren Augen versagt.

Diese Bewegungen erzeugen einen Sinn für zivile Macht, ein Gemeinschaftsgefühl bei der Verfolgung von Zielen, kurz: Erfahrungen, wie ich sie oben als vital für die *volonté générale* angeführt habe. Solche Bewegungen geraten leicht in eine Front gegen große, bürokratische Regierungen und Konzerne. Die Idee liegt nun auf der Hand, ein Gemeinwesen zu bilden, das ganz und gar auf unmittelbarer politischer Beteiligung beruht. Diese Idee spielte wohl auch bei dem Konzept der Räteregierung eine Rolle, wie es der revolutionären Erfahrung der Soldaten- und Arbeiterräte entsprang und das dann, zumindest dem Anspruch nach und für eine Zeitlang, Bestandteil der sowjetischen Herrschaftsform wurde.

Nicht jeder Versuch, direkte Partizipation zu institutionalisieren, muß so kläglich enden wie im Sowjetsystem. Dennoch hat der Rätegedanke einen entscheidenden Fehler. Die Annahme, daß die Herrschaft als Gemeinwillen ausgeübt werden kann, ist, wie ich bereits ausgeführt habe, irrig. Aber selbst da, wo es eine unmittelbare politische Beteiligung gibt, die diese Illusion nicht hervorbringt, selbst wenn der Blick für die Existenz von Widerspruch und Konkurrenz offen bleibt, würde eine auf direkter Partizipation beruhende Regierung die Macht doch nur durch eine aktive Minderheit ausüben können. Man kann sich fragen, was daran denn so schlecht wäre, da wir heute ohnehin so oft von versteckten Minderheiten regiert werden: von Bürokraten in öffentlichen Ämtern und in der Wirtschaft. Der entscheidende Punkt bei einer repräsentativen Massendemokratie liegt aber darin, daß sie ein Machtkorrektiv in bezug auf die Herrschaft dieser Minderheiten bereitstellt. Darin hat die ökonomische Theorie ja ihre Wahrheit. Die Stimmabgabe, die die vielen sonst Unbeteiligten alle vier Jahre zu Wort kommen läßt, trägt nicht viel zur Bürgerwürde bei. Dennoch stellt dieser Akt einen entscheidenden Beitrag zu ihrem Schutz dar und verhindert damit, daß die Bürger ihrer Würde gänzlich beraubt werden.

Eine lebendige Demokratie muß auf zwei Beinen stehen: Zum einen braucht sie eine zentrale Gewalt, die den Wählern verantwortlich ist, ungeachtet dessen, wie enttäuschend dies als Ausübung echter Selbstregierung ist; zum andern bedarf sie ebenso einer weitgespannten Vielfalt von Formen direkter Partizipation. Entscheidend ist, ob und wie beide kombiniert werden können. Sie können sich frontal gegenüberstehen, etwa wenn die Partizipation die Form einer Art demokratischen Guerillakrieges annimmt, um die Regierung daran zu hindern, Dinge zu tun, die das Leben der Menschen beeinträchtigen oder in Gefahr bringen: etwa giftige Abfälle in der Nähe von Wohnvierteln zu lagern oder Autobahnen durch sie hindurch zu bauen; oder wenn die Partizipation die Form von *single issue*-Kampagnen – etwa gegen die Tötung von Robben oder gegen sauren Regen – annimmt, in denen die Beteiligten ihre Verantwortung für die Regierungspolitik als ganze zugunsten einer von ihnen favorisierten Einzelforderung preisgeben.

Sich gegen die Macht zu wehren oder Einzelkampagnen zu organisieren, bilden natürlich wesentliche Aspekte aktiver Partizipation. Es geht aber darum, wie zu verhindern ist, daß diese Aspekte erfolgreich beanspruchen, schon die ganze Demokratie zu sein. Die wichtigste Alternative hierzu besteht in der Beteiligung an der Arbeit der Parteien oder in direktem Handeln auf lokaler Ebene. Bedingung für eine solche »positive« Partizipation ist allerdings, daß die Gewalt dezentralisiert wird. Wo alle wichtigen öffentlichen Angelegenheiten durch die zentrale Gewalt entschieden werden, die notwendig abstrakt denkt und handelt, weit entfernt von den Gemeinschaften, in denen die Menschen ihr wirkliches Leben leben, dort werden die Parteien leicht selbst undurchdringlich und sperren sich gegen Aktionen von unten. Direktes Handeln wird dann fast unmöglich.

Deshalb ist es so wichtig, die Gewalt zu dezentralisieren; dies kann territorial oder in bezug auf Institutionen geschehen. Doch kann Dezentralisierung nicht einfach dekretiert werden – womit wir zur ersten Bedingung für Demokratie zurückkehren. Es reicht nicht, den Staat in eine Anzahl territorialer Einheiten aufzuteilen oder zu verfügen, daß die Arbeiter eines Betriebes dieses oder jenes Komitee wählen. Solche Einheiten müssen eine Beziehung zu lebendigen Identifikationsgemeinschaften haben. Wenn die Menschen sich nicht mit den dezentralisierten Einheiten identifizieren können, wenn sie nicht das Gefühl haben, daß sie ein gemeinsames Schicksal verbindet und sie an einem gemeinsamen Vorhaben beteiligt sind, wird die Partizipation ein frommer Wunsch bleiben.

3. Die dritte Gruppe von Bedingungen betreffen den Sinn für *gegenseitigen Respekt*. Dieser ist offensichtlich zentral für ein demokratisches Gemeinwesen, wie ich es definiere. Ohne diesen Respekt bliebe es unverständlich, warum das Gemeinwesen die Bürgerrechte gemeinschaftlich verteidigt. Wenn auch nur eine regional, ethnisch, sprachlich oder wie immer bestimmte Gruppe von Bürgern Anlaß zu der Annahme hat, daß ihre Interessen übergangen werden oder daß sie diskriminiert wird, ist die Demokratie in Frage gestellt.

Wenn wir einmal von den wichtigen Fragen der Rassen- und Geschlechterdiskriminierung absehen, besteht die große Errungenschaft der modernen Demokratien in der Einrichtung des Wohlfahrtsstaates. Er hat entscheidend dazu beigetragen, daß die Bürger sich gegenseitig eine gewisse Achtung bezeugen; zumindest hat er verhindert, daß diese Achtung irreparablen Schaden genommen hat.

Zugleich stellt der Wohlfahrtsstaat eine starke Belastung für die moderne Demokratie dar. Die hohen Erwartungen, die die Menschen ihm gegenüber hegen, können, zusammen mit einer bürokratischen Organisation seiner Leistungen, hohe Kosten und große Probleme mit sich bringen. Die demokratische Gesellschaft kann dadurch in ein Dilemma geraten.

Dieser Herausforderung versucht die Politik gerne auszuweichen. Galoppierende Inflation kann ein Symptom dafür sein. Statt sich dem Problem zu stellen, daß das System nicht alle Forderungen, zumal wenn sie sich widersprechen, erfüllen kann, wird es durch eine Geldpolitik in Gang gehalten, die auf eine unsichtbare Steuer auf die Realeinkommen hinausläuft.

4. Ich möchte nun auf die Frage zurückkommen, welche Bedeutung die Wirtschaftsformen des Kapitalismus und die des Sozialismus für die Demokratie haben. Natürlich sind beides vage Begriffe. Sie können sehr verschieden interpretiert werden, so daß auch die Antwort jeweils anders ausfällt. Ich will hier aber gar nicht den Versuch einer genaueren Bestimmung unternehmen, sondern mich eher an die gegenwärtigen Erscheinungsformen halten. Vielleicht läßt sich die politische Bedeutung von Kapitalismus und Sozialismus am besten ausgehend von der Frage einschätzen, inwiefern diese beiden Formen eine Gefahr für die Demokratie darstellen, um von da aus kurz mögliche Entwicklungen für die Zukunft anzudeuten.

Der Kapitalismus stellte zunächst eine handfeste Gefahr für die Demokratie dar; wo er vor ihr existierte, drohte er sogar, ihre Entwicklung zu blockieren. Die Bedrohung rührte von dem ungleichen Verhältnis zwischen Unternehmern und Arbeitern her. Diese Gefahr wurde erfolgreich durch das Auftreten von Volksbewegungen gebannt, vor allem in Gestalt der Gewerkschaftsbewegung. Das politisches Gewicht dieser Bewegungen hat die Gesellschaften von damals umgestaltet und einige Voraussetzungen für gegenseitigen Respekt geschaffen; dazu gehört auch der Wohlfahrtsstaat.

Der heutige Kapitalismus bedroht die Demokratie auf andere Weise, in gewissem Sinne raffinierter. Dies ist auf zwei Ebenen zu beobachten. Zum einen greift der Kapitalismus der – oft multinationalen – Großkonzerne in die Lebensbedingungen der Menschen ein und zieht Macht von den Institutionen der Partizipation ab, um sie auf bürokratische Organisationen zu übertragen, die sich dem Prinzip der Verantwortung entziehen. Zum anderen, und dies ist das Raffinierte, verleitet uns die Ideologie des Konsums dazu, in diesen Verzicht auf Verantwortung einzuwilligen im Tausch gegen das Versprechen auf weiter wachsenden Lebensstandard. Sobald wir uns darauf einlassen, erscheint die ökonomische Theorie der Demokratie nicht nur realistisch, sondern ihre Umsetzung auch wünschenswert: Die Partizipation hat ihre Bedeutung verloren und scheint nur noch das reibungslose Funktionieren des Systems zu gefährden. Damit ist die Demokratie als gemeinsame Quelle der Bürgerwürde in Frage gestellt. Das würde aber, folgt man der von mir vertretenen Auffassung, heißen, daß letzten Endes das demokratische Gemeinwesen als solches in Gefahr ist.

Auf der anderen Seite war der Sozialismus in seiner leninistischen Gestalt eine Katastrophe für die Demokratie. Die Mobilisierung der Gesellschaft durch eine alles vereinnahmende Avantgarde hat alle Strukturen von Selbstverwaltung zerstört, unterwarf alle potentiell unabhängigen Bewegungen *einer* Partei, die in totaler Symbiose mit dem Staat lebte (das Schicksal der Gewerkschaften ist hier besonders bezeichnend), und verhinderte die Entwicklung demokratischer Initiativen. Das Resultat ist bekannt: massive kulturelle und wirtschaftliche Stagnation bei gleichzeitiger Verkümmerung der gesellschaftlichen Fähigkeiten zu Selbstverwaltung und -organisation. Das Erschreckende daran ist, daß der Despotismus sich damit unentbehrlich machen kann, weil viele Menschen ohne ihn nicht mehr in der Lage sind, ihr Leben zu bewältigen.

Was ist aus der traurigen Geschichte des Sozialismus in diesem Jahrhundert zu lernen? Zunächst einmal ist von der Illusion einer *volonté générale* Abschied zu nehmen; sie stellt keine taugliche Basis für eine demokratische Gesellschaft dar. Auch müßte ein akzeptables, d.h. demokratisches Modell von Sozialismus Konkurrenz und Konflikt zulassen. Darüber hinaus ist ein Sozialismus, der sich die Abschaffung des Marktes zum Ziel macht, obsolet; keine moderne Wirtschaft kann ohne Markt funktionieren.

Zwischen den Gefahren, für die die Namen »Kapitalismus« und »Sozialismus« nur Abkürzungen sind, muß die Demokratie ihren Weg finden. Manche verzweifeln daran. Ich ziehe es vor, optimistisch zu bleiben. Wenn es überhaupt einen solchen Weg gibt, kann man zumindest seine ungefähre Richtung angeben. Er führt zu einer Gesellschaft, in der die Macht der privaten Großunternehmen durch ein Gegengewicht in Gestalt öffentlichen Eigentums ausbalanciert, wenn nicht überboten würde. Die großen privaten Bürokratien dürften allerdings nicht einfach durch massive öffentliche Bürokratien ersetzt werden. Die Wirtschaft wäre gemischt: Der Markt würde eine wichtige Rolle spielen, gleichzeitig aber bis zu einem gewissen Maße durch Planung gesteuert werden. Schließlich müßte die Gewalt in dieser Gesellschaft in einem beträchtlichen Maße dezentralisiert sein, so daß wichtige Entscheidungen nicht fern von den davon Betroffenen gefällt werden.

Wenn es irgendwie gelänge, die Dilemmas zu lösen, die in dem hier skizzierten Modell stecken, könnte sich die ideale demokratische Gesellschaft vielleicht eines bisher nie erprobten Wirtschaftssystems erfreuen: Eine große Menge von kleinen Privatunternehmern würde mit Großfirmen in öffentlichem Besitz koexistieren, die unter Selbstverwaltung stehen; das Ganze würde von einem Markt koordiniert, der staatlich reguliert würde, wobei der Staat seinerseits eine föderale Struktur hätte. Wird es so etwas je geben? Vielleicht nicht. Ich skizziere hier nur, in ein einziges Bild gepreßt und Platon parodierend[5], die Richtung, in die wir uns vielleicht bewegen müssen, um eine Form der Demokratie zu bewahren, die lebensfähig, lebendig ist und uns ins 21. Jahrhundert trägt.

Aus dem Amerikanischen von Klaus Nellen

Anmerkungen
1 Vgl. Joseph Schumpeter, Kapitalismus, Sozialismus und Demokratie, Tübingen 1987 (6. Aufl.).
2 MEW 4, S. 482.
3 Über die Demokratie in Amerika, Stuttgart 1981; Der Alte Staat und die Revolution, München 1978.
4 Vita activa oder Vom tätigen Leben, München 1992 (6. Aufl.).
5 Politeia 592 b: »Aber, sprach ich, im Himmel ist doch vielleicht ein Muster aufgestellt für den, der sehen will und nach dem, was er sieht, sich selbst einrichten.«

Jerzy Szacki
Aus einem fernen Land.
Kommentar zu Charles Taylor

Der Beitrag von Charles Taylor zwingt dazu, über grundsätzliche, für das Verständnis und insbesondere die Praxis der Demokratie wesentliche Fragen nachzudenken. Überzeugend ist für mich die Hauptthese des Beitrags, die kurz gefaßt lautet: Von einer lebendigen Demokratie können wir nur dann sprechen, wenn sie sich weder auf die Rolle des Staates als Instrument zur Befriedigung der Einzelinteressen einer möglichst großen Anzahl von Mitgliedern einer bestimmten Gemeinschaft beschränken läßt, noch in der Verschmelzung dieser Interessen in einem vermeintlichen Allgemeininteresse, das heißt in deren Negation im Namen eines Gemeinwillens, besteht. Oder anders gesagt: In einer Demokratie geht es nicht nur darum, daß die Bürger miteinander konkurrieren und ihren Interessen ungehindert nachgehen können, sondern auch darum, daß sie in ihrem Staat ein gemeinsames Gut sehen, daß sie sich als Bürger wahrnehmen und auch stolz darauf sind, dem Gemeinwesen anzugehören. Besorgt über den Verlauf der politischen Debatten in Polen, habe ich in den letzten Jahren selbst wiederholt versucht, etwas Ähnliches zu sagen. Die Diskussionen kristallisierten sich meist um folgende Alternative: Entweder kommt es zu einem rücksichtslosen Kampf der politischen Parteien und anderer Einzelinteressen oder zu einem bürgerlichen Konsens, der die Auseinandersetzungen zwar in der Schwebe läßt, dafür aber eine Voraussetzung für die gemeinsame Arbeit am Gemeinwohl darstellt. Ich halte das für eine falsche Alternative, und ich finde, daß man keine demokratische Gesellschaft vor eine solche Wahl stellen darf.

Für mich ist es selbstverständlich, daß eine lebendige, eine lebensfähige Demokratie unter normalen Bedingungen (ich schließe dabei die Gefahr von außen in Kriegszeiten aus) zweierlei bedeutet: erstens eine uneingeschränkte Möglichkeit zur Artikulation partikularer Interessen und zur Instrumentalisierung des Staates zu deren Durchsetzung in gesellschaftlichen Auseinandersetzungen; zweitens einen bestimmten, freilich schwierig zu bestimmenden Grad der Verwirklichung eines Gemeinwillens oder, um ein Argument aus der sowjetischen Propaganda zu verwenden, »eine moralisch-politische Einheit«.

Ich stimme also mit Taylor überein, wenn er in seiner Antwort auf die Frage, »in welchem spezifischen Verhältnis die Bürger eines demokratischen Gemeinwesens zueinander stehen«, aufzeigt, daß keine der beiden am weitesten verbreiteten Theorien der Demokratie deren Lebensfähigkeit richtig zu begründen vermag, auch wenn jede dieser Theorien einen bestimmten Aspekt demokratischer Erfahrung zutreffend formuliert. Um lebensfähig zu sein, muß ein demokratisches System in der Tat sowohl in der Lage sein, »auf die Zielsetzungen und Wünsche (seiner) Mitglieder einzugehen«, als auch imstande sein, in den Bürgern das Gefühl zu wecken, daß sie an etwas teilhaben, für das es wert ist, sich aufzuopfern. Es ließe sich hier freilich einwenden, daß das demokratische System sich darin nicht unbedingt von anderen Systemen unterscheidet; eine solche Überlegung gehört hier jedoch erstens nicht zur Sache, und zweitens wäre es nicht schwierig zu erklären, daß gerade für eine Demokratie die Herstellung einer Balance zwischen dem individuellen und dem kollektiven Bewußtsein, wie Durkheim es nennen würde, von grundsätzlicher Bedeutung ist.

Aber kommen wir nun zur Sache. Die erste Frage, die ich erörtern möchte, hat rein theoretischen Charakter. Mir geht es darum, ob die dritte von Taylor vorgestellte »Theorie« der Demokratie (also jene, mit der er sich selbst identifiziert und die er den anderen gegenüberstellt) den gleichen logischen Status hat wie die ersten beiden.

Dies scheint mir nicht der Fall. Denn im Gegensatz zu den zwei ersten Theorien bietet die dritte kein »reines« Modell der Demokratie; sie weist lediglich darauf hin, daß es im demokratischen Alltag keine »reinen« Formen geben kann, ja mehr noch, daß man nach den gescheiterten Experimenten mit der »echten« Demokratie, die zu einem Triumph der politischen Tugend führen sollten, besser nicht danach strebt. Das von Taylor vorgestellte dritte Modell »räumt Konkurrenz und Streit den Platz ein, der ihnen in einer freien Gesellschaft gebührt; darin unterscheidet es sich von der Theorie des Gemeinwillens«. Damit zeigt Taylor aber, daß eine lebendige Demokratie ein *gemischtes* System sein muß und daß neben dem »ökonomischen« Modell und dem des »Gemeinwillens« kein drittes theoretisches Modell möglich ist.

Es geht hier also weniger um eine alternative Theorie als um einen empirisch feststellbaren Tatbestand, der uns wünschenswerter erscheint als andere Situationen. Ähnlich läßt sich aus der Tatsache, daß es gut funktionierende Mischformen der Wirtschaft gibt und daß sie sogar häufig auftreten, kein theoretisches Modell ableiten, das mit denen der Markt- oder Planwirtschaft konkurrieren könnte. Um ein weiteres Beispiel anzuführen: Man kann sagen, daß es den Soziologen bisher nicht gelungen ist, ein

Gesellschaftsmodell zu entwerfen, das sowohl das Konsens- als auch das Konfliktmodell überwindet, obwohl niemand daran zweifeln kann, daß empirisch gegebene Gesellschaften stets sowohl Elemente des Konsens als auch solche des Konflikts in sich vereinen. Kurz, indem Taylor eine andere Theorie der Demokratie vorschlägt, wiederholt er *de facto* nur seinen eigenen, richtigen Gedanken, daß in jedem der beiden Modelle ein Körnchen Wahrheit steckt, wobei er diese Modelle zu Recht einer Kritik unterzieht, bevor er sein eigenes Konzept vorstellt, das eine Art Synthese sein soll.

Lassen wir jedoch die Überlegungen beiseite, ob Taylor eine neue Theorie der Demokratie anzubieten hat oder nicht – obwohl dies sicherlich angenehm wäre, denn für die Theoretiker kann die Befangenheit in Alternativen, die sich seit Jahrhunderten nicht verändern, wirklich deprimierend sein. Für mich besteht der Wert der Vorschläge von Taylor unabhängig davon, ob er imstande war, die gegebenen theoretischen Alternativen zu überwinden oder nicht. Viel wichtiger scheint mir, was er über die Voraussetzungen einer lebendigen Demokratie zu sagen hat oder, anders formuliert, zur Frage, unter welchen Umständen jene glückliche »Einheit der Widersprüche« (Konfrontation und Kompromiß, Konflikt und Verständigung, Differenz und Gemeinschaft, Egoismus und Gemeinwohl, Partikularinteresse und Gemeinwille, wie immer diese Widersprüche zu bezeichnen sind) erreicht werden kann, auf der Demokratie vermutlich beruht.

Da wir über Demokratie sprechen, gehe ich natürlich davon aus, daß es sich um eine *nicht erzwungene* Einheit handelt; man kann sich ja leicht ein politisches System vorstellen, in dem die politischen Machthaber den Bürgern auf irgendeine Weise einen für das Funktionieren des Staates notwendigen Konsens aufzwingen, gleichzeitig aber durch eine Verteilung von Privilegien die Möglichkeit zur Artikulation und Verteidigung ihrer individuellen und kollektiven Interessen zulassen. Ich glaube übrigens, daß wir in der realen Welt eher mit einer solchen Situation als mit der völligen Delegitimierung von »Differenzen, Konkurrenz und Streit« zu tun haben, über die Taylor im Zusammenhang mit seinen Ausführungen über die eher kläglichen Versuche spricht, das Ideal der Herrschaft des Gemeinwillens zu verwirklichen. So waren zum Beispiel die kommunistischen Länder im allgemeinen sowohl von diesem Ideal als auch vom Ideal der Planwirtschaft weit entfernt.

Da der Zustand, um den es uns geht, nicht erzwungen sein soll, drängt sich sogleich die Frage auf, ob wir überhaupt imstande sind, irgendwelche realistischen Programme für die Schaffung der Voraussetzungen für eine lebendige Demokratie zu formulieren, oder ob wir von vornherein auf die Position von Beobachtern angewiesen sind, die solche Voraussetzungen erst *ex post* rekonstruieren können und im Grunde nicht sagen können, wie diese dort, wo sie eindeutig nicht bestehen, herzustellen wären. Das bringt mich in eine gewisse Verlegenheit; denn was nützt mir die Erklärung, daß es um die amerikanische Demokratie nicht so schlecht bestellt ist, wenn ich nicht sagen kann, *was zu tun ist*, damit in Polen, Rumänien, in der Türkei, in Nigeria oder Chile eine lebendige Demokratie entstehen kann?

Der Beitrag von Taylor ist in dieser Hinsicht nicht ganz klar für mich. Die Bedingungen, die er erläutert, sind nämlich zum Teil gewissermaßen technischer Natur: Man kann sich deren Herstellung bzw. Wiederherstellung zur Not vorstellen. Zum Teil handelt es sich aber um Bedingungen, die gegeben sind oder eben nicht, an denen sich mithin nichts ändern läßt. Die interessantesten Beobachtungen von Taylor beziehen sich auf den zweiten Typ von Bedingungen, beispielsweise auf die Rolle, die das Gefühl der Nationalzugehörigkeit spielen kann. Aber darauf komme ich gleich zurück.

Die Bedingungen für eine lebendige Demokratie erschöpfen sich nicht darin, die Entwicklung demokratischer Institutionen zu fördern; zu diesen Bedingungen gehört auch das sich ständig reproduzierende Gefühl des Großteils der Bürger (wie viele es sein müssen, läßt sich nicht genau bestimmen), daß dies *ihre* Institutionen sind, welche es auch dann zu verteidigen gilt, wenn sie keinen direkten Nutzen erbringen oder sogar schwere Opfer fordern. Mit anderen Worten, es geht um die Entwicklung von *Patriotismus* in seiner alten Bedeutung, dessen Korrelat nicht ein wie immer auch definierter *ethnos*, sondern die Gemeinschaft der unter dem Schutz gleicher Gesetze lebenden Bürger ist. Noch anders ausgedrückt: Es geht darum, die Demokratie zu einer, wie Durkheim sagte, »Quelle des moralischen Lebens« zu machen und nicht lediglich zu einem System von Institutionen, die die Bedürfnisse der Bürger befriedigen sollen (im Zusammenhang mit dem Text von Taylor mußte ich übrigens sehr oft an Durkheim denken).

Es ist verständlich, warum gerade diese Seite des Problems von den Theoretikern, die sich um den gegenwärtigen Zustand und die Zukunft der Demokratie Sorgen machen, hervorgehoben wird. Denn daß die Einzelinteressen der Bürger zu Wort kommen, darüber braucht man sich wohl keine besonderen Sorgen zu machen. Daß sich Einzelinteressen früher oder später durchsetzen, ist eine empirische Tatsache. Zwar ist es durchaus nicht egal, *wie* sich diese Interessen artikulieren, weshalb es vielleicht notwendig wäre zu überlegen, ob sich in dem so heftig kritisierten »ökonomischen« Modell nicht doch – abgesehen von der Anerkennung des Rechts auf Konkurrenz – irgendwelche relevanten Voraussetzungen für eine lebendige Demokratie verbergen. Aber lassen wir dies beiseite und gehen wir von der eher trivialen Feststellung aus, daß egoistische Neigungen nun einmal zur Natur des Menschen gehören (was Hobbes übrigens besser beschrieben hat als Rousseau) und daß sie weder ermutigt noch verteidigt werden müssen. Wie man aber aus Menschen bessere Wesen machen kann, stellt ein ständiges Problem dar. Egoistischen Neigungen sollte man ihren Lauf lassen, da man durch ihre Unterdrückung nicht viel erreichen würde; sie scheinen sich auch dann durchzusetzen, wenn alle bewußten Handlungen auf den Altruismus und die Moralität zielen, die die Aufopferung der Individuen für das Gemeinwohl erfordern. Nicht ohne Grund mußten viele Lehrer von Bürgertugenden wie Robespierre oder Lenin gleichzeitig Praktiker des Terrors sein. Das Grundproblem, das von Taylor angeschnitten wird, besteht darin, ob man diese Tugenden lehren kann, ohne auf noch repressivere Mittel, als jene, denen wir selbst in den demokratischsten und liberalsten Gesellschaften ständig ausgesetzt sind, zurückgreifen zu müssen.

Die Antwort, die Taylor gibt, ist positiv und optimistisch. Dankenswerterweise will er uns keine bürgerliche Moral, keinen Patriotismus und dergleichen lehren, worauf sich ja viele Rezepte zur Heilung der von ihm diagnostizierten Krankheit beschränken. Ich will nicht behaupten, daß der Bildung hier keine Bedeutung zukäme. Nicht wenige hervorragende Demokraten verdankten gerade der Schule (und das manchmal sogar in einem undemokratischen Land) die Einweihung in die bürgerlichen Tugenden. Doch glaube ich nicht, daß die Schule imstande wäre, durch Tugenden zu ersetzen, was an realen Voraussetzungen mangelt. Erörtern wir daher der Reihe nach die Voraussetzungen, die Taylor einer Analyse unterzieht. Er erhebt keinen Vollständigkeitsanspruch; ich wüßte allerdings nicht, was sonst noch auf dieser Liste stehen sollte.

Als erste Bedingung nennt Taylor *Einheit*. Der Autor führt hier, wie ich schon erwähnt habe, das Thema der nationalen Identität ein, während die meisten Theoretiker der Demokratie den Begriff der Nation meist nur im Zusammenhang mit der Feststellung erwähnen, die moderne Demokratie unterscheide sich von der antiken dadurch, daß ihr Rahmen von dem des Nationalstaates und nicht von der *polis* bestimmt werde. Taylor beobachtet hier, was ein Europäer (insbesondere ein Osteuropäer) in westlichen (vor allem in amerikanischen) Demokratietheorien vergeblich sucht, nämlich daß »Solidarität heute zu einem großen Teil aus nationalistischen Gefühlen gespeist wird«. Wir müssen in diesem Zusammenhang unsere Vorstellungen von der Demokratie, deren Gegenstand nicht mehr überall der gleiche *demos* ist, ebenso überdenken wie unsere Vorstellungen vom Nationalismus, der ja häufig und nicht zu Unrecht mit undemokratischen Tendenzen in Zusammenhang gebracht wird. Er wurde immer wieder beschworen, wenn es darum ging, die Demokratie als ein System zu bekämpfen, das angeblich jedes *sacrum* aus dem gesellschaftlichen Leben eliminiert und damit die authentische Gemeinschaft zerstört. Ich glaube, daß es sich in der Tat lohnen würde, das Problem des Nationalismus in demokratietheoretische Überlegungen einzubeziehen und Taylors Ansatz weiterzuverfolgen, insbesondere auch vergleichende Untersuchungen durchzuführen. Taylor streift das Problem lediglich und schließt seine Überlegungen mit einer nahezu trivialen Feststellung: Für die Demokratie sei es am besten, wenn die »nationale Geschichte, gleich, ob sie einen Mythos erzählt oder Anspruch auf historische Wahrheit erhebt, (. . .) die Entstehung der demokratischen Institutionen selbst zu einem zentralen Thema« macht, so daß »zur Nation zu gehören, nicht zuletzt (heißt), Loyalität gegenüber diesen Institutionen zu empfinden«. Unglücklicherweise hatten nicht alle Demokratien in dieser Hinsicht so viel Glück wie die angelsächsischen, obwohl sie wohl alle auf ihre Art versucht haben, sich mit geeigneten Mythologien auszurüsten. Was soll also eine Demokratie mit dem Nationalismus anfangen, wenn er mit den demokratischen Institutionen nur beschränkt vereinbar ist, trotzdem aber nicht ignoriert werden kann, und sei es nur, weil er das wichtigste Bindemittel darstellt, das ein Minimum an gesellschaftlicher Einheit garantiert, die ja auch für eine Demokratie unentbehrlich ist? Für Osteuropa ist dies zum Beispiel eine drängende Frage von weitreichender Bedeutung. Leider ergibt sich aus der angelsächsischen Erfahrung für Osteuropa nicht viel mehr als die traurige Einsicht, daß es über eine solche Erfahrung nicht verfügt. Denn Einheit als Bedingung der Demokratie bedeutet im Grunde genommen, daß ein lebendiges demokratisches Gemeinwesen nicht nur eine Gegenwart, sondern auch eine Vergangenheit haben muß, was gewiß wahr, aber in der Praxis für alle *neuen* Demokratien – und die Mehrzahl der Demokratien ist noch jung – ein Problem darstellt.

Gehen wir nun zur zweiten Bedingung über, die Taylor nennt: die Partizipation. Hier stößt man auf viele geläufige Feststellungen. So finden wir etwa die Gegenwarts-Diagnose, nach der die modernen Demokratien von einer Verkümmerung der Partizipation bedroht sind. Weiter heißt es, Demokratie lebe von direkter Partizipation, und der Rückzug der Bürger aus dem öffentlichen Leben sowie die Beschränkung ihrer politischen Partizipation auf die Stimmabgabe bei den Wahlen stelle für die Demokratie eine Niederlage dar. Ferner sei die Partizipation durch Dezentralisierung zu fördern, was nicht heiße, daß man diese einfach per Dekret einführen kann, denn auch sie erfordere die Existenz von »lebendigen Identifikationsgemeinschaften«. Freilich erliegt der Autor keineswegs dem Mythos der Partizipation als direkter Demokratie, einem Mythos, der in so manchen kritischen Köpfen große Verwirrung gestiftet hat. Am besten gefielen mir die Bemerkungen Taylors über die zwei Pole des partizipatorischen Handelns in den demokratischen Gesellschaften der Gegenwart, wobei wie sonst auch hauptsächlich von den nordamerikanischen Gesellschaften die Rede ist: den einen Pol bildet eine Art »demokratischer Guerillakrieg« gegen die Regierung, beim anderen handelt es sich um *single-issue*-Kampagnen. Wenn ich Taylor richtig verstanden habe, so haben wir es in keinem der beiden Fälle mit Partizipation *sensu stricto* zu tun: denn beide Male kommt das Verantwortungsgefühl für das Ganze sowie das Gefühl der echten Zugehörigkeit in jenem besonderen moralischen Sinne, von dem vorher die Rede war, nicht zum Tragen. Es ist vermutlich wahr, daß keiner der beiden Typen von Partizipation imstande ist, jenes moralische Vakuum zu füllen, das nach Taylor mit dem ökonomischen Modell der Demokratie verbunden ist. Wenn sich in den »alten« Demokratien die ganze Partizipation um diese zwei Pole konzentriert, ist das in der Tat ein Grund zur Sorge. Wenn wir jedoch über die neuen Demokratien nachdenken, stellt sich die Sache, wie ich glaube, anders dar. Erstens resultiert hier das Gefühl der Bürgerwürde, um Taylors Lieblingsbegriff zu verwenden, im wesentlichen aus einem auf Konfrontation ausgerichteten Handeln, das gegen das *ancien régime* gerichtet war. Auf der anderen Seite kann sich in den neuen Demokratien bürgerliches Handeln kaum anders entwickeln und verbreiten als im Rahmen von *single-issue*-Kampagnen, da hier für gewöhnlich die unmittelbaren Interessen der Teilnehmer ins Spiel kommen. Sie mögen zwar noch nicht ganz gelernt haben, Bürger zu sein, doch sind sie dazu fähig, ihr Eigeninteresse zu erkennen und es zu verteidigen. Letzteres trifft natürlich nur dann zu, wenn die Bürger glauben, daß eine wirksame Verteidigung überhaupt möglich ist. Der Glaube an die Möglichkeit effektiven Handelns scheint mir eine Schlüsselfrage zu sein, die im Vergleich zu anderen Fragen, die sich auf die erhabeneren bürgerlichen Gefühle beziehen, Vorrang hat. Taylor hat deshalb recht, wenn er schreibt, daß Bürgerwürde Effizienz voraussetzt. Gerade dieses Gefühl der Effizienz scheinen die neuen Demokratien am meisten zu entbehren.

Die dritte Bedingung (oder eher Gruppe von Bedingungen) ist nach Taylor zentral für ein demokratisches Gemeinwesen: Es ist das Gefühl gegenseitiger Achtung. Ich muß zugeben, daß mir die Argumentation des Autors hier nicht ganz verständlich ist. Ich bin nämlich nicht sicher, ob es ihm um die nach heutigem Demokratieverständnis selbstverständliche, wenn auch sehr schwierig zu realisierende Forderung nach Abschaffung jeglicher Diskriminierung geht oder um eine Verteidigung des Wohlfahrtsstaates. Meines Erachtens darf man diese beiden Dinge aus zumindest zwei

Gründen nicht miteinander vermischen. Erstens darf man bei einer Diskussion über die Voraussetzungen für eine lebendige Demokratie nicht vergessen, daß die Demokratien seinerzeit nicht nur ohne die Institution des Wohlfahrtsstaates existierten, sondern in gewisser Hinsicht in einem besseren Zustand waren als heute. Zweitens ist es durchaus nicht ausgemacht, daß »die große Errungenschaft der modernen Demokratien in der Einrichtung des Wohlfahrtsstaates« besteht. Eine solche These bedarf eines Beweises, und auch der Begriff »Wohlfahrt« selbst muß präzisiert werden. Darüberhinaus würde es sich lohnen zu überlegen, was die Einführung des Wohlfahrtsstaates geändert hat: Wenn dank seiner die *reale* Ungleichheit zwischen den Bürgern nivelliert wurde, ist damit auch die Zahl derer gewachsen, die sich gleichwertig, als Gleiche, *fühlen*? Taylor verhehlt nicht, daß die Errungenschaft des Wohlfahrtsstaates zugleich Probleme geschaffen hat, die die westlichen Demokratien bis heute belasten. Ich bin allerdings geneigt, diese Sorgen eher den Ländern zu überlassen, die einen Wohlfahrtsstaat haben. Als Bürger eines ehemals kommunistischen Landes, in dem sich nie ein solcher Wohlfahrtsstaat ausgebildet hat, obwohl sich der kommunistische Staat wie dessen Karikatur ausnahm, drängt sich mir ein ganz anderes Problem auf: Liegt die größtmögliche Gleichheit der Bürger, durch die sie unter bestimmten Voraussetzungen *gleich gleichgültig* gemacht werden, wirklich im Interesse der Entwicklung der Demokratie? Oder ist ihr eher die offene Ungleichheit zuträglich, in deren Folge sich möglicherweise wenigstens ein Teil der Bürger veranlaßt sieht, sich mit dem neuen System zu identifizieren? Ich formuliere diese Frage bewußt provokant und bin mit keineswegs sicher, ob der zweite Weg tatsächlich die bessere Lösung ist. Nichtsdestoweniger handelt es sich für die postkommunistischen Gesellschaften um ein reales Dilemma, um das sich die aktuellen politischen Auseinandersetzungen immer wieder drehen. Es versteht sich von selbst, daß ich hier von *ökonomischer* Gleichheit und Ungleichheit spreche, aber man weiß nur allzu gut, welche Folgen sich daraus für andere Bereiche zwischenmenschlicher Beziehungen ergeben. Kann das westliche Modell des Wohlfahrtsstaates für die armen Länder beim Aufbau der Demokratie irgendwie nützlich sein? Ich fürchte, nicht sehr, auch wenn Konsens darüber herrscht, daß es ohne das Prinzip der gegenseitigen Achtung keine lebendige, lebensfähige Demokratie gibt.

Schließlich zum letzten Problem, mit dem sich Taylor beschäftigt, der Bedeutung, die Kapitalismus und Sozialismus für die Demokratie haben. Ich stimme mit dem Autor überein, daß »beides vage Begriffe« sind, und möchte mich hier so wenig wie er auf eine theoretische Diskussion einlassen. Daher beschränke ich mich auf einige wenige kritische Bemerkungen zu dem praktischen Ideal, das Taylor als Alternative skizziert. Sicherlich stimmt es, daß, gemessen am demokratischen Ideal – insbesondere jenem Taylors –, sowohl der Kapitalismus als auch der Sozialismus offensichtliche Mängel aufweisen. Daher die unermüdliche Suche nach einem Dritten Weg, der alle guten Seiten des Kapitalismus und des Sozialismus vereinigen und ihre Fehler vermeiden würde. Leider läßt sich eine solche goldene Mitte nicht finden – zumindest nicht im Wirtschaftsleben. Die unendlichen und ergebnislosen Diskussionen zum Thema »Marktsozialismus« belegen dies überdeutlich. Wo immer die Verstaatlichung zu einem Prinzip wird – und ein nicht staatlich gelenkter Sozialismus wurde bisher, bedauerlicherweise, noch nicht gesichtet –, wird die Wirtschaft verschwenderisch und unproduktiv. Die Etablierung der »Planwirtschaft« ist tödlich für die demokratischen Institutionen; eine Situation, in der alle oder fast alle Staatsangestellte sind, vertragen diese Institutionen schlecht. Der Kapitalismus jedoch, was immer seine Fehler sein mögen, ist nicht nur ein unvergleichlich produktiveres und flexibleres System, sondern begünstigt, über den Bereich der Produktion hinaus, Selbstverwaltung und Demokratie. Mehr noch, alle bekannten Beispiele von gelungenen »Mischformen« der Wirtschaft resultierten aus der Modifizierung des kapitalistischen Systems, während das sozialistische System, das sich spät auf den Markt zurückbesann, höchstens einige degenerierte Marktformen schuf, die für das Funktionieren der Wirtschaft als Ganzes ohne größere Bedeutung blieben. Kurz, man sollte eher die aussichtslose Suche nach dem wunderbaren Dritten Weg bleiben lassen und sich mit der Verbesserung des ersten Wegs und der Reparatur der Schäden begnügen, die von den Anhängern des zweiten Wegs verursacht worden sind. Wenn der Sozialismus heute noch irgendeinen Sinn hat – und ich glaube, das hat er –, dann nicht als eine ökonomische Theorie, sondern als eine im Grunde genommen *moralische* Kritik des Kapitalismus, aus der sich stets neue aktuelle Fragen für die Sozialpolitik ergeben, deren Ziel die Umverteilung der Güter ist. Ich glaube im übrigen nicht, daß ich mich in dieser Frage grundsätzlich von Taylor unterscheide; ich würde sie aber gerne jener Illusionen und Zier entkleiden, an denen noch immer viele westliche Intellektuelle hängen.

Zusammengefaßt läßt sich sagen, daß der Essay Taylors, mit dessen Hauptideen ich vorbehaltlos einverstanden bin, mich in einer Hinsicht enttäuscht hat. Seine Analyse der Bedingungen einer lebendigen Demokratie liefert keine praktischen Anregungen für jene, die erst dabei sind, eine solche zu *schaffen*. Die am Anfang des Beitrags ausgeführten allgemeinen Prinzipien der Demokratie stehen außer Frage. Das Problem beginnt mit dem Übergang zu den Bedingungen für die Verwirklichung dieser Prinzipien. Das scheint die alte Wahrheit zu bestätigen, daß es viel einfacher ist, neue Gesetze zu schaffen (und noch einfacher, eine neue Ideologie anzunehmen), als die Gewohnheiten zu ändern. Taylors Essay ist vor allem ein Traktat über die demokratischen *Sitten* im Sinne Montesquieus oder Tocquevilles. Taylors Argumenten kann man sich kaum entziehen. Umso melancholischer müssen sie jemanden stimmen, der in einem Land ohne demokratische Gewohnheiten lebt.

Aus dem Polnischen von Halina Klimkiewicz

Otto Kallscheuer

Individuum, Gemeinschaft und die Seele Amerikas

Die christliche Republik[1]

> Wir sind wie eine Stadt gebaut auf einen Hügel, dem Blick der ganzen Erde ausgesetzt; die Augen der Welt sind auf uns gerichtet, weil wir uns als Volk im Bund mit Gott bekennen.
>
> Peter Bulkeley (neuenglischer Prediger des 17. Jahrhunderts)

1. *Kommunitarismus?*

Kurz vor dem Fall der Berliner Mauer schrieb einer der prominentesten Strategieberater des Pentagon, der Politologe Edward Luttwak im *Commentary,* dem Zentralorgan der amerikanischen Neokonservativen, nach dem Ende des Kommunismus stehe der amerikanische Kapitalismus nunmehr vor einer neuen, inneren ideologischen Herausforderung: »Ich glaube, man kann diese Kraft im Muster einiger kollektiver Vorstellungen erblicken, die eine grundlegende Kritik des demokratischen Kapitalismus und eine Reihe alternativer Vorschläge enthalten. Nennen wir dieses Ensemble von politischen Kräften und Vorstellungen Kommunitarismus (*communitarianism*).«

Langfristig sei dieser Kommunitarismus aus zwei Gründen viel gefährlicher als der kommunistische Feind. Er sei nämlich weder antidemokratisch noch antiamerikanisch: Anders als der Kommunismus – so Luttwak – »leugnet der Kommunitarismus keine der großartigen Errungenschaften des demokratischen Kapitalismus. Er erkennt sie allesamt an, ja, sie dienen ihm noch als Argument, um dann zu sagen: Danke, daß ihr uns bis zu diesem Punkt geführt habt, der – in der Tat – einen großen Wohlstand und gewaltige Entwicklungen ermöglicht. Jetzt aber ist es genug.« Und zweitens werde »der Kommunitarismus im Gegensatz zum Kommunismus nicht als politische und ideologische Seele einer anderen Nation entstehen. In jedem Lande, und insbesondere in Amerika, wird er vielmehr *von innen* wachsen und sich um die Kontrolle jedes Ortes, jeder Initiative, jeder verantwortlichen Stellung bemühen.«

Inzwischen hat dieser Impuls, wie zahlreiche Publikationen belegen, auch den Alten Kontinent erreicht (sagen wir: die philosophischen Seminare der Universitäten). Immerhin scheint 1992 im deutschsprachigen Raum, wenn es um Standortbestimmung und gesellschaftstheoretische Orientierungen kritischer Intelligenz ging, keine geistes- oder sozialwissenschaftliche Debatte so viel Staub aufgewirbelt zu haben wie die Auseinandersetzung um den »Kommunitarismus«. Doch ausgerechnet der politische Impuls, der hinter dem neuen Gemeinschaftsparadigma in wachsenden Bereichen der amerikanischen Sozialwissenschafen steht, wurde in der deutschen, vorrangig moral- und sozialphilosophisch ausgerichteten Diskussion bisher weitgehend vernachlässigt.

Daß in die »kommunitaristische« Binnenkritik der kapitalistischen Demokratien gleichzeitig eine sehr spezifische »biblisch-republikanische« amerikanische Tradition mit hineinspielt, wurde zudem in deutschen Landen genauso übersehen wie auch die Philosophie bisher die demokratische Tradition des amerikanischen Pragmatismus sträflich vernachlässigt hat, ohne die jedoch ein Großteil der Argumente (und der Rhetorik) der Kommunitaristen schlicht unverständlich bleiben müssen. Was eigentlich mit »Kommunitarismus« gemeint sein soll, bleibt diesseits des Atlantik häufig eigentümlich unklar.

2. *Kreative Demokratie*

Die Neigung deutscher Denker, hinter jeder Relativierung konstruktivistischer Begründungsmuster und hinter dem – amerikanisch optimistischen – Rekurs auf die *kreative* Rolle sozialen Handelns und die stets »*situierte*«, also kontextgeladene Dimension sozialer Erfahrung sogleich »relativistische Vernunftkritik« (oder noch Schlimmeres) zu vermuten, hängt aber auch mit der völligen Vernachlässigung des amerikanischen Pragmatismus als einer nicht primär akademischen, sondern »öffentlichen« Philosophie zusammen.

Parallel – und nicht ohne Verbindung – zur Kommunitarismusdiskussion findet nämlich in den USA eine neue Rezeption und Wiederbewertung der pragmatistischen Philosophie, Soziologie, Kultur- und Religionskritik statt, auch als linke Wiederbelebung eines Verständnisses »kreativer Demokratie« (Dewey). Eine der entscheidenden Einsichten John Deweys bestand darin, daß in einer Massengesellschaft die Erziehung zur Demokratie und die Praxis der Demokratie eine Verankerung in kleineren, lokalen Einheiten (*face to face communities*) erfordert: »Democracy must begin at home, and its home is the neighborly community«. Die große Gemeinschaft der Demokratie setzt sich aus vielen konkreten Nachbarschaftsgemeinschaften, freiwilligen Vereinigungen usw. zusammen. Sie wurzelt in »einem Bild verantwortlichen Handelns, in dem die Individuen ihre moralischen Regeln in der Erfahrung ihrer sozialen Interaktion mit anderen erschaffen« (Alan Wolfe).

Charakteristisch für die Tradition der kritischen politischen Philosophie und Demokratietheorie in den USA ist ihre gegen die elitistische Demokratieauffassung gerichtete Betonung des lokalen, in Eigenaktivität gegründeten Humus für eine demokratische politische Kultur. Nur wer in der Nachbarschaft, Gemeinde, Schule usw. demokratische Öffentlichkeit erlernen und erfahren könne, sei auch in der Lage, den anomischen, individualisierenden Tendenzen moderner Massengesellschaften (in denen bekanntlich Hannah Arendt die Wurzel totalitaristischer Massenmobilisierung im 20. Jahrhundert diagnostizierte) zu widerstehen.

Es ist somit die Frage nach der *Bedeutung* von Freiheit und Gerechtigkeit, die uns zur Rekonstruktion einer symbolischen Geschichte – in diesem Fall: der amerikanischen – der moralischen Welt führt. Falls Edward Luttwak nämlich recht damit hatte, aus der Sicht der Neokonservativen die Gefahr des Kommunitarismus gerade darin zu vermuten, daß dieser »die politische und ideologische Seele (...) insbesondere Amerikas« auch von innen ansprechen könne, dann kann es sich bei dieser Debatte nicht allein um eine Neuauflage aristotelischer Ethik oder Hegelscher Gesellschaftslehre handeln. Oder anders gesagt: auch die »philosophische« Wahrheit im Kommunitarismus – wenn es denn eine solche gibt – muß mit seinem »Amerikanismus« zu tun haben, also mit der amerikanischen Antwort auf die Frage, was es denn heißt, eine politische Gemeinschaft darzustellen. Welche Ressourcen aber eröffnet »Amerikas Seele« für Gesellschaftskritik und Gesellschaftsreform? Warum ist ohne ein emphatisches – und jenseits des großen Teiches gerne in messianischen Worten formuliertes – politisches Projekt des Gemeinwesens in den USA noch nie eine Reformkoalition zustande gekommen?

Vom protestantischen *social gospel* bis zum reformistischen *New Deal* der zwanziger und dreißiger Jahre, bis hin zu Johnsons *Great Society* – all diese Formeln bedeuteten stets auch eine projektive, zukunftsorientierte Selbstvergewisserung der »amerikanischen Seele«. Ihre Sprache ist weit eher die eines *gesellschaftlichen* Paktes, in dem sich Individuen erst zu einer politischen Gemeinschaft entscheiden, als der für die Sprache der europäischen Linken so charakteristische Appell an die vorausgesetzte höhere Allgemeinheit und »Sittlichkeit« (Hegel) des *Staates*.

Auch in der Präsidentschaftskampagne von Bill Clinton war das deutliche Bemühen festzustellen, im symbolischen wie im soziologischen Sinne wieder eine neue »Mitte« der Gesellschaft zu besetzen: die in der Reagan-Bush-Ära sozio-ökonomisch verarmten unteren Mittelklassen neu zu mobilisieren und dabei gleichzeitig ihre kulturelle Verunsicherung durch eine radikale, feministische und auf ethnische Minderheiten orientierte Linke abzuschwächen. Die Demokraten versuchen heute erneut, ebenso wie die Republikaner, die 1988 ihre *Convention* unter das Motto der *Nation Under God* gestellt hatten (Willis), nicht nur Interessen zu mobilisieren, sondern auch die »Seele« Amerikas anzusprechen.

Denn diese Nation hat, wie sich weiland Gilbert Keith Chesterton ausdrückte, immer noch »die Seele einer Kirche«. Allerdings nicht die Seele der katholischen *Una Sancta*. Die christlich geprägte Grammatik der Freiheit folgt in den USA anderen symbolischen Codes als die Politik der europäischen Nationen und der organisierte Glaube europäischer Konfessionen. Die wichtigsten Unterschiede im Selbstbild der Neuen Welt gegenüber dem Alten Kontinent, denen die folgenden Bemerkungen gelten, sind religiöser und politischer Natur zugleich. Es sind: der Bund der Auswanderer, der religiöse (kulturelle, ethnische) Pluralismus und die narzistische Einsamkeit der amerikanischen Gotteserfahrung. – *Freiheit, Gleichheit, Einsamkeit* des Christenmenschen.

3. *Der Bund*

Was heißt es, »ein Amerikaner« zu sein? – fragte unlängst Michael Walzer: Wie muß eine Öffentlichkeit beschaffen sein – »all government rests on opinion« (*The Federalist*, Nr. 49) –, die in der Lage ist, hie die Gemeinde und dort die politisch verfaßte Nation, die Bürgergemeinschaft in einer Einwanderungsgesellschaft mit wachsenden sozialen und ethnischen Spannungen miteinander zu vermitteln?

Es gibt wohl kaum ein Buch, das es uns ermöglicht, die »politische Theologie« der amerikanischen Republik besser zu verstehen als Michael Walzers »Exodus und Revolution«: Es erzählt vom puritanischen Projekt einer Neuen Welt, vom Bund des Pilgervolkes in der Wüste, von der Erfahrung und Erinnerung der Auswanderung, von der Fremde, die hinter jeder neuen Heimat steht. Die ersten Entwürfe für das Große Amtssiegel der Vereinigten Staaten (von Benjamin Franklin und Thomas Jefferson) sollten die USA als »Gottes neues Israel« symbolisieren – Moses teilt mit erhobenem Stab das Rote Meer (in dem die Feinde der Freiheit ertrinken); Gott führt das Auserwählte Volk mit Wolken- und Feuersäulen durch die Wüste.

»Unsere Politik ist ihrem Wesen nach jüdisch oder protestantisch«

schreibt Michael Walzer zur Ordnung der USA. Jedenfalls ist sie nicht katholisch, sie fügt sich also weder in eine »natürliche« Ordnung – in die »große Kette der Wesen« der mittelalterlichen Kosmologie (Arthur Lovejoy) –, noch in eine organische Vorstellung des »politischen Körpers«, dessen göttliches Haupt im Himmel weilt und dessen bloße Glieder oder funktionale Bestandteile die Stände und die einzelnen Untertanen darstellen.

Die puritanische Vorstellung eines heiligen *Commonwealth* ging ja gerade aus der reformatorischen Zerstörung der mittelalterlichen, hierarchischen Weltordnung hervor: Die heilige Stufenordnung von Stellvertretern und Zwischengliedern einer ständischen Welt, die himmlische Hierarchie auch der säkularen Politik – die »zwei Körper des Königs« (Ernst H. Kantorowicz) –, hatte der grausame Gnadengott der Prädestinationslehre Johann Calvins hinweggefegt; Vernunft und Wille in der menschlichen Welt waren schließlich nach Adams Sündenfall korrumpiert; die Große Kette war gerissen. Diese kosmologische *tabula rasa* nun steht – wie dies Michael Walzer in »The Revolution of Saints«, seinem großen Buch über die puritanischen Revolutionäre, dargestellt hat – am Anfang der Erfindung von radikaler Politik, der großen (Aus-)Wanderung in die Demokratie. Politik nicht verstanden als Lebensfunktion eines Organismus, sondern als methodisches, aktives Unterfangen der Vereinigung von Menschen: zuerst von puritanischen »Heiligen« in der calvinistischen Diaspora und in der englischen Revolution, dann von Predigern und Seefahrern – von Pilgervätern und hugenottischen »Seeschäumern« (Carl Schmitt) – und schließlich von Bürgern in der Neuen Welt. Die ersten Politiker, die in der Neuzeit der Alten Welt aktive Bürger in Bewegung setzten (statt bloß Berater des Fürsten zu sein und das *Arcanum imperii* mit List und Kunst zu hüten), waren puritanische Exilanten – und sie verstanden ihre militanten Kongregationen als Vereinigungen auf der Pilgerschaft.

An die Stelle der Statik und Hierarchie von König und Kirche treten mit der puritanischen Reformation und Revolution Wanderung, Überfahrt, Reise: »The Spiritual Navigator for the Holy Land« lautet der Titel einer Predigt von Thomas Adams aus dem Jahre 1615. An die Stelle des »politischen Körpers« tritt das (Staats-)Schiff, dessen Seefahrer schließlich nicht geborene Seeleute sind, sondern Freibeuter, die mit Gott und Kapitän einen Kontrakt gezeichnet haben: den Bund. Gefahr droht, wenn der Kapitän den Bund nicht einhält, vom Kurs abweicht und auf Klippen zusteuert. Dann helfen nicht allein Gebete. In der Mannschaft wird der Ruf nach einem neuen Kapitän mit einem neuen Kurs laut.

Auch der biblische Bund der Stämme Israels mit Jahwe vereinte keine natürliche oder organische Gemeinschaft, sondern ein freies Volk, das sich erst durch den Bundesschluß in seiner Freiheit konstituierte. Das erwählte Volk mußte sich – auf dem Marsch durch die Wüste – für die ihm bestimmte Freiheit entscheiden, und zwar jeder Mann und jede Frau, welchem Clan oder Stamm auch immer sie angehörten: »Und alles Volk antwortete zugleich« (Exod. 19.8). Denn die Israeliten hatten zwar ihre Ketten zerrissen – die Ketten der ägyptischen Sklaverei – und sich auf den Weg in eine offene Zukunft in der Fremde gemacht, doch in der Wüste brach zwischen ihren Gemeinschaften ein heftiger Streit über Weg und Ziel aus. Erst mit dem Bundesschluß wurden die Stämme zum Volk, wurden die entlaufenen Sklaven, »um einen Begriff der heutigen philosophischen Sprache zu verwenden – *moral agents*: zu moralischem Handeln fähige, verantwortliche Akteure« (Walzer). Die politische Gemeinschaft ist mehr als das Gesetz, doch sie ist eine gewollte, keine natürliche Gemeinschaft. Und »diese Verbindung von göttlichem Vorsatz und freier Wahl des Volkes, von Vorsehung und Bund ist charakteristisch für die Exodus-Politik«.

Der amerikanische Traum entstand auf der Fahrt. »Amerika« ist kein Nationalstaat, kein »Stamm« also, der sich – der Bevölkerungsmehrheit auf seinem Territorium gewiß – zur Staatsnation aufschwingt; sondern ein (vermeintlich) »jungfräuliches« Land, in dem Einwanderer aus aller Herren Länder sich auf neue Spielregeln einigen müssen. Das erklärt manche seiner Eigenarten: wie die hohe soziale Disziplin der oft religiösen Einwanderergemeinschaften und die institutionenarme, hemdsärmelige Rhetorik und Praxis des amerikanischen politischen Lebens, sowie jene gleichzeitige romantische Sehnsucht nach Einheit und den radikalen Individualismus in der amerikanischen Kultur, für die Walt Whitmans »Song of Myself« oder Ralph Waldo Emersons Essay »Self-Reliance« stehen und die (wie wir gleich sehen werden) ebenfalls ihre religiöse Tiefendimension haben.

Aber der Traum der Einwanderer erklärt auch noch die Blindstellen und Barrikaden des amerikanischen Modells, seine »Unruhen« und seine Alpträume: Die einzigen Gruppen nämlich, die nicht freiwillig in die USA eingewandert sind – die Indianer und die Schwarzen –, finden, obwohl seit 1866, nach dem Ende des Bürgerkriegs staatsrechtlich *citizens*, im amerikanischen Traum bis heute keinen gleichberechtigten Platz. Und doch: Den schwarzen Traum der Freiheit und Gleichheit formulierte auch Martin Luther King auf amerikanisch, d.h. in der Sprache des Bundes, so in seiner legendären, letzten »Berggipfel«-Rede am 3. April 1968 in Memphis, einen Tag vor seiner Ermordung:

»Denn ich habe auf dem Gipfel des Berges gestanden (...). Und ich habe hinübergeschaut. Und ich habe das Gelobte Land gesehen. Und vielleicht werde ich es nicht mit euch zusammen erreichen. Aber ich möchte, daß ihr es heute schon wißt: Wir werden als Volk in das Gelobte Land einziehen. Darum bin ich heute glücklich. Ich mache mir keine Sorgen. Meine Augen haben die Herrlichkeit des kommenden Reiches Gottes gesehen. Ich hatte heute Nachmittag einen Traum, daß die Brüderlichkeit unter den Menschen Wirklichkeit werden wird (...). Mit diesem Glauben werden wir dieses neue Tageslicht erreichen, wenn alle Kinder Gottes – Schwarze und Weiße, Juden und Christen, Protestanten und Katholiken – sich die Hände reichen werden können und mit den Negern das alte Spiritual anstimmen: ›Endlich frei!‹«

4. *Religiöser Pluralismus*

»Free at last!« – Die Gemeinschaft der Freien, der Zentralmythos der amerikanischen Identität, ist eine christliche Republik. Diese aber ist das Gegenteil einer theokratischen Herrschaft von Priestern oder Stellvertretern Gottes, welche das geoffenbarte göttliche Gesetz per staatlicher Zwangsgewalt in der Gesellschaft verwirklichen. Wie die Reformation gegenüber der geistlichen wie säkularen Macht der katholischen Ordnung die »Priesterschaft *aller* Gläubigen« einklagte, so liegt die spirituelle Basis der Republik in der religiösen Freiheit des Einzelnen. Der selbst religiös aufgewachsene pragmatistische Philosoph John Dewey schreibt in seiner Schrift »A Common Faith« (1934), in der er ähnlich wie der junge Marx die moralischen Ideale demokratischer Assoziation an die Stelle jedes übernatürlichen Glaubens setzen wollte: »Protestantische Kirchen haben stets den Umstand betont, daß das Verhältnis des Menschen zu Gott in erster Linie eine *individuelle* Angelegenheit darstellt, also eine Sache der persönlichen Entscheidung und Verantwortung (...). Was dadurch für die Religion gewonnen wurde, ist, daß sie auf ihre einzig wirkliche und solide Grundlage gestellt worden ist: die direkte Beziehung von Bewußtsein und Willen zu Gott.«

Die »positive« Christenfreiheit besteht somit für den zutiefst protestantisch grundierten Code der amerikanischen Seele zuallererst in ihrer persönlichen Beziehung zu Gott. Auch die diversen, laut dem ersten Zusatzartikel zur Verfassung staatsfreien Konfessionen und Kirchen Amerikas praktizieren (nach der Unterscheidung von William James) eher eine »persönliche« als eine »institutionelle« Religiosität. Ein jeder nämlich ist, wie Ralph Waldo Emerson 1838 in seiner berühmten »Harvard Divinity School Address« formulierte – die man auch als die »religiöse Unabhängigkeitserklärung Amerikas« bezeichnet hat –, dazu aufgerufen, die unmittelbare Erfahrung der Gottheit zu machen: »If a man is at heart just, then in so far is he God; the safety of God, the immortality of God, the majesty of God, do enter into that man with justice.«

Der Gesellschaftsvertrag der christlichen Republik ist nun zwar eine *sozial* geltende Fiktion (oder ein Bündel institutionalisierter Normen), aber er hat einen vorrangig *individuellen* Sinn und Auftrag. Der Bund der Pilger und Auswanderer – die »politische Vergemeinschaftung« (Max Weber) der amerikanischen Nation im Mythos der christlichen Freiheit – wurde nämlich nur geschlossen, um jedem Bürger seine *eigene* Einsamkeit mit Gott möglich zu machen. Dies war im christlichen Europa – mit den Ketzerverfolgungen des Mittelalters, den Religionskriegen der Reformationszeit und dem *cuius regio eius religio*-Konfessionalismus der entstehenden Nationalstaaten (Schilling) – gerade nicht möglich gewesen. Daher der Exodus: Für die puritanischen Auswanderer war das Europa von Kaiser und Papst »Ägypten« und die Neue Welt das Gelobte Land. Der extreme – nicht zuletzt ökonomische – Individualismus des amerikanischen Lebens findet seine spirituelle Legitimität im Wissen um eine einsame – außersoziale – Gotteserfahrung. Gott spricht zum Amerikaner direkt von innen – ohne Theologen, Priester und Sakramente. Und diese einsame – asoziale – Freiheit als Grundwert der christlichen Republik läßt sich mit Edgar Young Mullins, dem führenden Theologen der Southern Baptist Convention zu Beginn dieses Jahrhunderts, als *soul competency* definieren: »Religion is a personal matter between the soul and God.«

Der Individualismus des Gewissens – die protestantische Christenfreiheit – verlangt als ihm gemäße politische Ordnung die »Trennwand« (Jefferson) zwischen Kirche und Staat: die zivile Gleichberechtigung *aller* Bekenntnisse. Staatliche Förderung oder Behinderung bestimmter Kirchen käme einem tyrannischen politischen Druck auf das Gewissen der Einzelnen gleich. Zu den Paradoxien der amerikanischen Freiheit gehört, daß gerade das Fehlen einer offiziellen, staatlich verfaßten (oder durch Konkordate geförderten) etablierten Kirche der Religion eine weitaus höhere öffentliche Relevanz verleiht als in den Staaten der Alten Welt. Der erste Zusatzartikel zur amerikanischen Verfassung errichtete zwischen Kirchen und Staat eine Trennmauer, auf der Basis der vor allem von Thomas Jefferson und James Madison vorgebrachten Argumente. Eine der Wurzeln der amerikanischen *Bill of Rights* von 1791 liegt schließlich in der Gewissens- und Religionsfreiheit – entstanden aus der Flucht vieler Einwanderer vor religiöser Verfolgung in Europa. In der Neuen Welt hatte die Demokratie von vorneherein mit dem religiösen Pluralismus aller mehr oder minder fundamentalistischen Sekten aus der Alten Welt zu rechnen. Die Demokratie in Amerika, die Alexis de Tocqueville vor anderthalb Jahrhunderten beschrieb, ist eine Demokratie, die in ihrem kulturellen Selbstverständnis weder antireligiös (oder, wie die Tradition des europäischen Liberalismus: antiklerikal) noch staatskirchlich geprägt ist.

Der amerikanische Religionspluralismus läßt sich nun zum einen als *Markt* deuten: Die Freiheit des Christenmenschen entspricht dann der Souveränität des Konsumenten, der sich im Angebot des »göttlichen Supermarkts« (Ruthven) die seiner Erfahrungsdimension angemessenste Technik oder Methode der Gottesbegegnung heraussucht. »Ought it to be assumed that the lives of all men should show identical religious elements? In other words, is the existence of so many religious types and sects and creeds regrettable?« Auf diese rhetorische Frage zum Abschluß seiner Vorlesungen über »The Variety of Religious Experiences« lautet die Antwort von William James: »No. And my reason is that I do not see how it is possible that creatures in such different positions and with such different powers as human individuals are, should have exactly the same functions and the same duties.« Der offene – d.h. nicht staatlich regulierte – »Markt« religiöser Bekenntnisse ist für die amerikanische Christenheit kein »kleineres Übel«, vielmehr selbst ein positives Gut. Die Verteilung der göttlichen Gnade ist nicht Sache des politischen Gemeinwesens, sondern einzig der individuellen *soul competency*. In der Tat hat der Wechsel zwischen Religionsgemeinschaften in den letzten vierzig Jahren in den USA zugenommen (Wuthnow).

Die andere mögliche Deutung des religiösen Pluralismus ist: *demokratische Gleichheit*. So geht nach Michael Walzer

> »auf religiöser Seite die Priesterschaft aller Gläubigen auf diese Rechtsnorm (sc. der Mauer zwischen Kirche und Staat) zurück, die die Verantwortung für das eigene Seelenheil dem je einzelnen Religionsmitglied überträgt. Die Einzelnen können jede Kirchenhierarchie anerkennen, die anzuerkennen sie bereit sind, aber die Anerkennung kommt von ihnen, sie wird von ihnen gewährt und verweigert und ist weder gesetzlich auferlegt noch rechtlich bindend. Auf der politischen Seite sorgt die Mauer für die Gleichheit von Gläubigen und Ungläubigen, von Heiligen und Weltkindern, von Geretteten und Verdammten.«

In der christlichen Republik sind (anders als in Cromwells »Parlament der Heiligen«) alle gleichermaßen Bürger, ob sie nun der Gnade teilhaftig sind oder nicht; denn einzig ihr Gewissen oder Selbst kann ihren Glauben bestätigen und ihre Erlangung der göttlichen Gnade verbürgen.

Für Walzer ist daher die Gewissensfreiheit, die Religionsfreiheit von Gemeinschaften, weit mehr als das Privateigentum – wie für den liberalkonservativen katholischen Theologen Michael Novak – die Wurzel der amerikanischen Demokratie: »Das Eigentum gehört jemand einzelnem, das Gewissen aber jedermann; das Eigentum ist oligarchischen Typs, das Gewissen demokratisch oder anarchisch« – aber es kann auch fundamentalistisch werden. Die *Fundamentals* als patriarchalische und konservativ-gesetzesethische Radikalisierung weißer anglo-amerikanischer Unter- und Mittelklasseprotestanten (Riesebrodt) entstand bekanntlich in den Anfangsjahrzehnten des 20. Jahrhunderts *auch* als Reaktion auf den massenhaften Zustrom katholischer (irischer, italienischer, polnischer) und (vor allem ost-)jüdischer Einwanderer in die Großstädte. Amerika verlor einen Teil seiner rein protestantischen Prägung und wurde auch religiös stärker zu einer »Nation von Nationalitäten« (Horace M. Kallen). Die multiethnische und die interreligiöse Toleranz wurden erneut zum erbitterten Konfliktfeld und konnten nur in diesen Konflikten neu austariert, erweitert werden: Es kam im Ergebnis natürlich weder zum ethnischen Schmelztiegel noch zum Verschwinden des religiösen Fundamentalismus, sondern die ethnische Vielfalt der USA wurde um einige »Bindestrich-identitäten« erweitert und die religiöse Konfliktpalette ist noch unübersichtlicher geworden.

Für die religiöse Demokratie gilt also: Der Konflikt muß sich artikulieren können, die konfligierenden Parteien – ethnische und religiöse Gemeinschaften – müssen ein Terrain des Aushandelns (er)finden oder besser ständig neu entwickeln. Und die Voraussetzung für einen solchen Aushandlungsprozeß, bei dem Konflikte die politische Gemeinschaft nicht sprengen müssen, ist die Inkorporation der Gegensätze: anders gesagt, die Mitgliedschaft aller Konfliktparteien; das Bürgerrecht für Einzelne; die zivile Gleichberechtigung für Religionsgemeinschaften und Kirchen – im Rahmen rechtsstaatlich garantierter und von allen Beteiligten zu respektierender Grundfreiheiten.

5. *Soul competency*

Die Trennung von Kirche und Staat, die Freisetzung der Kirchengemeinden von jeder politischen Obrigkeit, findet somit im Individualismus des protestantischen Gewissens ihr religiöses Fundament und ihren Sinn. *Sola fides, sola scriptura, sola gratia?* Weitaus schwieriger ist es zu bestimmen, worin genau der Glaube der Amerikaner besteht, in welchem die Bibel (oder auch eine »amerikanische Bibel« wie das Buch Mormon) nicht nur zur einzigen Legitimationsquelle des Heils, sondern auch zum »Text« individueller Erfahrung wird: eine Erfahrung der Anwesenheit Gottes, eines persönlichen Gerettetseins durch Seine Gnade. Auch die Bedeutung der Heiligen Schrift wird durch *soul competency* demokratisiert, individualisiert, zum persönlichen Experiment mit der (eigenen) Gottheit: »The Bible is internal to you with the Holy Spirit.«

Es ist dies somit eine höchst individuelle Religiosität, eine »Religion der

Erfahrung«, die in hohem Maße der ur-amerikanischen Definition entspricht, die der pragmatistische Philosoph William James in seinen bereits erwähnten Vorlesungen gab: »the feelings, acts, and *experiences of individual man in their solitude*, so far as they apprehend themselves to stand in relation to *whatever they may consider as the divine.*«

Folgt man der Begrifflichkeit des Religionssoziologen Peter L. Berger, der die *Konfrontation* mit dem transzendenten Gott als dualistische Religiosität von der *Innerlichkeit* des Göttlichen als mystische Religionserfahrung unterscheidet, so hat die amerikanische Religiosität in weiten Bereichen durchaus mystische Züge, »ganz sicher in solchen auf der Innenschau beruhenden Religionsformen wie dem Methodismus (Wesleys ›wärmendes Herz‹) und den auf Bewußtseinsänderungen zielenden Erweckungsbewegungen in weiten Bereichen des amerikanischen Protestantismus«. Dieser (westliche) Mystizismus der Persönlichkeit gerät aber immer wieder in Gefahr, in einen (östlichen) Mystizismus der Unendlichkeit abzurutschen (in den USA zuletzt mit der »New Age«-Bewegung), also mit dem eigenen Selbst auch die transzendente Natur des Christengottes zu vergessen – und bekommt es dann regelmäßig mit der Angst vor dem Pantheismus zu tun. Ohne Gott und Selbst nämlich gäbe es keine Freiheit, keinen Bund, keine Republik.

Doch hat die amerikanische Mystik auch recht handfeste Techniken methodischer Selbstkontrolle entwickelt. Jedenfalls ist der radikale Dualismus von Diesseits und Jenseits – der unüberbrückbare Chiasmus zwischen einem unerreichbaren *Deus absconditus* und dem irdischen Sünder – seit den Tagen der Puritaner innerhalb der meisten protestantischen Denominationen der USA durch recht praktische, diesseitige Techniken und »Programme« der Umkehr und Begegnung mit Jesus überbrückt worden (während die öffentliche Moral bekanntlich recht puritanisch geblieben ist). Der zertrümmerte katholische Kosmos der einen großen Kette der Wesen hatte ja zunächst (mit Calvin) eine wüste Leere um den ins Unerfaßliche entrückten souveränen Gnadengott zurückgelassen; doch diese Leere wurde in der nachkalvinistischen Entwicklung aufgefüllt, theologisch und praktisch: theologisch durch die Arminianische Lehre von der Willensfreiheit, durch John Wesleys Methodismus (der es erlaubte, die souveräne Gnade Gottes in der manifesten Erfahrung geistlicher Tröstung zu »verifizieren«); praktisch durch Wiedergeburts- und Erweckungsbewegungen und ihre diversen Techniken des *pleroma* (der Fülle der Seele in/als Gott), sowie dann natürlich auch durch methodische und ökonomische Lebensführung im weltlichen Handeln (sprich: durch die »innerweltliche Askese«, in der Max Weber bekanntlich den aktivistischen »Geist des Kapitalismus« identifizierte).

»Freiheit bedeutet im Kontext der amerikanischen Religion, allein mit Gott zu sein, oder mit Jesus – schreibt Harold Bloom in ›The American Religion‹ – allein mit dem amerikanischen Gott oder dem amerikanischen Jesus. In sozialer Wirklichkeit heißt dies Einsamkeit, wenigstens im innersten Sinne. Die Seele steht abseits, und etwas, was noch tiefer ist als die Seele, das Wirkliche Ich oder Selbst, wird dadurch frei, um völlig allein zu sein mit Gott, der selbst völlig abseits und einsam ist: ein freier Gott oder ein Gott der Freiheit. Was es für das Selbst und für Gott möglich macht, derart frei miteinander zu kommunizieren, ist der Umstand, daß das Selbst bereits (von) Gott ist; anders als Leib und Seele ist das amerikanische Selbst kein Teil der Schöpfung oder der Entwicklung durch die Zeiten.«

Das christliche Selbst (Gewissen, Bewußtsein, Seele) des Amerikaners ist nach dieser – umstrittenen – Deutung außersozial. »Der Gott der amerikanischen Religion ist ein Gott der Erfahrung, der so radikal im Innersten unseres eigenen Seins zu finden ist, daß er virtuell mit dem identisch wird, was im eigenen Selbst am authentischsten, am ältesten, am besten ist«, schreibt Bloom. Und doch konstituiert erst dieses einsame Selbst – als Grenzziehung und Legitimitätscode – die politische Gemeinschaft und das soziale Zusammenleben.

Ein klassisches sozialphilosophisches Paradox: die »ungesellige Geselligkeit« (Kant), hier jedoch nicht (nur) als Interessenantagonismus der Eigentümer und soziale Entfremdung, sondern als »positive Freiheit« – als Selbstfindung zu Gott. Die gesellschaftsabgewandte, dem Gott/Ich zugewandte (»tiefere«) Seite des Selbst bildet in allen Gesellschaften ein »soziales Apriori«: »daß der Einzelne mit gewissen Seiten *nicht* Element der Gesellschaft ist, bildet die positive Bedingung dafür, daß er es mit anderen Seiten seines Wesens ist: die Art seines Vergesellschaftet-Seins ist bestimmt oder mitbestimmt durch die Art seines Nicht-Vergesellschaftet-Seins« (Georg Simmel). In der amerikanischen Mythologie hat dieses außersoziale Selbst, das in der sozialen Realität viele Formen annehmen kann, weit stärker als in der Alten Welt seine religiöse Identität behalten.

6. *Clintons Neuer Bund*

Soweit einige zentrale Sinngestalten des symbolischen Codes der christlichen Republik Amerika als einer *Nation under God*: der Bund als politischer Leitmythos; die Gleichberechtigung aller religiösen Gemeinschaften; die narzistische Einsamkeit des amerikanischen Selbst mit Gott. Was aber heißt dann »zivile« oder Bürgerreligion in Amerika? Robert N. Bellah hat in einem klassischen Aufsatz von 1967 diesen Terminus für die existierende religiöse Dimension der amerikanischen Politik vorgeschlagen. Sie ist – anders als die der Privatsphäre zugerechnete persönliche Religion der

Amerikaner – eine öffentliche Angelegenheit, sie verkörpert einen eigenen symbolischen Code, aus dem die Politik ihre Legitimität bezieht. Neuenglischer Puritanismus und amerikanischer Pragmatismus – Offenbarung und Erfahrung – gehen in der Geschichte der Republik eine neue Verbindung ein; ja, die Entwicklung der amerikanischen Demokratie wird geradezu zur öffentlichen (jedermann zugänglichen) Erfahrung der göttlichen Offenbarung: »a genuine apprehension of universal and transcendent religious reality as seen in or, one could almost say, as *revealed* through the experience of the American people.« (Bellah)

Die zentrale Achse dieser christlichen, aber nicht konfessionellen Zivilreligion liegt im Bild des *Covenant*: des biblisch-republikanischen Bundes, der zwischen Volk und Gott geschlossen wird. Der Bundesschluß steht für eine »aktivistische, nichtkontemplative Auffassung der grundlegenden religiösen Verpflichtung« (die sich, wie Bellah zu Recht betont, historisch eher mit der protestantischen Auffassung verbindet). Im amerikanischen Bürgerkrieg wurde diese republikanische Verpflichtung dann über eine christliche Opfermetaphorik (»those who gave their lives, that the nation might live«) mit der Bürgerrechtsthematik und der Sklavenbefreiung des Lincolnschen »Neuen Testaments« (der *Gettysburg-Address*) gleichsam sakral aufgeladen – und erhielt dann mit Lincolns Ermordung einen republikanischen Blutzeugen: »our martyred president«. Und diese aktivistische Seite des Bundes ermöglichte es dann umgekehrt immer wieder, in sozialen, moralischen, politischen Krisen der »Union« die retrospektive Anrufung ihres »Gründungsaktes« zum Ausgangspunkt eines neuen Reformgeistes zu machen: der *Progressive Era*, des *New Deal*, der *Great Society*. Oder eben heute – mit Clinton – eines *New Covenant*.

In seiner ersten großen programmatischen Rede, die er am 23. Oktober 1991 in Washington hielt, beschwört Clinton ausdrücklich das biblische Bild eines »Neuen Bundes« zwischen Regierung und Volk:

»Vor über zweihundert Jahren entwarfen unsere Gründungsväter den ersten Sozialpakt zwischen Regierung und Volk, nicht nur zwischen Herren und Königen. Vor mehr als hundert Jahren gab Abraham Lincoln sein Leben dahin, um die durch diesen Pakt geschaffene Union zu retten. Vor sechzig Jahren erneuerte Präsident Roosevelt dieses Versprechen mit einem *New Deal*, der im Austausch für harte Arbeit neue Chancen bot. Heute müssen wir einen Neuen Bund schließen, um das zerschlissene Band zwischen dem Volk und seiner Regierung zu reparieren und zu unseren Grundwerten zurückzufinden (...). Dieser Neue Bund kann nicht zwischen den Politikern und den etablierten Interessen geschlossen werden. Es darf dabei nicht einfach um einen weiteren Hinterzimmer-Deal gehen zwischen denjenigen, die an der Macht sind, und denjenigen, die sie in diesen Machtstellungen halten. Dieser Neue Bund kann nur von den Wählern des Wahljahres 1992 ratifiziert werden. Deshalb bewerbe ich mich um das Amt des Präsidenten.«

In der Tat zeigten sich in Form, Inhalt und »bürgernahem« Stil der Wahlkampagne des Provinzgoverneurs Clinton nicht nur populistische »Anti-Washington«-Töne (wie beim unabhängigen Kandidaten Ross Perot), sondern auch einige Züge der Wiedervergegenwärtigung Amerikas als »gemeinschaftlich gewagtes Experiment (...). Wir sind ein Volk lediglich dank eines Vertrages und eines gemeinsamen Wollens« (so der amerikanische Autor Harold Brodkey in einem Wahlkommentar). Das Clinton-Team versuchte gewissermaßen, eine vorrangig negative Grundstimmung (»anybody but Bush« – immerhin 62 Prozent der Wähler votierten für zwei bis zum Wahljahr völlig unbekannte politische Figuren: Clinton und Perot) in einen positiven neuen Gemeinschaftsgeist umzumünzen – und darüber eine neue Reformkoalition zustandezubringen, in deren Zentrum *middle America* stehen soll, also die gebeutelte, von Angst vor dem sozialen Abstieg erfaßte Mittelklasse.

7. *Rückkehr der Gemeinschaft?*

Im Wahlergebnis drückt sich ein soziales Profil aus, das dem von Clinton anvisierten Amerika recht nahe kommt: Eine deutliche Mehrheit für Clinton findet sich bei den Beziehern unterer und mittlerer Einkommen, unter den Jung- und Erstwählern und bei den Frauen; die höchsten Zustimmungsquoten erhielt er bei den ethnischen und religiösen Minderheiten. »Wir sind ein vielfältiges Volk geworden mit vielen Farben, Sprachen und Überzeugungen. Jetzt haben wir eine Verpflichtung sicherzustellen, daß unsere Vielfalt eine Quelle von Stärke und Stolz für uns alle zu Hause und in der ganzen Welt wird« – sagte der Neugewählte in seiner ersten Erklärung: »Denn wenn wir keinen Gemeinschaftsgeist haben, dann wird der Amerikanische Traum weiter dahinschwinden.«

Einige »kommunitaristische« Akzente, wie sie Amitai Etzioni und seine Mitstreiter in ihrer Zeitschrift *The Responsive Community. Rights and Responsibilities* seit zwei Jahren innerhalb der Sozialwissenschaften propagieren, lassen sich jedenfalls in der neuen Rhetorik der Demokraten wiederfinden; und es sind nicht zufällig ebendieselben Akzentverschiebungen, mit denen die gemäßigten Südstaatendemokraten der jungen Generation sich vom klassischen »Ostküsten-Liberalismus« absetzten (weswegen sie von der radikaleren Linken als Wertkonservative kritisiert wurden). Vor allem sind dies: eine Rückbesinnung ehemals kulturkritischer Radikaler auf den Wert der Familie – aber einer egalitären Mittelklassen-Kleinfamilie, mit zwei berufstätigen Elternteilen, die auch über berufsbedingte Ehekrisen partnerschaftlich hinwegkommen; eine Betonung der Reform des darniederliegenden öffentlichen Schulwesens; ein Engagement für die Revitalisierung von Nachbarschaftshilfe und selbstorganisierten Sozialdiensten als Alternative zu staatlicher Wohlfahrt bzw. staatlicher Repression von Rassenunruhen; und vor allem das Engagement für die Wiederbelebung von Bürgertugenden und Bürgersinn – als der moralischen, sozialen, politischen »Ökologie« der Demokratie.

»Liberal democratic welfare states are only as liberal, democratic, and compassionate as the civic culture that undergirds them« – sagte die Juristin Mary Ann Glendon auf einem der letzten Teach-ins der *Communitarians*. Eben eine solche Wiedererweckung von Gemeinsinn, Clintons »Betonung öffentlicher Tugenden und bürgerlicher Pflichten« (die ihn »in die Nähe eines sehr traditionalen Demokratieverständnisses« rücke), stellt nun nach Agnes Heller den eigentlichen »Geist« der Botschaft des neuen demokratischen Präsidenten dar: »daß derjenige, der Rechte in Anspruch nehmen will, auch seinen Pflichten nachkommen muß, daß das Gemeininteresse vor dem Privatinteresse rangiert und daß wirkliche politische Gleichheit und die aktive Teilnahme aller die Grundbedingung für das Gelingen dieses Programms eines grundsätzlichen Wandels ist.« (SZ vom 6.11.1992)

»*Warum gibt es in den Vereinigten Staaten keinen Sozialismus?*« fragte zu Beginn des Jahrhunderts Werner Sombart. Antwort: Alle tragenden Elemente des *American Dream* vertragen sich ideologisch eher mit bürgerlicher Selbstorganisation – oder auch mit Marktsteuerung – als mit einer Orientierung auf erweiterte staatliche Kompetenzen. Diesem Umstand versuchen heute die Demokraten um Bill Clinton Rechnung zu tragen: Sie präsentieren sich explizit nicht als auf Wohlfahrtsausgaben, staatliche Wirtschaftspolitik und Steuererhöhungen orientierte Linke, sondern propagieren eine partnerschaftliche Kooperation zwischen Regierung und Unternehmen oder lokalen Organisationen und Nachbarschaftsgruppen. In der Wirtschaftspolitik befürworten sie mikroökonomische, auf die Restrukturierung von Märkten ausgerichtete Maßnahmen statt makroökonomischer keynesianischer Globalsteuerung. Diese Art *public-private-partnership* aber stehe als ein »neues Paradigma« (David Osborne) jenseits der überkommenen Links/Rechts- oder *liberal/conservative*-Dichotomie.

Natürlich werden symbolische Politik und *public spirit* allein keine Arbeitsplätze schaffen können. (»Es ist die Wirtschaft! Idiot«, beantwortete ein Plakat im Wahlkampfhauptquartier in Little Rock die Frage, worauf es ankomme.) Sie können aber entscheidend sein für die Wahrnehmung der Wirtschaftskrise, für die Richtung, in der eine Reform versucht, und für die Energie, mit der sie angegangen wird, aber auch für die dabei in Kauf genommenen »Kosten« (oder Opfer). Ein Charakteristikum der amerikanischen Religionsgeschichte der letzten zwei Jahrhunderte sind schließlich ihre periodischen *Awakenings*: Die Rhetorik der demokratischen Wahlkampagne versuchte – als Gegenschlag gegen die Moral Majority der Reagan-Periode – eine Art Erweckungsbewegung in der Bürgerreligion Amerikas zu inszenieren.

8. *Civil Religion?*

Robert N. Bellah verwies in seiner Skizze der amerikanischen Zivilreligion auch auf J.J. Rousseaus berühmtes Schlußkapitel im »Contrat social« (livre VI., ch.8). Doch dieser Hinweis ist eher mißverständlich. Eine »christliche Republik« ist nämlich im Kapitel »De la religion civile« für Rousseau eine *contradictio in adiecto*: denn das Christentum des Evangeliums – oder die universalistische »Religion des Menschen« – trägt für ihn zum republikanischen Zusammenhalt nichts bei, »da das Evangelium keine nationale Religion stiften kann«. Und das real existierende historische Christentum – die »Priesterreligion« – »predigt nur Knechtschaft und Abhängigkeit«.

Rousseaus »Religion des Bürgers« ist vielmehr eine Art staatlich kontrollierter theistischer Minimalreligion: Da es für jeden Staat »allerdings wichtig sei, daß jeder Bürger eine Religion habe, die ihn seine Pflichten lieben läßt«, müssen – zur Stärkung der »Gefühle des gesellschaftlichen Zusammenlebens, ohne die man weder guter Staatsbürger noch treuer Untertan sein kann« – vom Souverän einige wenige Dogmen der *religion civile* festgelegt werden: »die Existenz einer mächtigen, vernünftigen, wohltätigen, vorausschauenden Gottheit, das künftige Leben, die Belohnung der Gerechten, die Bestrafung des Bösen, die Heiligkeit des Gesellschaftsvertrags.« Ungläubige sollen verbannt – und ihrem öffentlichen Bekenntnis Zuwiderhandelnde sollen (wegen Meineides) mit dem Tode bestraft werden. Intoleranz gebührt allen Kulten, die diesen positiven Dogmen widersprechen. Ja, es sei ein Irrtum, zwischen staatsbürgerlicher und theologischer Intoleranz zu unterscheiden. »Beide sind untrennbar. Es ist unmöglich, mit Leuten, die man für verdammt hält, im Frieden zu leben; sie zu lieben hieße Gott hassen, der sie bestraft. Man muß sie bekehren oder peinigen.«

In diesem Sinne hat es nun gewiß niemals eine *Civil Religion* in den Vereinigten Staaten gegeben, eher das genaue Gegenteil: Die amerikanische Nation ist zutiefst christlich geprägt, aber das hindert die Amerikaner keinesfalls daran, mit Leuten aus den verschiedensten Bekenntnissen und Konkurrenzkirchen, die sie für verdammt halten, als loyale Mitbürger zusammenzuleben. Rousseaus Zivilreligion aus dem Buch über den Gesellschaftsvertrag wurde nie in die Tat umgesetzt, sie war antikirchlich und antipluralistisch; die »real existierende« amerikanische Zivilreligion hingegen ist gleichzeitig christlich geprägt und religiös tolerant.

Die von Bellah für die sechziger Jahre beschriebene *Civil Religion in America* ist also eher ein implizites Kondensat der amerikanischen politischen Kultur als ein expliziter Kanon öffentlicher Dogmen. So folgt diese »zivilreligiöse« Dimension der amerikanischen Politik auch den politischen Zyklen in der öffentlichen Meinung selbst – zeitweilig liegt der Akzent der amerikanischen Freiheit stärker auf ihrem besitzindividualistischen Code; um dann, zumeist in Krisenzeiten, durch einen Kreuzzug von öffentlichem Idealismus abgelöst zu werden. Das zeigt sich sogar in den Analysen Bellahs: Zehn Jahre nach seinem ersten Aufsatz zum Thema war ihm die amerikanische Zivilreligion bereits eine »empty and broken shell«; und heute versucht sein kommunitaristisches Manifest »The Good Society« umgekehrt, einige Elemente ihrer liberalen, linken Interpretation wieder in den politischen Diskurs einzubringen.

Eher als Rousseaus republikanisches Ethos kann zur Charakterisierung der *Civil Religion in America* ein Begriff aus der eingangs erwähnten aktuellen moralphilosophischen »Kommunitarismus/Liberalismus-Kontroverse« verwendet werden. John Rawls hat bekanntlich in den letzten beiden Jahrzehnten unter dem Einfluß dieser Debatte von der fundamentalistischen (»Letztbegründungs«-)Lesart seiner Theorie der »Gerechtigkeit als Fairneß« deutlich Abstand genommen und sich statt dessen einer stärker *politischen* Deutung seiner Gerechtigkeitsprinzipien als den Minimalstandards einer westlich-liberalen, weltanschaulich pluralistischen Gesellschaft zugewandt. Um zu erklären, »wie freie Institutionen angesichts einer Pluralität widerstreitender religiöser, philosophischer und moralischer Lehren, wie sie immer in einer demokratischen Gesellschaft gefunden werden, diejenige Loyalität gewinnen können, die für ihr dauerhaftes Bestehen unerläßlich ist«, spricht er von einem »übergreifenden Konsens«, den eine liberale Gesellschaft benötigt, um ihre politischen Institutionen zu bestimmen (und zu begrenzen). Dieser Konsens bildet gewissermaßen die »Schnittmenge« von untereinander durchaus verschiedenen Weltauffassungen und Lebensformen.

Ein solcher Konsens ist nun weder philosophisch aus transzendentalen Kommunikationsregeln ableitbar (in einer idealen Sprechsituation ist er vielmehr unnötig) noch kann er theologisch oktroyiert werden. Er ist vielmehr selber ein kontingentes historisches Produkt. In den USA ist der übergreifende Konsens, der vielleicht darum Zivil*religion* heißen mag, stark von (mindestens) zwei religiösen Codes geprägt: durch die Tradition des radikalen Protestantismus, insbesondere in seinen methodistischen und arminianischen, auf die Souveränität der persönlichen Glaubenserfahrung orientierten Versionen; und durch die biblische Bundestheologie. Institutionell setzen sie die Autonomie der Religion gegenüber dem Staat, den religiösen Pluralismus und eine starke Abhängigkeit der Geistlichen von ihren Gemeinden voraus (Riesebrodt). Daneben wirken natürlich auch weltliche politische Traditionen: die neoklassische republikanische Bürgertugend und die liberale Tradition.

Die Trennung von Kirche und Staat bzw. der Vorrang der Demokratie vor jeder Philosophie (Richard Rorty) – aber auch die pluralistische Entkoppelung von ethnisch-kultureller und staatsbürgerlicher Identität (Walzer) – mögen zwar *weniger* an unmittelbar, »fraglos« geteilten Werten zwischen allen Beteiligten implizieren, aber sie erfordern ein höherstufiges *Mehr* an bürgerlichem Gemeinsinn. Die liberale Gemeinschaft verkörpert eine weitaus komplexere Sittlichkeit als Rousseaus republikanisches Modell, verlangt sie doch eine Sphärentrennung »zwischen staatsbürgerlicher und theologischer Toleranz«, die es erlaubt, mit Leuten, die man für verdammt hält, nach gemeinsamen Spielregeln zusammenzuleben, ohne sie zu bekehren oder zu peinigen.

9. *Die gespaltene Seele*

Rousseaus Alternative zwischen einer universalistisch-evangelischen »Religion des Menschen« und einer primär der eigenen Nation verpflichteten »Religion des Bürgers« könnte hingegen – *cum grano salis* – für die Beschreibung der neuen Brechung *innerhalb* des übergreifenden Konsenses der amerikanischen Zivilreligion herangezogen werden, die sich seit den siebziger Jahren in den USA entwickelt hat: Heute stehen sich – in fast allen Religionsgemeinschaften – eine »liberale« und eine »konservative« Version der Zivilreligion gegenüber (Wuthnow).

Die liberale, eher prophetische Vision, kombiniert den Rekurs auf die persönliche Glaubenserfahrung und die Freiheit zur Wahl des eigenen Lebensstils mit universalistischer Wertorientierung und sozialer Verantwortung; die konservative, neofundamentalistische Variante (die in der Southern Baptist Convention in einer Art Staatsstreich die Macht übernommen hat) ist gleichzeitig stärker nationalistisch ausgerichtet, indem sie Amerikas *manifest destiny* als auserwähltes Land theologisch legitimiert, der traditionellen Familienmoral verpflichtet und in der Sozialpolitik neoliberal (*anti-welfare*) eingestellt.

Doch auch hier gibt es Konvergenzpunkte: die Betonung persönlicher Freiheit und die *anti-government*-Einstellung, mit natürlich entgegengesetzten Interpretationen (man denke nur an die Wahlfreiheit in der Abtreibungsfrage, an die Chancengleichheit für die ethnischen Minderheiten).

Der Konsensus der zivilen Religion in den USA zerbricht? Vielleicht hat er ja nie bestanden: Christlich ist diese Republik vor allem in ihrem symbolischen Code, in den neuralgischen Punkten ihres Streits mit sich selbst. Auch als zerrissene Nation sucht sie vor allem ihre eigene Seele.

Für den protestantischen Theologen Richard John Neuhaus aber ist diese eine »gespaltene Seele« – die eine Hälfte ist der individualistischen Freiheit verpflichtet; die andere Seite strebt nach einer inklusiven Gemeinschaft, deren Bürger eine gemeinsame Verantwortung, eine überindividuelle Verpflichtung akzeptieren. »Communitarianism« – so Mary Ann Glendon – »can be usefully viewed as an effort to knit the two halfs of the divided soul together.«

Ausgewählte Literaturhinweise

Als allgemeine Einführung siehe: W.P. Adams u.a. (Hg.), Die Vereinigten Staaten von Amerika, 2 Bde., Frankfurt/New York 1992 (vor allem die Beiträge von Georg Kamphausen und Martin Riesebrodt). Für die aktuelle politische Semantik der *Communitarians* und einige kommunitaristische Obertöne im US-Präsidentschaftswahlkampf habe ich mich u.a. auf die Editorials und Artikel des letzten Jahrgangs der Zeitschrift *The Responsive Community* gestützt. Zur philosophischen »Kommunitarismusdebatte« vgl. auch den Artikel von Bert van den Brink in diesem Heft. Ausführliche kommentierte Bibliographien dazu finden sich jeweils im Anhang der beiden Ende 1992 erschienenen Sammelbände: Axel Honneth (Hg.), Kommunitarismus, Frankfurt/New York; Christel Zahlmann (Hg.), Kommunitarismus in der Diskussion, Berlin.

Die folgenden Hinweise beziehen sich vornehmlich auf die religiösen Dimensionen der amerikanischen Seele.

Robert N. Bellah, Civil Religion in America, in: *Daedalus* 96, 1967, Nr. 1; dt. in: Kleger / Müller, a.a.O. (s.u.).

Ders., Beyond Belief, Berkeley 1970.

Ders., The Broken Covenant. American Religion in Time of Trial, New York 1975 (erw. Neuaufl. Chicago 1992).

Robert N. Bellah u.a., Gewohnheiten des Herzens, Köln 1987.

Dies., The Good Society, New York 1991.

Peter L. Berger, Zur Dialektik von Religion und Gesellschaft, Frankfurt a.M. 1967.

Ders., Der Zwang zur Häresie. Religion in der pluralistischen Gesellschaft, Frankfurt a.M. 1980.

Harold Bloom, The American Religion. The Emergence of the Post-Christian Nation, New York 1992.

James De Forest Murch, Christians Only. A History of the Restoration Movement, Cincinatti, Ohio, 1962.

John Dewey, A Common Faith, New Haven 1934.

Rainer Döbert, Zivilreligion, in: *Kursbuch* 93/1988.

Ralph Waldo Emerson, Essays, New York 1951.

Jürgen Gebhardt, Amerikanismus – Politische Kultur und Zivilreligion in den USA, in: Aus Politik und Zeitgeschichte (B 49/90), 30. Nov. 1990.

William James, The Varieties of Religious Experience. A Study in Human Nature, New York/London 1961.

Otto Kallscheuer, Glaubensfragen, Frankfurt a.M. 1991.

H.Kleger / A. Müller (Hg.), Religion des Bürgers, München 1986.

Michael Novak, The Spirit of Democratic Capitalism, New York 1982.

Ders., La seconda libertà: libertà religiosa e libertà politica, in: Biblioteca della libertà, Nr. 114 (1991).

David Osborne, Laboratories of Democracy, Harvard 1988.

John Rawls, Die Idee des politischen Liberalismus. Aufsätze 1978-1989, Frankfurt a.M. 1992.

Martin Riesebrodt, Fundamentalismus als patriarchalische Protestbewegung, Tübingen 1990.

Jean Jacques Rousseau, Kulturkritische und politische Schriften, 2 Bde., Berlin 1989.

Malise Ruthven, Der göttliche Supermarkt. Auf der Suche nach der Seele Amerikas, Frankfurt a.M. 1991.

Heinz Schilling, Nationale Identität und Konfession in der europäischen Neuzeit, in: B. Giesen (Hg.), Nationale und kulturelle Identität, Frankfurt a.M. 1991.

Georg Simmel, Soziologie. Untersuchungen über die Formen der Vergesellschaftung, Leipzig 1908 (Neuauflage als 11. Bd. der Simmel-Gesamtausgabe, Frankfurt a.M. 1992)

Charles Taylor, Philosophical Papers, 2 Bde., Cambridge, UK 1985.

Ders., Sources of the Self, Cambridge, Mass. 1989.

Michael Walzer, The Revolution of the Saints, Cambridge, Mass. 1965

Ders., Exodus und Revolution, Berlin 1988.

Ders., Sphären der Gerechtigkeit, Frankfurt/New York 1992.

Ders., Zivile Gesellschaft und amerikanische Demokratie, hg. von O. Kallscheuer, Berlin 1992.

Garry Willis, Under God: Religion and American Politics, New York 1990.

Robert Wuthnow, The Restructuring of American Religion, Princeton, N.J. 1988.

Anmerkungen

1 Dieser Essay über die amerikanische »Zivilreligion« wurde vor der amerikanischen Präsidentschaftswahl geschrieben. Auf Bitten der *Transit*-Redaktion habe ich nach dem Wahlausgang noch zwei kurze Abschnitte (6. und 7.) zur symbolischen Politik und »Philosophie« Bill Clintons hinzugefügt. Sie verstehen sich vor allem als Illustration einiger meiner Thesen, können aber natürlich eine genaue Analyse des »Phänomens Clinton« nicht ersetzen. (O.K.)

Bert van den Brink
Gerechtigkeit und Solidarität
Die Liberalismus-Kommunitarismus-Debatte in der
politischen Philosophie

Die sogenannte »Liberalismus-Kommunitarismus-Debatte« in der politischen Philosophie[1], die seit ungefähr zehn Jahren vorwiegend im angelsächsischen Sprachraum geführt wird, dreht sich primär um die Frage, ob für die Rechtfertigung der politischen Ordnung demokratischer Gesellschaften rational konstruierten, universalistischen Prinzipien der *Gerechtigkeit* oder aber kulturell tradierten Vorstellungen des ethisch *Guten* die Priorität zukommt. Der Begriff »Gerechtigkeit« zielt dabei auf die rechtlich zu garantierende Vorstellung gleicher Rechte und Freiheiten für alle Bürger, während der Begriff des »Guten« (*the good*) kulturell situierte Vorstellungen des guten Lebens für den Menschen kennzeichnet.

Den politischen und gesellschaftlichen Hintergrund der Debatte bilden die westlichen demokratischen Gesellschaften, die ihr Versprechen auf Freiheit und Gleichheit für alle Bürger immer weniger einlösen können. Der Individualismus, zu dem Bürger liberaler Gesellschaften gewissermaßen erzogen werden, so befürchten die Kommunitaristen, isoliert die Bürger so sehr voneinander, daß Formen von Solidarität, die zum Funktionieren einer freien demokratischen Gesellschaft erforderlich sind, immer schwerer zu realisieren sind. Gegen den liberalen Individualismus stellen die kommunitaristischen Denker daher die Konzeption einer durch gemeinsame Vorstellungen vom ethisch Guten integrierten Gemeinschaft (*community*), wobei diese Vorstellungen als Basis solidarischer Anerkennungsverhältnisse ein notwendiges Gegenstück zu den abstrakten, institutionell verankerten Gerechtigkeitsprinzipien und Prozeduren politischer Meinungs- und Willensbildung bilden können.

Meine Rekonstruktion der Debatte[2] wird zeigen, daß die strikte Entgegensetzung der Begriffe der Gerechtigkeit und des Guten, zu der sowohl Liberale als auch Kommunitaristen vor allem in der frühen Phase der Debatte tendierten, nicht aufrechtzuerhalten ist. Dies läßt sich schon vor einer Auseinandersetzung mit der Debatte verstehen, wenn man bedenkt, daß eine politische Theorie, die sich mit Fragen der Einrichtung einer gerechten Gesellschaft beschäftigt, in der Lage sein muß, mindestens zwei Fragen zu beantworten: Erstens, welche institutionellen Maßnahmen notwendig sind, um die Unantastbarkeit der Bürger dieser Gesellschaft zu gewährleisten; zweitens, welche sozialen Anerkennungsverhältnisse – und damit die ihnen zugrundeliegenden intersubjektiv geteilten Vorstellungen des Guten – Voraussetzung für das Funktionieren der politisch-rechtlichen Ordnung der Gesellschaft sind. Die erste Frage ist eine Frage nach der institutionellen Verankerung von *Gerechtigkeitsprinzipien*; die zweite Frage ist eine Frage nach den Formen von *Solidarität*.[3] Gerechtigkeit und Solidarität sind zwei Seiten einer Medaille: Man kann nur dann der Meinung sein, daß einem ein Unrecht geschieht, wenn die kulturell tradierten, Solidarität erzeugenden, auf bestimmte Vorstellungen des Guten gegründeten Anerkennungsverhältnisse, die man für »normal« hält, einem schon einen Begriff von dem, was *gerecht* ist, vermittelt haben. Die inhaltliche Bestimmung des Verständnisses vom »Gerechten«, die sich in solchen Anerkennungsverhältnissen zeigt, kommt aber umgekehrt nie unabhängig von den abstrakten Gerechtigkeitsprinzipien zustande, die der institutionellen Einrichtung der Gesellschaft, der man als Bürger zugehört, zugrunde liegen. Die Debatte zwischen Liberalen und Kommunitaristen möchte ich im folgenden als eine Debatte um das Verhältnis von Gerechtigkeit und Solidarität in demokratischen Gesellschaften verstehen.

Gerechtigkeit als Freiheit und Gleichheit

In seinem Buch »A Theory of Justice«, das 1971 erschien, hat der liberale Rechtsphilosoph John Rawls die wohl einflußreichste Gerechtigkeitstheorie der Gegenwart entwickelt.[4] Er will darin zeigen, auf welchen fundamentalen Gerechtigkeitsprinzipien eine Staats- und Gesellschaftsordnung aufbauen sollte. Dazu bedient er sich bekanntlich eines prozeduralen Gedankenexperiments, das methodisch an das Argument eines vorgesellschaftlichen »Urzustands« erinnert, wie es vor allem aus der frühmodernen vertragsrechtlichen Tradition bekannt ist. In Rawls' fiktivem Urzustand – »*the original position*« – haben die rationalen Subjekte, die sich auf fundamentale Gerechtigkeitsprinzipien einigen müssen, keine Kenntnis von ihrer tatsächlichen gesellschaftlichen Position – von ihrem Geschlecht, ihrem Besitz, ihren Begabungen und ihrer Zugehörigkeit zu einer bestimmten ethnischen Gruppe. Sie befinden sich, wie Rawls sagt, unter einem »Schleier des Nichtwissens«. Was sie aber wissen, ist, daß sie im empirischen Leben Rechte und Freiheiten, Chancen und Einflußnahme, Einkommen und Wohlfahrt brauchen. In diesem Urzustand, der die abstrakte Vorstellung einer universalistischen *Prozedur* moralischer und praktischer Willensbildung darstellen soll, würden nach Rawls alle rationalen Subjekte zu derselben, vertraglich festzulegenden Auffassung sozialer Gerechtigkeit kommen: »Alle sozialen Werte – Freiheit, Chancen, Einkommen, Vermögen und die soziale Grundlage der Selbstachtung – sind gleichmäßig zu verteilen, soweit nicht eine ungleiche Verteilung jedermann zum Vorteil gereicht.« (S. 83)

Diese Vorstellung von sozialer Gerechtigkeit wird von Rawls mit Hilfe von zwei Gerechtigkeitsprinzipien weiter präzisiert: Das erste Prinzip garantiert die egalitäre Zuerkennung größtmöglicher *Rechte* oder *Freiheiten*, das zweite fordert erstens, daß soziale und wirtschaftliche Ungleichheiten derart beschaffen sein sollen, daß sie nicht nur den Nutzen der Privilegierten, sondern auch den der Benachteiligten in der Gesellschaft steigern (das »Differenzprinzip«), und zweitens, daß gesellschaftliche Ämter und Positionen »gemäß fairer Chancengleichheit« für jeden offenstehen. Die Konzeption vom Guten, die diese Vorstellung der politischen Einrichtung der Gesellschaft aus der Sicht der Bürger legitimiert, ist Rawls zufolge die den Bürgern gemeinsame Überzeugung, daß der liberale Staat ihnen eine gesellschaftliche Ordnung gewährleisten soll, die ihnen die Verwirklichung individueller Präferenzen und Vorstellungen des guten Lebens ermöglicht. Dies bezeichnet er als seine »*thin theory of the good*«[5], die er substantiellen Theorien des Guten, die bestimmte Vorstellungen des guten Lebens von vornherein für alle Bürger verbindlich machen wollen, entgegensetzt.

Mit dieser Theorie der Gerechtigkeit befreite Rawls den Liberalismus von den kapitalistisch-utilitaristischen Konnotationen, die dieser vor allem durch die Theorien von Locke und Bentham erhalten hatte. Das erste Prinzip der Gerechtigkeit erinnert noch stark an den klassischen Liberalismus. In einer Gesellschaft, die auf die Forderung der individuellen Interessen all ihrer Bürger zugeschnitten sein will, muß politische Freiheit – das Recht, zu wählen und öffentliche Ämter zu bekleiden, Rede- und Versammlungsfreiheit, Gewissens- und Gedankenfreiheit, die Unverletzbarkeit der Person und das Recht auf persönliches Eigentum – gewährt werden (S. 83). Die Gewähr solcher Rechte allein kann aber, so Rawls, noch keine gerechte Gesellschaft garantieren. Die egalitäre Zuerkennung von gleichen Rechten und Freiheiten trägt die Gefahr eines rechtlich abgesicherten Kampfes um soziale und wirtschaftliche Vorteile in sich, der zu großen Ungleichheiten führen kann. Diese inhärente Verbindung von klassischem Liberalismus und Kapitalismus schränkt Rawls durch das »Differenzprinzip« ein. Die Chancengleichheit hinsichtlich der Bekleidung gesellschaftlicher Ämter und Positionen soll schließlich gewährleisten, daß Personen aus allen gesellschaftlichen Schichten über dieselben Möglichkeiten verfügen, ihren politischen Interessen nachzugehen.

Eine genaue Betrachtung von Rawls' Konstruktion des Urzustandes zeigt, daß darin nicht die fundamentale Freiheit, sondern die fundamentale Gleichheit der rationalen Subjekte zum Ausdruck kommt. Der Urzustand stellt nämlich »die Gleichheit zwischen Menschen als moralischen Subjekten dar (...), als Wesen mit einer Vorstellung von ihrem Wohl und einem Gerechtigkeitssinn« (S. 36). Mit diesem Begriff von Gleichheit ist gemeint, daß unabhängig von gegebenen sozialen Stellungen allen Menschen die gleiche Achtung als moralische Person zukommt. Diese, wie Rawls sagt, »natürliche Basis von Gleichheit«, erkläre die »tiefere Bedeutung« des ersten Gerechtigkeitsprinzips – sie sei nämlich letztlich der Grund für die egalitäre Zuerkennung von bestimmten Rechten und Freiheiten (S. 555).

Ronald Dworkin hat diese theoretische Grundlage des Rawlsschen Liberalismus in seinem 1977 erschienenen Buch »Taking Rights Seriously«[6] aufgenommen und weiterentwickelt. Wie für Rawls sind auch für Dworkin individuelle Rechte die beste Garantie für die faire Behandlung aller Bürger. Dabei ist es interessant, wie er den für den Liberalismus so kennzeichnenden Primat des Rechts rechtfertigt. Teleologische Begründungsarten weist er zurück, weil sie überindividuelle Güter über das Prinzip der Achtung jeder moralischen Person stellen. Weil Dworkin nun andererseits auch meint, daß alle deontologischen Versuche[7], diese Achtung vor der Person mittels eines kategorischen moralischen Gesetzes zu begründen, wegen ihrer unbegründbaren, »essentialistischen« Annahmen (wie z. B. die des Vernunftcharakters der Person) scheitern müssen, sucht er einen dritten Weg, nämlich den einer »auf Rechte begründeten Theorie« (S. 291). Ansatzpunkt einer solchen Theorie ist die mittels der Methode des reflexiven Gleichgewichts konstruierte Vorstellung der fundamentalen Gleichheit aller moralischen Personen. Institutionell zu implementierende Rechte, die aus dieser Vorstellung abgeleitet werden, sind in gewissem Sinne als »instrumentell« im Hinblick auf von Individuen gesetzte Ziele zu verstehen. Im pragmatischen Sinne geht es Dworkin nämlich darum, daß Rechte einfach notwendig sind, um das Zusammenleben verschiedener Individuen mit verschiedenen Interessen erfolgreich koordinieren zu können. Dies heißt nun aber keineswegs, daß die Prinzipien des Rechts keinen moralischen Charakter hätten. Dworkin geht aber davon aus, daß dieser moralische Charakter mit Hilfe deontologischer und teleologischer Argumente nicht im strengen Sinne *begründet* werden kann, sondern daß moralische Prinzipien der Gerechtigkeit nur mit Hilfe konstruktivistischer Methoden für alle Betroffenen akzeptabel zu machen sind.[8]

Bei Dworkin wird noch deutlicher als bei Rawls, daß die liberale Gerechtigkeitsauffassung z. B. für Bürgerrechtler eine starke Waffe sein kann – was sie in den Vereinigten Staaten auch tatsächlich ist. Eine auf Rechten begründete Theorie versteht die Verfassung nicht im vulgärdemokratischen Sinne als Ausdruck der Auffassungen und Interessen der Mehrheit der Bürger; vielmehr garantieren die in der Verfassung verankerten Rechte auch die legitimen Interessen von Minderheiten. Bürgerrechte müssen »ernst genommen werden«: Sie sind »Trumpfkarten«, auf die sich Minderheiten gegenüber der Mehrheit oder der Regierung berufen können. In demokratischen Gesellschaften, in denen sowohl politische Beschlüsse als auch institutionell verankerte Rechte die soziale Ordnung bestimmen, müssen letztere relativ unverletzbar sein. Das heißt praktisch, daß in einer gerechten Gesellschaft nur in den wenigsten Fällen ein individuelles Recht durch politische Mehrheitsbeschlüsse außer Kraft gesetzt werden darf.

Für die Vorstellung eines demokratischen Rechtsstaates bedeutet dies nun folgendes: In der liberalen Tradition wird der Staatsbürger primär durch seine Rechte definiert. Der Staat hat den Auftrag, die Rechte eines jeden Bürgers mittels einer gerechten Verfassung und der eventuellen Anwendung richterlicher Gewalt zu garantieren. Die politische Rolle des Staatsbürgers besteht idealiter darin, die vom Staat gewährten Rechte, die die gesellschaftliche Ordnung festlegen, kritisch zu überprüfen. Und zwar daraufhin, inwiefern sie die Unverletzlichkeit des privaten Freiraums garantieren, in dem die Bürger als »private« Personen ihren individuellen, moralischen und ökonomischen Interessen nachgehen. Nicht die Tugend politischer Partizipation wird in der liberalen Tradition als für das Selbstverständnis der Bürger ausschlaggebend betrachtet, sondern die partikularen, von jedem anders konzipierten Auffassungen dessen, wie man sein privates Leben in dem vom Staat garantierten privaten »Freiraum« gestalten möchte. Die hier diskutierten liberalen Theorien konzentrieren sich vor allem auf die Frage nach der institutionellen Verankerung von individuellen Rechten und nicht so sehr auf partizipatorisch-politische Prozeduren politischer Meinungs- und Willensbildung. Sie sind, so könnte man sagen, primär Rechtstheorien und erst sekundär Demokratietheorien.

Die Grenzen der liberalen Vorstellung von Gerechtigkeit

John Rawls' Theorie der Gerechtigkeit wurde 1982 von Michael J. Sandel in »Liberalism and the Limits of Justice«[9] radikal kritisiert. Dieses Buch – und die sehr unterschiedlichen Reaktionen, die es hervorrief – hat die Kontroverse zwischen Liberalen und Kommunitaristen im angelsächsischen Sprachraum zu einer der wichtigsten politisch-philosophischen Debatten der achtziger Jahren gemacht. Anders als von Liberalen manchmal suggeriert wird, geht es Sandel weniger darum, die Idee von Gerechtigkeit als Freiheit und Gleichheit zu kritisieren, als vielmehr zu zeigen, daß Rawls' Methode der Rechtfertigung seiner Theorie problematisch ist.

Sandel macht deutlich, daß Rawls die Idee gleicher Rechte als fundamentalen Ausgangspunkt der politischen Theorie nur aufgrund seines abstrakten Subjektbegriffes aufrechterhalten kann, der von einem fiktiven Urzustand ausgeht. Dieser Subjektbegriff ist aber Sandel zufolge unhaltbar, weil er auf einer unglücklichen Abstraktion vom sozialen Wesen des Menschen beruhe. Rawls konzipiere die rationalen Subjekte, als ob diese *epistemologisch* von ihren moralischen Überzeugungen und Zwecken unabhängig seien (S. 20 f., 52 f., 64). Die Subjekte seien bei Rawls sozusagen *vor* ihren sozialen Zwecken und ihrer moralischen Identität gegeben. Gegen Rawls' Position entwickelt Sandel nun ein Argument, das durchaus an die hermeneutisch-phänomenologische Kritik am bewußtseinsphilosophischen Paradigma von Descartes, Locke und Kant erinnert: Ohne eine lebensweltliche Einbettung kann es überhaupt kein Selbst und somit auch kein rationales Subjekt geben. Jede Person ist Sandel zufolge so stark durch tradierte Moralvorstellungen und Lebensziele geprägt, daß es für sie nicht möglich ist, ihren tiefsten existentiellen Überzeugungen gegenüber eine distanzierte, objektivierende Haltung einzunehmen.[10]

Anhand des damit umrissenen ontologischen Begriffes der Person zeigt Sandel sodann, daß das Auffinden legitimer Gerechtigkeitsprinzipien nicht als eine zweckorientierte monologische *Wahl* rationaler Subjekte vorstellbar ist, sondern als Reflexion auf die konstitutiven Vorstellungen des moralisch Guten, wie sie von der partikularen Gemeinschaft (*community*) geteilt werden, der diese Subjekte angehören. Rawls' expliziter Methode der Rechtfertigung zum Trotz ist laut Sandel also auch die Idee gleicher Rechte als fundamentaler Ausgangspunkt der politischen Theorie letztlich von einer reflexiv zugänglich zu machenden Vision geteilter Normen und Werte abhängig. Daraus zieht Sandel den Schluß, daß das normative Fundament von Gerechtigkeitsprinzipien nur in substantiellen Visionen vom moralisch Guten bestehen kann, die für das ethische Selbstverständnis von Mitgliedern einer politischen Gemeinschaft konstitutiv sind.

Prima facie kann man Sandels Kritik vorwerfen, Rawls' Theorie sehr einseitig zu interpretieren: als ob Rawls seine Gerechtigkeitsprinzipien *nur* mittels eines abstrakten Gedankenexperimentes zu rechtfertigen suchte. Tatsächlich aber ist das Gedankenexperiment des Urzustandes lediglich Teil einer umfassenderen konstruktivistischen Methode der Rechtfertigung moralischer Urteile, die moralischen Intuitionen aus der

Alltagspraxis bei der Rechtfertigung einer Theorie der Gerechtigkeit eine große Rolle zuerkennt.[11]

Trotz dieser Einseitigkeit überzeugt Sandels Argument, weil es das zentrale Problem thematisiert, mit dem Rawls sich konfrontiert sieht. Mit den Mitteln, welche die »Theorie der Gerechtigkeit« zur Verfügung stellt, kann Rawls nämlich nicht überzeugend zeigen, warum seine aus idealisierten Bedingungen hergeleiteten, universalistischen, prozeduralen Gerechtigkeitsprinzipien für konkrete, d.h. sozial situierte Subjekte moralisch verbindlich sein sollen. Weil auch Rawls' »schwache« Theorie des Guten schon mittels einer Abstraktion abgeleitet ist, kann er nicht erklären, woher konkrete Personen die Motivation haben, die zur Anerkennung des moralischen Wertes von allgemeinen Gerechtigkeitsprinzipien erforderlich ist. Für eine Theorie, die einen empirischen Wert zu haben beansprucht, ist ein solches Problem der *Anwendbarkeit* rational konstruierter Gerechtigkeitsprinzipien selbstverständlich sehr ernst.

Sandel geht davon aus, daß der praktisch-politische Wert des Rawls-schen Liberalismus wegen dessen fragwürdiger philosophischer Fundamente in Frage gestellt werden muß. Auf praktisch-politischer Ebene plädiert er darum für eine »*politics of the common good*«, eine »Politik des Gemeinwohls«, in der eine Reflexion auf die für Person und Gemeinschaft konstitutiven Wertvorstellungen angelegt ist.[12] Dabei orientiert er sich am Modell der politischen Gemeinschaft, das in der sehr jungen Republik der Vereinigten Staaten entstand. Im 18. Jahrhundert – so Sandel – wurde bürgerliche Freiheit nicht als »Ansammlung von persönlichen Rechten« verstanden, sondern als eine »Teilhabe an der Regierung«. Bürgerliche Freiheit war – wie in der griechischen Polis – öffentliche, politische Freiheit. Dezentralisierte Formen von politischen Assoziationen und öffentlicher Meinungsbildung vermittelten zwischen Individuum und Staat. Das öffentliche Leben funktionierte dank seiner auf ziviles Handeln zugeschnittenen Formen als Erziehungsanstalt für republikanische Bürgertugenden. Die Handlungsnormen und Gerechtigkeitsprinzipien, denen die Bürger untergeordnet waren, wurden als legitim anerkannt, weil sie gemeinsamen Vorstellungen vom Guten Ausdruck verliehen.

Diese republikanische Vorstellung der politischen Gemeinschaft möchte Sandel für die Konzeption gegenwärtiger Gesellschaften fruchtbar machen. Bis heute ist ihm das jedoch nicht gelungen. Seine Zerfallsgeschichte der demokratischen politischen Gemeinschaft[13] erzählt stark vereinfacht noch einmal die aus den viel genaueren soziologischen Analysen von Weber und Durkheim bekannte Geschichte von der Entfremdung, von der Atomisierung und Anonymisierung der sozialen Verhältnisse, vom Verlust moralischer Maßstäbe und der Aushöhlung authentischer moralischer Identität, wie sie mit den Modernisierungsprozessen einhergehen. Auf diese durchaus ernst zu nehmenden, von liberalen Theoretikern tatsächlich oft vernachlässigten makrosozialen Prozesse bietet Sandels Idee der verlorengegangenen Solidarität genuiner Gemeinschaften nun aber keine klare Antwort.

Gegen Sandels Ideen ist von mehreren Seiten das einleuchtende Argument vorgebracht worden, daß die kritische Rolle des Rechts für das Selbstverständnis von Bürgern moderner Gesellschaften so zentral sei, daß es gerade sehr »unkommunitaristisch« wäre, diese allgemeine »Auffassung vom Guten« dadurch zu verletzen, daß man spezifische gemeinschaftliche Werte über den allgemeinen Wert gleicher Rechte für alle setzen würde. Axel Honneth paraphrasiert diese unter anderem von Amy Gutmann und Will Kymlicka[14] entwickelte Idee zutreffend, wenn er feststellt, daß gerade, weil Menschen in posttraditionalen Gesellschaften »im Prinzip konfligierende Vorstellungen vom Guten vertreten (. . .), Gerechtigkeit oder die Idee gleicher Rechte als die zentrale ›Tugend‹ der politischen Ordnung angesehen werden (muß), da die Freiheit zur Verwirklichung eigener Lebensziele zum obersten Gut geworden ist«.[15]

Damit verändert sich die Debatte allerdings erheblich. Nun wird nämlich zugegeben, daß die *kommunitaristische* Idee der »Politik des Gemeinwohls« einen großen Wert hat, wenn es darum geht, den normativen Vorrang der *liberalen* Idee gleicher Rechte und Freiheiten zu verteidigen. Wenn man nämlich von der Vorstellung von Gerechtigkeit als Gleichheit und Freiheit ausgeht und sie als zentrale Tugend einer gerechten Gesellschaftsordnung versteht, mit dem Argument, daß diese Tugend die Entfaltung individueller Lebensstile fördert und deshalb als legitim gelten darf, dann hat man – rein formal – das gleiche Argument geliefert wie Sandel, ohne aber das praktisch-politische Modell des Liberalismus zu verabschieden. Man hat dann nämlich erstens gezeigt, daß liberale Gesellschaften für ihr »Funktionieren« einer Solidaritätsform bedürfen, in der die Achtung vor dem Prinzip der Gerechtigkeit, verstanden als Freiheit und Gleichheit, als zentrale Tugend angesehen werden muß. Und zweitens hat man die viel weiter reichende These verteidigt, daß das praktisch-politische System des Liberalismus nur legitim ist, insofern es die Pointe »guter liberaler Anerkennungsverhältnisse« zum Ausdruck bringt. Die Vorstellungen vom Guten, die in liberalen Anerkennungsverhältnissen zum Ausdruck kommen, bilden nach diesem Argument für die liberale Gesellschaftsordnung ein substantielles Ziel a priori. Es wird sich zeigen, daß die überzeugendsten Versuche zur Weiterentwicklung der Debatte zwischen Liberalen und Kommunitaristen tatsächlich diesem Weg gefolgt sind.

Alasdair MacIntyres 1981 erschienenes Buch »After Virtue«[16] enthält diesbezüglich eine sehr interessante Phänomenologie des Moralischen, aufgrund derer die schon skizzierte Anwendungsproblematik, mit der sich alle prozeduralen Ethiken konfrontiert sehen, präzise analysiert werden kann.

MacIntyre richtet seine Aufmerksamkeit auf das rationalistische Aufklärungsprojekt zur Rechtfertigung der Moral (Rawls betrachtet er dabei als einen der jüngsten Vertreter dieser Tradition). Vertreter dieses Projekts zeichnen sich bekanntlich durch die Auffassung aus, daß der Verlust allgemeinverbindlicher Vorstellungen vom Guten nicht notwendigerweise zu totaler Wertskepsis und moralischem Subjektivismus führen muß. Wenn die Vernunft nicht aus einer vorgegebenen metaphysischen Ordung abzuleiten ist, sollte der Mensch sich zur Erlangung eines adäquaten Begriffes von Rationalität auf die unbezweifelbaren *Regeln* stützen, die sein eigenes Denken und Handeln strukturieren. So entstand im Aufklärungsdenken ein prozeduraler Begriff von Rationalität. Vernunftgeleitetes Handeln heißt dann, sein Handeln an der Einsicht in die regelgeleitete Ordnung der eigenen Rationalität zu orientieren.[17] Kants kategorischer Imperativ und Rawls' Gerechtigkeitsprinzipien sind Beispiele von prozedural konzipierten moralischen Regeln, die die Moralität ohne Rückbezug auf tradierte Werte zu begründen versuchen.

Allen ihren gutgemeinten Anstrengungen zum Trotz sahen sich die Aufklärungsphilosophen nach MacIntyre aber immer wieder mit der Frage konfrontiert, die wir in bezug auf Rawls' Theorie schon kennengelernt haben, nämlich, wie prozedurale, universalistische Moral- und Gerechtigkeitsprinzipien für *wirkliche*, d.h. situierte Subjekte moralisch verbindlich sein können, wenn die faktische, historische Welt, an der sie teilhaben, kontingent ist.

MacIntyre zeigt nun, *daß* rationalistische Ethiken sich mit diesem Problem nur deshalb konfrontiert sehen, weil sie ihre historischen Hintergründe einseitig rezipieren. Diese bestehen vor allem in aristotelischen und jüdisch-christlichen Moralsystemen, die nach MacIntyre immer drei Elemente enthalten: »(...) den Naturzustand des Menschen, den Menschen, *wie er sein könnte, wenn er sein Telos erkennen würde*, und die moralischen Gebote, die ihm ermöglichen, von einem Zustand in den anderen zu wechseln« (S. 78). MacIntyre meint nun, daß das zweite Element dieses aristotelischen Verständnisses moralischer Systeme in der Moderne verlorengegangen sei, und daß dies erkläre, warum jede prozedurale Ethik scheitern muß. Das dritte Element sind die moralischen Gebote – z.B. die des göttlichen Sittengesetzes –; sie spielen nach MacIntyre die Rolle eines »Schulmeisters, der uns aus dem ersten in den zweiten Zustand führt« (S. 78). Damit ist gemeint, daß die allgemeinen Vorstellungen von Gerechtigkeit nicht so sehr als »neutrale« Prinzipien zur moralischen Konfliktbewältigung gelten, sondern aufs engste mit inhaltlichen Vorstellungen von den Tugenden des »guten« Menschen verknüpft sind (mit dem zweiten Element also). Solche für jede Person verbindliche Vorstellungen verloren nun aber durch die weltliche Ablehnung der christlichen Theologie und durch die wissenschaftliche Ablehnung des Aristotelismus immer mehr ihre Legitimität. In der »aufgeklärten« Moderne wurde es schließlich unmöglich, eine teleologische Vorstellung von den objektiven Zielen des Menschen zu formulieren, die die »Bruchstücke« vergangener moralischer Systeme – einerseits allgemeine Moral- und Gerechtigkeitsvorstellungen und andererseits damit konfligierende Vorstellungen vom Menschen, wie er von Natur aus ist – auf intelligible Weise aufeinander beziehen kann.

Die Tatsache, daß auch heute noch Versuche unternommen werden, den verbindlichen Charakter allgemeiner Moral- und Gerechtigkeitsvorstellungen mittels »unabhängiger« rationaler Begründungsverfahren aufzuzeigen, und die Tatsache, daß wir unsere Gesellschaft sogar nach diesen Vorstellungen einzurichten versuchen, erklärt sich MacIntyre durch die Angst vor dem reinen, destruktiven Subjektivismus des Einzelnen in einer nihilistischen Welt. Die historische Entwicklung zur politischen Moderne sei auf die institutionelle Verankerung eines verheerenden »liberalen Individualismus« hinausgelaufen, dessen negative Folgen für den öffentlichen Frieden von bürokratischen Managern und Berufspolitikern kontrolliert werden. Das seiner Bürgertugenden beraubte Individuum flüchtet sich dagegen in die vom Recht gewährte Privatsphäre und sucht dort in rein subjektiven Vorstellungen des guten Lebens seine individuelle Freiheit zu gestalten (S. 103 ff.). Eine Gewähr dafür, daß diese subjektiven Vorstellungen inhaltlich auf die für alle Bürger verbindlichen Rechtsprinzipien bezogen sind, gibt es aber nicht. Die Fragmentarisierung der »entzauberten« Welt wird MacIntyre zufolge durch den liberalen Individualismus geradezu gefördert.

Einen Ausweg aus dieser düsteren Situation stellt sich MacIntyre nun durch eine Rückkehr zur aristotelischen Moralauffassung vor: Zu einer persönlichen Moral gelange man durch die Entdeckung seiner »eigentlichen Ziele« (S. 200). Was das genaue Ziel einer Person ist, sagt MacIntyre im Sinne von Aristoteles, ist kulturell bestimmt; es läßt sich aber im allgemeinen als *eudaimonía* – Gesegnetheit, Glück, Erfolg – beschreiben. Die zentrale Bedeutung, die MacIntyre dem Begriff der Tugend in seiner neoaristotelischen Moralauffassung zuerkennt, läßt sich nun dadurch erklären, daß »die Tugenden genau jene Eigenschaften (sind), deren Besitz den Einzelnen in die Lage versetzt, *eudaimonía* zu erlangen, während ihr Fehlen seine Bewegung auf dieses Telos zu vereitelt« (S. 200). Dabei gilt, daß *eudaimonía* nicht als fernes, nur selten erreichbares Ziel angesehen werden muß, sondern daß das Glück des Menschen eben im tugendhaften Handeln, im Streben nach bestimmten Vorstellungen vom Guten besteht.

Nun werden aber Vorstellungen vom Guten immer durch sprachliche Interaktionen tradiert. Diesem Tatbestand trägt MacIntyre Rechnung, indem er einen narrativen Begriff von persönlicher und kultureller Identität entwickelt. »Jedes Menschenleben«, sagt MacIntyre, »verkörpert (...) eine Geschichte, deren Form und Inhalt davon abhängt, was als Leid und als Gefahr gilt, sowie davon, wie Erfolg und Scheitern, Fortschritt und sein Gegenteil verstanden und bewertet werden. Die Beantwortung dieser Fragen bedeutet explizit und implizit die Beantwortung der Frage, was Tugenden und Untugenden sind.« (S. 193) Anders als von Liberalen manchmal suggeriert wird, geht MacIntyre sehr wohl davon aus, daß es innerhalb einer Gemeinschaft konfligierende Vorstellungen von Tugenden und Untugenden gibt. Er betrachtet solche Konflikte sogar als Voraussetzung des Florierens der moralischen und politischen Gemeinschaft, der wir angehören. Die Einheit des menschlichen Lebens, die aus bestimmten Vorstellungen vom Guten erwächst, wird nach MacIntyre in hohem Maße durch die Streitgespräche über die beste Interpretation der gemeinsamen Tradition bestimmt: »Eine lebendige Tradition ist also eine historisch erweiterte und sozial verkörperte Argumentation, und zwar teilweise gerade um die Güter, die diese Tradition konstituieren.« (S. 297)

Dieser Begriff von Tradition ist von direkter Bedeutung für MacIntyres Begriff von Politik. Wie Sandel orientiert auch er sich an aristotelischen und bürgerlich-republikanischen Vorstellungen einer solidarischen politischen Gemeinschaft; Politik stellt er sich als eine gemeinschaftliche Argumentation über die Werte und Tugenden vor, die das gemeinschaftliche Leben der Bürger organisieren. Weil diese Vorstellung von Politik in der zeitgenössischen politischen Praxis kaum auffindbar ist, fällt MacIntyre über die politischen Systeme der Gegenwart ein vernichtendes Urteil: »Moderne systematische Politik, ob liberal, konservativ, radikal oder sozialistisch, muß von einem Standpunkt aus, der der Tradition der Tugenden echte Treue schuldet, einfach verworfen werden; denn die moderne Politik selbst drückt in ihren institutionellen Formen eine systematische Ablehnung dieser Tradition aus.« (S. 339) Gegen diese Auffassung MacIntyres werden die gleichen praktisch-politischen Einwände vorgebracht, auf die ich schon in der Diskussion um Sandels Position aufmerksam gemacht habe.

Die liberale Antwort

John Rawls und Ronald Dworkin haben auf kommunitaristische Einwände keine *direkte* Antwort gegeben. In jüngeren Publikationen sind beide Autoren der kommunitaristischen Kritik insofern entgegengekommen, als sie zunehmend die Kontextgebundenheit und den historischen Charakter ihrer Begriffe von Recht und Politik betonen. Die Idee gleicher Rechte und Freiheiten rechtfertigt Rawls heute nicht mehr mittels des Konstruktes eines fiktiven Urzustandes, sondern mit Hilfe eines explizit »politischen« Begriffs des liberalen Staatsbürgers. Seine Gerechtigkeitstheorie sei innerhalb einer bestimmten moralisch-politischen Tradition – der westlichen, liberal-demokratischen – entstanden und müsse vor diesem Hintergrund verstanden und beurteilt werden: Die Bürger liberaler Gesellschaften identifizierten sich daher nicht aus individualistisch-instrumentalistischen Gründen mit egalitären Prinzipien sozialer Gerechtigkeit, sondern aus kulturell tradierten, moralisch-politischen Gründen. Der Durchschnitt der moralischen Gerechtigkeitsvorstellungen der Bürger – »*the overlapping consensus*« – bilde die Solidarität erzeugende Basis einer gemeinsamen politischen Kultur, auf die sich eine liberale Gesellschaftsordnung letztlich stütze.[18]

Ronald Dworkin hat in seinem 1986 erschienenen Buch »Law's Empire«[19] viel stärker als in »Bürgerrechte ernstgenommen« betont, daß die Idee gleicher Rechte und Freiheiten in der historisch kontingenten Vorstellung verankert ist, daß verschiedene Individuen unterschiedliche Interessen haben und daß es allen Individuen gleichermaßen zukommt, individuellen Interessen nachzugehen und sie zu verteidigen. Anhand einer konstruktiven Interpretation der demokratischen politischen Praxis gelangt Dworkin zu einer für den liberalen Staatsbürger und für das liberale Modell der politischen Organisation der Gesellschaft als Ganzes unentbehrlichen politischen Tugend: der Integrität. Der Begriff von Integrität ist aus der normativen Vorstellung einer intakten Gemeinschaft abgeleitet, die sich durch reziproke Anerkennungsverhältnisse zwischen ihren Angehörigen auszeichnet, die sich Dworkin analog denen zwischen Geschwistern oder Nachbarn vorstellt (S. 188). Sowohl die auf dem Wert der Integrität gegründete Solidarität der Staatsbürger als auch die institutionelle Verankerung der Idee gleicher Rechte und Freiheiten sind für ihn daher gleichermaßen und *gemeinsam* Voraussetzung der Legitimität und des Funktionierens der liberalen Staatsordnung.

Bei der Vermittlung zwischen Gerechtigkeit und Solidarität sieht sich Dworkin gezwungen, einen »expressivistischen« (S. 189) Begriff politischen Handelns zugrunde zu legen: Die demokratische Idee kollektiver politischer Selbstgesetzgebung setze einen moralischen Konsens der Bürger über einen gemeinsamen Begriff von Gerechtigkeit voraus, damit diese die politisch-moralischen Gebote und Gerechtigkeitsprinzipien, denen sie unterworfen sind, als kohärente und legitime Äußerungen ihrer *eigenen* politischen Gemeinschaft anerkennen können.

Dies alles heißt nun keineswegs, daß Rawls und Dworkin »Kommunitaristen« im engeren Sinne geworden wären. Beide lehnen es immer noch entschieden ab, Gerechtigkeitsvorstellungen direkt aus substantiellen, partikulare Gemeinschaften kennzeichnenden Vorstellungen vom Guten abzuleiten. Ihr Streben, die Legitimität universalistischer Moral- und Gerechtigkeitsprinzipien durch konstruktivistische Argumente zu rechtfertigen, haben Rawls und Dworkin nie aufgegeben. Rawls geht noch immer davon aus, daß das Gedankenexperiment des Urzustandes und die Methode des reflexiven Gleichgewichts für die theoretische Rechtfertigung des Begriffes von Gerechtigkeit einen großen Wert haben. Der *Status* dieser Methode in der Theorie als ganzer hat sich freilich geändert. Rawls sieht ein, daß die moralische Verbindlichkeit seiner Gerechtigkeitsvorstellung für die situierte Person mit der abstrakten theoretischen Rechtfertigung dieser Vorstellung noch nicht gegeben ist. Mit anderen Worten, er kann nur hoffen, daß die sozialen Anerkennungsverhältnisse zwischen den Bürgern liberaler Gesellschaften so beschaffen sind, daß die normative Prozedur moralischer Überlegungen, die er in seiner Theorie entwickelt, von den betroffenen Bürgern als zu bevorzugende Methode zur Lösung moralisch-politischer Konflikte erkannt wird.

Das Unvermögen, den Zusammenhang zwischen Gerechtigkeitsprinzipien und sozialen Anerkennungsverhältnissen befriedigend deuten zu können, gehört wohl zum Schicksal aller politischen Theoretiker. Für Rawls und Dworkin ist das Problem, so scheint mir, aber größer als für andere, weil sie noch immer primär die institutionelle Verankerung von individuellen Rechten und nicht so sehr die partizipatorisch-politischen Prozeduren politischer Meinungs- und Willensbildung als fundamentale Voraussetzung einer gerechten Gesellschaft und daher als zentralen Gegenstand der politischen Philosophie ansehen. Dadurch sind sie nicht imstande, die alltägliche dialogische Dynamik zu fassen, die die Domäne des Politischen kennzeichnet. In dieser Dynamik des *konkreten politischen Handelns* muß, so meine ich, eine Erklärung des Zusammenhangs zwischen abstrakten Gerechtigkeitsprinzipien und solidarischen Anerkennungsverhältnissen gesucht werden.

Partizipatorische Demokratie und Bürgergesellschaft

In seinem 1983 erschienenen Buch »Spheres of Justice. A Defense of Pluralism & Equality«[20] entwickelte Walzer eine Theorie distributiver Gerechtigkeit, die er als Gegenentwurf zu abstrakten, rationalistischen Gerechtigkeitskonzeptionen versteht. Walzer geht davon aus, daß Menschen in ihrem sozialen und politischen Handeln mit einer Vielzahl von sozialen »Gütern« konfrontiert werden, um die sie mit anderen Menschen konkurrieren müssen. Beispiele solcher Güter sind die Zugehörigkeit zu einer bestimmten Gemeinschaft, Sicherheit und Wohlstand, Geld, politische Einflußnahme, Beruf, Anerkennung, Liebe usw. Die kulturell bestimmte Bedeutung solcher Güter entsteht im kollektiven sozialen Handeln der Mitglieder einer bestimmten historischen Gemeinschaft. Walzer meint nun, daß wir die Bedeutung eines Gutes verstehen, wenn wir wissen, wie die distributiven Kriterien der Verteilung des Gutes in der betreffenden Gemeinschaft verstanden werden. So wird beispielsweise das Gut der politischen Einflußnahme durch das Bedürfnis nach einer effektiven politischen Stimme definiert. Wenn politische Einflußnahme durch Geld erworben wird, wird die »Sphäre der Gerechtigkeit«, die durch die distributiven Kriterien des betreffenden Gutes definiert wird, verletzt.[21] Gesellschaftliche Gerechtigkeit besteht nach Walzer darin, daß die relativ autonomen Sphären der Gerechtigkeit nur nach eigenen, internen Kriterien organisiert werden und nicht durch externe Kriterien aus anderen gesellschaftlichen Handlungssphären. Die Prinzipien Gerechtigkeit und Solidarität sind in Walzers Theorie sehr eng miteinander verknüpft, weil Gerechtigkeitsprinzipien für Walzer nicht mehr sind als in partikularen Gemeinschaften entstandene Auffassungen bezüglich distributiver Kriterien der Verteilung sozialer Güter.

Zu dieser Gerechtigkeits- und Gesellschaftstheorie gehört ein aktiver, partizipatorischer Begriff von Demokratie und Staatsbürgerschaft. Walzer beschreibt die »politische Sphäre« als diejenige, durch die alle anderen Sphären reguliert werden. Der Staatsbürger wird von Walzer im liberalen Sinne primär als Träger von Rechten konzipiert.[22] Walzers Begriff von Staatsbürgerschaft ist aber viel »aktiver« als der der Liberalen. Um seine Rechte und die von anderen wenn nötig zu verteidigen, sollte sich der Bürger nach Walzer in allen Sphären – also nicht nur in der politischen – aktiv engagieren können: »The citizen must be ready and able, when his time comes, to deliberate with his fellows, listen and be listened to, take responsibility for what he says and does. Ready and able: not only in states, cities, and towns but wherever power is exercised, in companies and factories, too, and in unions, faculties, and professions«.[23] Um eine solche aktive Vorstellung von Staatsbürgerschaft zu ermöglichen, ist nach Walzer eine Dezentralisierung der politischen Macht in allen gesellschaftlichen Handlungssphären erforderlich.

In seinem Artikel »The Idea of Civil Society«[24] betont Walzer, daß vorstaatliche Assoziationen unerläßlich seien, um die demokratische Vorstellung politischer Selbstbestimmung zu realisieren. In den spätkapitalistischen demokratischen Gesellschaften seien solch vorstaatliche Assoziationen aber zunehmend in Bedrängnis geraten. Dieser beunruhigende Tatbestand, sagt Walzer, könnte dadurch verursacht worden sein, daß »wir« (Bürger und Theoretiker) in der Vergangenheit zu wenig über die Frage nachgedacht haben, wie die zu einem Bürgersinn notwendigen sozialen Werte Solidarität und Vertrauen eigentlich generiert und reproduziert werden (vgl. S. 294).

Der größte Fehler der politischen Philosophen der Moderne ist nach Walzer ihre Eindimensionalität. Diese bestehe darin, daß sie auf die Frage »Was ist der geeignete Ort für das gute Leben?« bloß eine einzige Antwort geben wollen. So verstehe Rousseaus radikal-republikanische Vorstellung von Politik die politische Gemeinschaft als den einzig geeigneten Ort des guten Lebens: der Mensch wird primär als *tugendhafter Staatsbürger* beschrieben. Marx hingegen verstand »die kooperative Ökonomie« als Ort des guten Lebens: der Mensch als Produzent – *homo faber*. Für das liberal-kapitalistische Modell wiederum ist der Markt der geeignete Platz fürs gute Leben: Der Mensch als *Konsument* und als *Unternehmer*. Nationalistische Modelle schließlich sehen die Zugehörigkeit zu einer historisch-kulturell definierten Nation als geeigneten Ort des guten Lebens an: der Mensch als *loyales Mitglied*. Diese vier Vorstellungen vom guten Leben und vom guten Menschen bringen, so Walzer, wichtige Aspekte des Lebens, des *Zusammen*lebens, auf den Begriff. Die eindimensionalen Verabsolutierungen jeweils eines dieser Aspekte wenden sich aber *gegen* den Menschen (wie Kommunismus, Faschismus und Kapitalismus zeigen).

Eindimensionalen Modellen stellt Walzer darum die Konzeption einer den demokratischen Rechtsstaat ergänzenden *civil society* – Bürgergesellschaft – entgegen, die sich im Interesse der Freiheit ihrer Bürger in allen gesellschaftlichen Sphären durch einen politischen, wirtschaftlichen und kulturellen Pluralismus auszeichnet (vgl. S. 303). Mit einer größeren Sensibilität für den Einfluß der institutionellen Einrichtung einer Gesellschaft auf das private und öffentliche Leben der Bürger als alle anderen Kommunitaristen (und Liberalen) plädiert Walzer dafür, Staat und Bürgergesellschaft als notwendige, einander ergänzende Elemente einer jeden demokratischen Gesellschaft zu verstehen. Die Tendenz, die vorstaatliche Bürgergesellschaft als autonome, von Staatsmacht und Bürokratie unabhängige Sphäre der radikalen Selbstbestimmung der Bürger zu verstehen, verurteilt Walzer dabei entschlossen: »Nur ein demokratischer Staat kann eine demokratische zivile Gesellschaft schaffen, nur eine demokratische zivile Gesellschaft kann einen demokratischen Staat aufrechterhalten. Der zivilisierte Umgang der Bürger miteinander, der demokratische Politik ermöglicht, kann nur in den Netzwerken der Vereinigungen erlernt werden. Die annähernd gleichen und weit zerstreuten Fähigkeiten, welche die Netzwerke unterstützen, müssen vom demokratischen Staat gefördert werden.« (S. 302). In einer Gesellschaft, in der Staat und Bürgergesellschaft sich in diesem Sinne ergänzen würden, wäre es nach Walzer möglich, verschiedene Vorstellungen vom guten Leben für den Menschen zu kombinieren. Prozeduren politischer Meinungs- und Willensbildung wären in einer solchen Gesellschaft in allen gesellschaftlichen Handlungssphären dezentralisiert, damit die Möglichkeiten zur politischen Partizipation für den Staatsbürger gesteigert werden. Die Ökonomie wäre kein relativ autonomes, unkontrolliertes »Subsystem« der Gesellschaft, sondern eine in partikulare Gemeinschaften eingebundene Marktökonomie. Die Zugehörigkeit zu einer bestimmten kulturellen Gemeinschaft wäre in einer solchen pluralistischen Gesellschaft schließlich nach dem liberalen Modell religiöser Toleranz konzipiert (vgl. S. 303).

So gelingt es Walzer, die kommunitaristische Vorstellung von Politik mit zentralen liberal-demokratischen Werten wie denen des gesellschaftlichen Pluralismus, des wohlverstandenen Individualismus und der Bedeutung individueller Rechte in einer originellen politischen Theorie zu verbinden.[25] Dabei bleibt aber unklar – und dies gilt gewissermaßen für alle bisher diskutierten Theorien, also auch für Rawls' »entuniversalisierten« Liberalismus der achtziger Jahre –, inwiefern Walzers Theorie einen normativen Standpunkt bietet, von dem aus der Wert des Pluralismus mit guten Gründen verteidigt werden kann. Ist seine Vorstellung von gesellschaftlicher Gerechtigkeit letztlich nur eine historisch kontingente, nicht mit hinreichenden Gründen verteidigbare Auffassung neben vielen anderen, oder ist sie mehr als das, nämlich eine durchaus mit guten Gründen zu verteidigende Auffassung von der Einrichtung demokratischer Gesellschaften? Und wenn man davon ausgehen möchte, daß letzteres der Fall ist, oder sein müßte, was ist dann überhaupt unter »guten Gründen« zu verstehen?

Zur Frage der Begründung

Diese Fragen führen uns zu einem wichtigen ungelösten Problem in der Debatte zwischen Liberalen und Kommunitaristen und in der politischen

Philosophie im allgemeinen: das meta-ethische Problem der rationalen Rechtfertigung einer normativen politischen Theorie.

Der kanadische Philosoph Charles Taylor – dessen schon in den siebziger Jahren entwickelter Begriff der Person, dessen Kritik am sozialen Atomismus und dessen Theorie »positiver« Freiheit[26] einen großen Einfluß auf die Entwicklung der späteren Debatte hatte – entwickelt hinsichtlich der Begründungsproblematik sehr interessante Argumente. Taylor vertritt eine substantialistische Konzeption von Moral und Rationalität. Das heißt, daß in seiner Theorie die in konkreten Lebensformen verkörperten, *inhaltlichen Voraussetzungen* der prozeduralen Begriffe von Moral, Rationalität und Gerechtigkeit in den Vordergrund gerückt werden. Jeder Theorie des Rechts, der Moral und der Rationalität, sagt Taylor in Anschluß an MacIntyre, liege eine substantielle Vorstellung vom Guten zugrunde: jede Theorie spreche eine »*language of higher worth*«.[27]

Diese Einsicht führt Taylor nun aber keineswegs zu einem resignierten Relativismus bezüglich universalistischer Ideale der Gerechtigkeit und der Moral. In seinem 1989 erschienenen Buch »Sources of the Self. The Making of the Modern Identity«[28] entwickelt er einen dreistufigen Begriff des Guten[29], der erklären soll, wie die universalistischen Ideale der Moderne letztlich als kulturimmanente Vorstellungen des Guten zu verstehen und zu verteidigen sind: Auf einer ersten Ebene sind die stark unterschiedlichen Vorstellungen des gelungenen Lebens, wie sie einzelne Personen hegen, zu denken, auf einer zweiten Ebene die Gerechtigkeits- und Moralvorstellungen, die in der Gesellschaft als die allgemein verbindlichen Kriterien des gesellschaftlichen Handelns gelten. Erst auf einer dritten Ebene sind die identitätsprägenden »konstitutiven« Güter der modernen Kultur zu denken, die den Vorstellungen des Guten auf den beiden ersten Stufen zugrunde liegen.[30] Eines dieser konstitutiven Güter in modernen Gesellschaften ist laut Taylor die Vorstellung der individuellen *Autonomie* des Menschen. Diese liege dem universalistischen Freiheitsideal politischer Selbstbestimmung für alle Menschen zugrunde.[31]

Theoretiker wie Rawls und Habermas verschweigen Taylor zufolge, daß sie ihre abstrakten Vorstellungen von Moral, Rationalität und Gerechtigkeit letztlich aufgrund solcher kulturabhängigen, konstitutiven Vorstellungen vom Guten entwickeln. So stütze sich Habermas' und Apels Diskursethik (die Taylor für den gelungensten Versuch einer formalprozeduralen Rechtfertigung der Moral hält) auf »eine Vision des Guten, nämlich des unabhängigen, freien und rationalen Handelns, eines der bedeutendsten, gestaltenden und transzendierenden Güter unserer Zivilisation«.[32] Taylor wirft Habermas, Apel, Rawls, Hare und anderen Apologeten prozeduralistischer Begriffe von Moral und Gerechtigkeit vor, die eigentlichen moralischen Quellen ihrer Theorien zu verheimlichen. Dadurch sehen sie sich mit der schon von Sandel und MacIntyre angesprochenen »Anwendungsproblematik« ihrer Theorien konfrontiert. Zudem bekräftigen sie Taylor zufolge eine Tendenz, die für die Entwicklung der Moderne der letzten zweihundert Jahre ebenso charakteristisch wie bedrohlich sei: die Tendenz der Diskreditierung aller »*languages of higher worth*«, die der modernen Identität zugrunde lägen (S. 53). Prozeduralistische Ethiken bestimmen das moralisch Gerechte anhand der abstrakten – kantischen – Frage »Was soll ich tun?«, indem sie eine kategorische – für alle Menschen gleichermaßen verbindliche – Antwort geben. Über die inhaltlichen Werte und Ideale, die »der gute Mensch« braucht, um sein Leben gemäß der Einsicht in das moralisch Gerechte leben zu können, sagen sie aber nichts. Dadurch, so Taylor, verschwindet der für jeden konkreten Menschen wichtige Aspekt der ethischen *Selbstverständigung* aus dem moralischen Handeln, der klarmachen könnte, wie die universalistischen Anforderungen von Recht und Moral mit den für moderne Personen konstitutiven Vorstellungen des Guten verbunden sind. Die Artikulation der konstitutiven Güter der Moderne, die zur Reproduktion einer adäquaten Form der Solidarität unerläßlich ist, gerät so in Gefahr.

Wenn Taylor recht hat, besteht das beste Argument, das man zur Rechtfertigung einer normativen politischen Theorie anführen kann, darin, daß diese Theorie die von allen Bürgern in ihrem politischen Handeln implizit oder explizit anerkannten konstitutiven moralischen Güter möglichst gut auf den Begriff bringt und daß die praktische Anwendung dieser Theorie es den Bürgern am besten ermöglicht, sowohl ihre partikularen als auch ihre gemeinsamen Vorstellungen des guten Lebens zu verwirklichen. Ob man für die politische Theorie eines Walzer, Rawls oder Habermas stimmt, ist dann in hohem Maße davon abhängig, *welche* Aspekte der modernen Identität man angesichts der aktuellen gesellschaftlichen Lage *auf welche Weise* glaubt, hervorheben zu müssen. Der Streit zwischen den politischen Theorien ist so gesehen ein Streit um die zutreffendste Interpretation der moralisch-politischen Ressourcen der Moderne. Die normative Überzeugungskraft einer politisch-philosophischen Theorie ist mit anderen Worten nicht primär von der rein formalen (Re-)Konstruktion der rational verbindlichen Strukturen menschlichen Handelns abhängig, sondern vielmehr von der Art und Weise, wie die Theorie zentrale Ideale der von den Bürgern geteilten Kultur gegen Bedrohungen, denen diese Kultur ausgesetzt ist, in Anschlag bringt – wobei formale (Re-)Konstruktionen durchaus nützlich, aber nie grundlegend sein können. Für manche mag dies zu wenig sein, um eine kritische politische Theorie zu untermauern. Aber bisher hat in meinen Augen niemand überzeugend zeigen können, daß eine strengere – völlig kulturunabhängige – Begründung möglich ist.

In seiner politischen Philosophie, auf die ich hier nur kurz eingehen kann, konzentriert sich Taylor vor allem auf die Frage nach den gesellschaftlichen Bedingungen der Verwirklichung des Freiheitsideals politischer Selbstbestimmung. Zu diesen Bedingungen rechnet er nicht nur die rechtlich abgesicherte Vorstellung von Gerechtigkeit als Freiheit und Gleichheit, sondern auch ein bürgerlich-republikanisches Verständnis von Politik. Nur in einer Kultur mit einer autonomen, aktiven Teilnahme der Menschen an der Gemeinschaft ist nach Taylor die Vorstellung von Freiheit als autonomer Selbstbestimmung erreichbar. Unsere *Gesellschaft*, so könnte man Taylors Einsichten zusammenfassen, ist insofern unsere *Gemeinschaft*, als sie unsere unüberspringbare soziale Umwelt darstellt. Der Charakter dieser sozialen Umwelt muß uns wichtig sein, weil er bestimmt, inwiefern wir überhaupt frei sein können. Die Partizipation an lokalen Gemeinschaften muß auch als Partizipation an der Gesellschaft betrachtet werden können, damit demokratische Politik sein kann, was sie vorgibt zu sein: Regierung – kollektive Selbstbestimmung – durch das Volk, im Interesse eines jeden Bürgers.[33] Interessant ist, daß Taylor sich, wie Walzer, in einem neueren Artikel, »Die Beschwörung der *Civil Society*«[34], daran gemacht hat, seine politische Philosophie an der Idee der Bürgergesellschaft weiter auszuarbeiten und zu konkretisieren. Dabei konzentriert er sich vorwiegend auf das, was er die »Montesquieuschen Traditionsstränge« der Bürgergesellschaft nennt. Montesquieu identifizierte die freie Gesellschaft mit einer bestimmten politischen Verfassung, die ein »Gleichgewicht zwischen einer starken Zentralgewalt und einem ineinander verzahnten System von Behörden und Vereinigungen« ermöglicht. Wie Walzer versteht auch Taylor die Bürgergesellschaft als politisches Gegenstück zur Staatsmacht, die für eine freie Gesellschaft konstitutiv ist. Zustimmend paraphrasiert Taylor Alexis de Tocqueville: »Freiwillige Zusammenschlüsse für jeden erdenklichen Zweck sind etwas Wertvolles. Doch beruht ihre besondere Bedeutung darin, daß sie uns an den Geschmack und die Übung der Selbstbestimmung gewöhnen. Und darum sind Vereinigungen zu politischen Zwecken unabdingbar. Wenn sie aber wirklich Orte der Selbstbestimmung sein sollen, dürfen sie nicht übermäßig groß sein, müssen zahlreich sein und auf vielen Ebenen der Gemeinschaft existieren. Dieses Gemeinwesen muß dezentralisiert sein, so daß Selbstbestimmung auch auf lokaler, nicht bloß auf nationaler Ebene praktiziert werden kann; wenn sie dort verkümmert, ist sie hier in Gefahr.« (S. 78)

*

Die Debatte zwischen liberalen und kommunitaristischen Theoretikern in der politischen Philosophie hat sich als fruchtbar erwiesen. In ihrem bisherigen Verlauf hat sich nämlich gezeigt, daß die Gegenüberstellung der Begriffe »die Gerechtigkeit« und »das Gute« – die ich als Gerechtigkeit und Solidarität bezeichet habe – nicht aufrechtzuerhalten ist. Natürlich muß man den Liberalen zugestehen, daß die Integrität des Bürgers als Träger von Rechten ein dermaßen großes praktisch-politisches Gewicht hat, daß ihr in jeder politischen Theorie Rechnung getragen werden sollte. Andererseits kann man anhand der kommunitaristischen Argumente über die Person, über die Notwendigkeit der narrativen Reproduktion von Tradition und über die Bedingungen der Freiheit in komplexen, fragmentierten Gesellschaften einsehen, wie anspruchsvoll die Voraussetzungen der gesellschaftlichen Freiheit sind. Die Theorien von Walzer und Taylor sind, so meine ich, als gelungene kommunitaristische Ergänzungen zur liberalen Demokratietheorie zu verstehen. Sie nehmen die Idee gleicher Rechte und Freiheiten auf, sehen diese aber anders als Rawls und Dworkin nicht als fundamental für ihre Theorien an. Ausgangspunkt in den kommunitaristischen Theorien ist die Idee der *Partizipation* an einer gemeinsamen Kultur. Diese Idee ist für die Konzeption demokratischer Gesellschaften deshalb so fruchtbar, weil sie den Ort angibt, an dem die Prinzipien der Gerechtigkeit und der Solidarität tatsächlich zusammentreffen können: nicht in abstrakten Gedankenexperimenten und auch nicht in konstruktivistischen Gebäuden, sondern nur im konkreten gesellschaftlichen und politischen Handeln der Bürger.

Anmerkungen

Für ihre hilfreichen Vorschläge danke ich Wibren van der Burg, Patrizia Nanz und Willem van Reijen.

1 Auf die soziologische Debatte um den Kommunitarismus gehe ich hier nicht ein. Vgl. dazu: Robert N. Bellah et al., Die Gewohnheiten des Herzens, Köln 1987; dies., The Good Society, New York 1991.
2 Die hier vorgelegte Rekonstruktion orientiert sich an: Axel Honneth, Grenzen des Liberalismus. Zur politisch-ethischen Diskussion um den Kommunitarismus, in: *Philosophische Rundschau*, Nr. 38, 1991, S. 83-102; Amy Gutmann, Communitarian Critics of Liberalism, in: *Philosophy & Public Affairs*, Vol. 14, Nr. 3, 1985, S. 308-321; Rainer Forst, Plurality and Identity. Questions of Legitimacy in the Liberal-Communitarian Debate, Typoskript, vorgetragen auf der Konferenz »The Quality of Citizenship«, Utrecht, 20.-22. März 1991.
3 Vgl. Jürgen Habermas, Erläuterungen zur Diskursethik, Frankfurt a.M. 1991, S. 16 f.
4 Harvard UP 1971. Die nachfolgenden Seitenangaben beziehen sich auf die deutsche Ausgabe: Eine Theorie der Gerechtigkeit, Frankfurt a.M. 1975.
5 Vgl. ebd., § 60.
6 Harvard UP 1977. Die angegebenen Seitenzahlen beziehen sich auf die deutsche Ausgabe: Bürgerrechte ernstgenommen, Frankfurt a.M. 1990.

7 Als deontologisch gelten ethische Theorien, die den Pflichtcharakter von Geboten oder Handlungsnormen unabhängig von deren möglichen Folgen zu begründen versuchen. Deontologische Ethiken werden von teleologischen unterschieden, die die moralische Geltung von Geboten und Normen von deren Instrumentalität in bezug auf erstrebte Güter (Glück, Erfolg usw.) abhängig machen.
8 Dworkin stellt wohl zurecht fest, daß auch Rawls' Theorie auf der Begründungsebene keine deontologische Theorie ist. Hätte Rawls eine kategorische moralische Pflicht als Ausgangspunkt seiner politischen Theorie genommen, dann, so Dworkin, wäre das Gedankenexperiment des fiktiven Vertragsschlusses überflüssig. Zur Definition einer kategorischen moralischen Pflicht braucht man nämlich keine Gedankenexperimente über eine fiktive Vertragssituation, sondern vielmehr Argumentationen, die belegen, warum die individuellen Interessen von allen Personen letztlich in einer kategorischen moralischen Pflicht konvergieren, aus der Gerechtigkeitsprinzipien abgeleitet werden können. (Vgl. Dworkin, a.a.O., Kapitel 6, S. 288 ff.)
9 Cambridge UP 1982.
10 Vgl. Honneth, a.a.O. (Anm. 2), S. 87 f.
11 Vgl. Eine Theorie der Gerechtigkeit, a.a.O., § 4; Ronald Dworkin, Bürgerrechte ernstgenommen, Kapitel 6; Norman Daniels, Wide Reflective Equilibrium and Theory Acceptance in Ethics, in: *The Journal of Philosophy*, 1979, S. 256-282.
12 Michael J. Sandel, The Political Theory of the Procedural Republic, in: *Revue de Métaphysique et de Morale*, Vol. 93, 1988, S. 57-68.
13 Ebd.
14 Vgl. Gutman a.a.O.; Will Kymlicka, Liberalism, Community, and Culture, New York 1989; Kenneth Bayes, The Liberal/Communitarian Controversy and Communicative Ethics, in: *Universalism vs. Communitarianism*, Cambridge Mass., MIT Press 1990, S. 61-82.
15 Honneth, a.a.O. (Anm. 2), S. 90.
16 University of Notre Dame Press 1981. Deutsche Ausgabe: Der Verlust der Tugend, Frankfurt/New York 1987; die Seitennummern im Text verweisen auf diese Ausgabe.
17 Vgl. Charles Taylor, Die Motive einer Verfahrensethik, in: Wolfgang Kuhlmann (Hg.), Kommunikatives Handeln, Frankfurt a.M. 1989, S. 116.
18 Vgl. John Rawls, Justice as Fairness: Political, not Metaphysical, in: *Philosophy and Public Affairs*, Vol. 14, 1985, S. 223-251; ders., The Priority of Right and Ideas of the Good, in: *Philosophy and Public Affairs*, Vol. 17, 1988, S. 251-276. Diese Aufsätze liegen jetzt auch in deutscher Übersetzung vor: John Rawls, Die Idee des politischen Liberalismus, Frankfurt a.M. 1992.
19 London 1986.
20 Oxford 1983. (Seitenzahlen im Text verweisen auf die englische Ausgabe.) Deutsche Übersetzung: Sphären der Gerechtigkeit, Frankfurt/New York 1992.
21 Vgl. ebd., Kapitel 4, S. 97-103, wo Walzer eine Liste der Güter aufstellt, die nicht mit Geld gekauft werden können.
22 Vgl. ebd., S. 309 f.
23 Ebd., S. 310.
24 Michael Walzer, The Idea of Civil Society, in: *Dissent*, Spring 1991, S. 293-304. Deutsch in: Walzer, Zivile Gesellschaft und amerikanische Demokratie, Berlin 1992.
25 Vgl. auch: Liberalism and the Art of Separation, in: *Political Theory*, Vol. 12, 1984, S. 315-330 (deutsch in: Walzer, Zivile Gesellschaft); Communitarian Critics of Liberalism, in: *Political Theory*, Vol. 18, 1990, S. 6-23.
26 Vgl. die Aufsätze in Taylor, Philosophical Papers, vol. 1: Human Agency and Language; vol. 2: Philosophy and the Human Sciences, Cambridge UP 1985. Eine Auswahl liegt auf deutsch vor in: ders., Negative Freiheit? Zur Kritik des neuzeitlichen Individualismus, Frankfurt a.M. 1988 (mit einem erläuternden Nachwort von Axel Honneth).
27 Vgl. Charles Taylor, Sources of the Self. The Making of the Modern Identity, Cambridge UP 1989, S. 53-90.
28 S. Anm. 27.
29 Vgl. Martin Seel, Die Wiederkehr der Ethik des guten Lebens, in: *Merkur*, 502, Jan. 1991, S. 42-49.
30 Vgl. Sources of the Self, vor allem S. 316 ff. und 495 ff.

31 Ebd., S. 14, 305 f. und 508.
32 Charles Taylor, Die Motive einer Verfahrensethik, in: Wolfgang Kuhlmann (Hg.), Moralität und Sittlichkeit, Frankfurt a.M. 1986, S. 131.
33 Vgl. Charles Taylor, Cross-Purposes: The Liberal-Communitarian Debate, in: Nancy L. Rosenblum (Hg.), Liberalism and the Moral Life, Harvard UP 1989. Deutsch in: Axel Honneth (Hg.), Kommunitarismus. Eine Debatte über die moralischen Grundlagen moderner Gesellschaften, Frankfurt/New York 1992.
34 Charles Taylor, Die Beschwörung der *Civil Society*, in: Krzysztof Michalski (Hg.), Europa und die *Civil Society*, Stuttgart 1991, S. 52-83. Die nachfolgende Seitenangabe im Text bezieht sich auf diese Ausgabe.

Die Verantwortung des Intellektuellen in der Gesellschaft

Seit Julien Bendas bitterer Abrechnung mit den Beflissenheitsgesten der Intellektuellen angesichts der Macht und der Mächtigen ist das Thema der politischen und ideologischen Verführbarkeit des Geistes immer wieder debattiert worden. Michael Walzer, ein souverän beobachtender Sozialphilosoph, erörtert diese Fragen an herausragenden Gesellschaftskritikern des 20. Jahrhunderts.

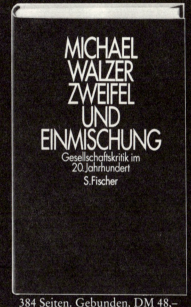

MICHAEL WALZER
ZWEIFEL UND EINMISCHUNG
Gesellschaftskritik im 20. Jahrhundert
S. Fischer

384 Seiten. Gebunden. DM 48,–

»Der große Gesellschaftskritiker, wo immer sein Standort sein mag, ist ein erklärter Gegner nicht der Gesellschaft, sondern ihrer Entmündigung.«

In allen Buchhandlungen
S. Fischer

Susan Moller Okin
Für einen humanistischen Liberalismus

Verglichen mit anderen wissenschaftlichen Disziplinen verharrt die zeitgenössische politische Theorie geradezu im frühen Mittelalter. Literaturtheorie und – in geringerem Umfang – die Geschichtswissenschaft haben die Herausforderung der nun schon seit über einem Jahrzehnt florierenden feministischen Wissenschaft angenommen und viele ihrer Erkenntnisse integriert. Bei den meisten politischen Theoretikern jedoch steht dieser Schritt zu einer ernsthaften Auseinandersetzung mit der Kategorie »Geschlecht« – d.h. mit der sozialen Institutionalisierung der sexuellen Differenz – immer noch aus. Keine politische Theorie kann mit Recht beanspruchen, »humanistisch« genannt zu werden, bevor sie sich nicht dieser Herausforderung gestellt hat.

Zentral für den Liberalismus bis heute ist die Unterscheidung zwischen der Öffentlichkeit, in deren Zentrum die Politik steht, und der Privatsphäre, die das persönliche und private Leben umfaßt. Die Welt der Lohnarbeit und des Marktes wird manchmal der öffentlichen Sphäre zugerechnet (und der häuslichen gegenübergestellt), manchmal wird sie im Privaten verortet (und dem Staat oder der Regierung gegenübergestellt). Hauptzweck dieser Unterscheidung ist seit ihren Ursprüngen im 17. Jahrhundert, die individuelle Sicherheit und Freiheit zu befördern und die Zugriffsmöglichkeiten des Staates in Grenzen zu halten. Aber wie feministische Wissenschaftlerinnen inzwischen umfassend nachgewiesen haben, beruht die Trennung von Öffentlichkeit und Privatsphäre im klassischen liberalen Denken auf der Annahme, daß Männer in beiden gesellschaftlichen Sphären zu Hause sind, sich leicht von einer zur anderen bewegend, während der Wirkungskreis von Frauen auf das Familienleben beschränkt bleibt, wo sie ihren Ehegatten strikt untergeordnet sind. So sind Frauen lange die maßgeblichen politischen Freiheiten und bürgerlichen Rechte vorenthalten worden, die von den Liberalen verfochten wurden.[1] Die »autonomen Individuen«, von denen liberale Theoretiker vor dem 20. Jahrhundert schrieben – mit der beachtenswerten Ausnahme John Stuart Mills –, waren männliche Haushaltsvorstände. Die Geschichte des Liberalismus ist über weite Strecken ungebrochen patriarchal.

Heute, unter etwas veränderten gesellschaftlichen Verhältnissen, schreiben liberale Theoretiker uneindeutiger. Oft, obschon nicht immer, gebrauchen sie eine geschlechtsneutrale Sprache, wie zum Beispiel »Männer und Frauen«, »er oder sie«, »Personen« oder »das Selbst«. In den meisten Fällen jedoch ist dieser Sprachgebrauch höchst irreführend, weil seine vermeintliche Geschlechtsneutralität trügerisch ist. Im schlimmsten Fall ist er sogar lächerlich. Er dient nur der Verschleierung der Tatsache, daß der zeitgenössische Liberalismus es bis heute nicht geschafft hat, seine Theorie, die sowohl auf der Trennung von Öffentlichkeit und Privatsphäre als auch auf der Beschränkung von Frauen auf das Familienleben beruht, so weit zu revidieren, daß sie *uns alle* als Teilnehmer sowohl des öffentlichen als auch des privaten Lebens begreift. Mit der falschen Geschlechtsneutralität hängt zusammen, daß die Familie von den gegenwärtigen Theoretikern des Liberalismus üblicherweise ignoriert wird. Sie versäumen es, die Politik der Familie zu analysieren oder Überlegungen zur Gerechtigkeit bzw. Ungerechtigkeit ihrer Strukturen und Praktiken anzustellen. Im selben Atemzug aber setzen sie deren Existenz irgendwo außerhalb der Reichweite ihrer Theorien voraus. Nach wie vor ist der Liberalismus fast durchweg eindeutig patriarchal, denn er ignoriert das Geschlecht[2] und die Familie und setzt beide zugleich voraus. Die Frage ist, ob und wie wir an Stelle des patriarchalen Liberalismus eine politische Theorie des humanistischen Liberalismus setzen können.

Aber warum überhaupt Liberalismus? Einige Feministinnen sind zu dem Schluß gekommen, daß der Versuch, Feminismus und Liberalismus in Einklang zu bringen, scheitern muß, weil die Forderungen des Feminismus unlösbare Widersprüche innerhalb des Liberalismus offenlegen.[3] Ungeachtet seiner Problematik schließe ich mich aus verschiedenen Gründen den wichtigsten Prinzipien des Liberalismus an. Allem voran, weil wir in einem Zeitalter großer Pluralität von Überzeugungen, Lebensstilen und Vorstellungen vom Guten leben. Der Liberalismus nimmt dieses Faktum des modernen Lebens in vielerlei Hinsicht ernst. Er schätzt die Individualität, die dank der Achtung persönlicher Vorlieben und des Bedürfnisses nach Privatssphäre gedeiht; er fördert Bedingungen, die es den Menschen erlauben, ihr eigenes Leben zu leben und ihre eigenen Vorstellungen vom Guten zu entwickeln; und er besitzt ein klares Bewußtsein von den Gefahren, die mit der Aufnötigung hypothetischer »Gemeinschaftswerte« verbunden sind. Ich bin ferner davon überzeugt, daß diese Ziele des Liberalismus weit eher in einer Gesellschaft erreicht werden könnten, die entschieden egalitärer wäre als der oligarchisch-demokratische Zwitter, der die Vereinigten Staaten heute sind. Ein Liberalismus, der auf der Vielfalt von Überzeugungen, Lebensstilen und Vorlieben beruht und der darauf zielt, die Möglichkeiten zu maximieren, die es den einzelnen erlauben, ein ihren Wünschen gemäßes Leben zu führen, ist nicht nur *verträglich* mit einem hohen Grad an Vergesellschaftung der Produktionsmittel und Umverteilung von Reichtümern, sondern *verlangt* sogar *danach*.[4]

In mancher Hinsicht läuft die Kritik, wie sie von Feministinnen vorgebracht wird, die an den grundlegenden Zielen des Liberalismus festhalten, parallel zu den Einwänden linksgerichteter Liberaler gegen traditionellere Spielarten des Liberalismus. So wie die Linke die liberale Definition von Politik mit ihrer starren Grenzziehung zwischen Staat und Gesellschaft in Zweifel zieht und behauptet, daß »das Ökonomische politisch ist«, so problematisieren Feministinnen die liberale Dichotomie zwischen Öffentlichkeit und Privatsphäre, die das persönliche und private Leben vom restlichen abschneidet. Ich werde hier versuchen zu zeigen, daß ein Liberalismus, der alle meint, Frauen und Männer, dem Einwand Rechnung tragen muß, daß »das Private politisch ist«.

Einwände der feministischen Theorie

Feministische Theoretikerinnen haben eine Reihe von Argumenten entwickelt, die auf die aktuellen Debatten des herrschenden politischen Denkens zielen. Sie machen geltend, daß die Annahme der klassischen liberalen Theorie, die Subjekte seien autonome, grundsätzlich gleiche und ungebundene rationale Individuen – mit Hobbes Worten: »Menschen als ob sie eben jetzt aus der Erde gesprießt (...) gleich Pilzen«[5] – auf der oftmals unausgesprochenen *Voraussetzung* unbezahlter Reproduktions- und Hausarbeit von Frauen beruht, auf ihrer Abhängigkeit und untergeordneten Stellung innerhalb der Familie und auf ihrem Ausschluß aus den meisten anderen Lebensbereichen. Wenn schon der Status der Frauen ungeklärt gelassen und die Familie als selbstverständlich vorausgesetzt wird, so müßte der zeitgenössische Liberalismus doch zumindest der Tatsache Rechnung tragen, daß Menschen keine Pilze sind. Der Frage, wie wir zu Erwachsenen *werden*, die den Gegenstand der Staatsphilosophie bilden, wird wenig Aufmerksamkeit gewidmet. Dieser Mangel ist von großer Bedeutung, wenn wir uns mit Fragen der Geschlechtszugehörigkeit auseinandersetzen. Denn feministische Wissenschaftlerinnen haben gezeigt, wie die Charakteristika, die Männer und Frauen in nach Geschlechtern strukturierten Gesellschaften erwerben, nicht nur durch die ins Auge springende geschlechtsspezifische Sozialisation reproduziert werden, sondern vor allem dadurch, daß die Erziehung den Frauen obliegt. Die Eigentümlichkeiten, die wir ausbilden, wenn wir zu Frauen und Männern heranwachsen, so argumentiert Nancy Chodorow, sind vor allem das Ergebnis der Tatsache, daß Kinder beiderlei Geschlechts in erster Linie von Frauen erzogen werden.[6] Liberale Theoretiker, die solche Argumente ernst nehmen, können die Strukturen und Praktiken des Familienlebens nicht weiterhin als etwas ansehen, das vom »Politischen« zu trennen und für es irrelevant wäre.

Angeblich besteht der Zweck der theoretischen Dichotomie zwischen öffentlicher und privater Sphäre darin, den Schutz des Privatlebens vor staatlichen Interventionen zu gewährleisten. Durch seine Nichteinmischung wahrt der Staat hinsichtlich dessen, was in der Privatsphäre vor sich geht, angeblich Neutralität. Diese Behauptung haben Feministinnen in Frage gestellt. Erstens hat der liberale Staat das Familienleben auf unzählige Weisen reguliert und kontrolliert, und zwar mit Maßnahmen, die das Patriarchat untermauern. Jahrhundertelang beraubte die *Common Law*-Vorstellung vom Ehestand in Großbritannien und den Vereinigten Staaten die Frauen mit Eintritt in die Ehe aller Persönlichkeitsrechte. Der Staat stärkte den Anspruch der Ehemänner auf das Eigentum und die Person ihrer Gattinnen und machte es Frauen praktisch unmöglich, sich scheiden zu lassen oder auch nur von ihren Ehemännern getrennt zu leben. Bis vor kurzem noch verstärkte er die patriarchale Struktur der Ehe, indem er den Frauen Rechte vorenthielt, die von den Männern in den Bereichen der Arbeit, des Marktes und der Politik selbstverständlich ausgeübt wurden, mit der Begründung, die Wahrnehmung solcher Rechte geriete mit den häuslichen Pflichten, denen Frauen nachzukommen hätten, in Konflikt. Diese Geschichte der Ungleichheit zwischen den Geschlechtern hat nichts an Bedeutung verloren. Wir können die Struktur des Geschlechterverhältnisses unserer heutigen Gesellschaft nicht wirklich verstehen, geschweige denn verändern, ohne ständig auf die Geschichte ihrer Praktiken und Traditionen Bezug zu nehmen.[7]

Auch wenn die Hauptbestandteile des alten Eherechts und die offensichtlichsten Fälle gesetzlich gedeckter Diskriminierung heute abgeschafft sind, kann das Verhältnis des Staates zum Familienleben trotzdem nicht als neutral angesehen werden. Der Staat regelt nach wie vor so wichtige Familienangelegenheiten wie Ehe, Scheidung und Sorgerecht. Wie feministische Forschungen gezeigt haben, benachteiligen die geltenden Scheidungsgesetze und -praktiken amerikanischer Gerichte Frauen und Kinder in sozialer und ökonomischer Hinsicht erheblich. An anderer Stelle habe ich darauf aufmerksam gemacht, daß diese Tatsache auf das heutige Familienleben zurückwirkt, indem es männlicher Dominanz neuen Auftrieb verleiht.[8] Frauen, ob sie zusätzlich erwerbstätig sind oder nicht, leisten immer noch weit mehr unbezahlte Familienarbeit als Männer. Es liegt ebenfalls auf der Hand, daß dies eine spürbare Auswirkung auf ihren Erfolg und ihre Sicherheit im Arbeitsleben, auf ihre ökonomische Selbständigkeit und damit auf ihre Macht- und Verhandlungsposition innerhalb der Familie hat.

Die nach wie vor in hohem Maße durch die Geschlechterdifferenz geprägte Struktur des Familienlebens wirkt sich somit auf die jeweiligen Positionen von Männern und Frauen in der »öffentlichen« Welt aus, die wiederum ihren Widerhall in der Familie finden. »Öffentliches« und »privates« Leben sind für die Frauen unentwirrbar ineinander verwickelt und dies betrifft sie nicht nur als Individuen, sondern insgesamt als »Geschlechts-Klasse«. Dieser Sachverhalt wurde durch zwei Artikel augenfällig illustriert, die an aufeinanderfolgenden Tagen auf der Titelseite der *New York Times* erschienen sind.[9] Einer handelt von der kleinen, hochbezahlten Elite der Frauen, die als Rechtsanwältinnen in den angesehensten Rechtsanwaltskanzleien der Vereinigten Staaten arbeiten. Wenn diese Frauen Mütter werden und Zeit mit ihren Kindern verbringen, gleich wieviel, finden sie sich außerhalb der Laufbahn als Firmenteilhaberin wieder und statt dessen ohne Aussicht auf berufliches Fortkommen in der »Mutti-Laufbahn«. Im Ethos dieser Firmen ist »von neun bis fünf« offensichtlich Teilzeitarbeit. Eine Mutter berichtete, daß sie trotz eines zwölfstündigen Arbeitstages und häufiger Arbeitswochenenden keine Chance habe, Teilhaber zu finden. Der Artikel ignoriert die Tatsache, daß die Kinder dieser Frauen auch Väter haben, oder daß auch die meisten Männer, die in Spitzenfirmen arbeiten, Kinder haben, sieht man einmal davon ab, daß er berichtet, wie Rechtsanwälte, die Vaterurlaub in Anspruch nehmen, als »Waschlappen« angesehen werden. Die traditionelle Arbeitsteilung, die den Frauen Haus- und Familienarbeit überläßt, wird für selbstverständlich gehalten, auch dann, wenn die Frauen hochqualifiziert, erfolgreich und potentiell einflußreich sind.

Am nächsten Tag berichtete die *Times* über einen vom Bundesberufungsgericht in Minnesota entschiedenen Fall, der große Bedeutung für das Abtreibungsrecht hat. Die ausschließlich männlich besetzte Richterriege beschloß mit sieben zu drei Stimmen, daß der Staat alle Frauen unter achtzehn Jahren, die einen Schwangerschaftsabbruch vornehmen lassen wollen, dazu auffordern kann, *beide* Elternteile der Schwangeren davon in Kenntnis zu setzen (auch im Falle von Scheidung, Trennung oder Verlassen) oder um eine staatsrichterliche Sondererlaubnis anzusuchen. Der zweite Zeitungsartikel gewinnt noch an Aussagekraft, wenn man ihn neben den anderen gestellt liest. Der erste zeigt, daß gerade jene, die in die Spitzenpositionen der politisch äußerst einflußreichen juristischen Berufe aufsteigen, zu jenen in unserer Gesellschaft gehören, die kaum Erfahrung mit Kindererziehung haben. Ihr Informationsgrad läßt sie daher als am wenigsten prädestiniert erscheinen, überhaupt irgendeine Entscheidung über Abtreibung zu treffen, schon gar nicht Entscheidungen, die die Beziehungen zwischen Mädchen im Teenageralter und ihren Eltern berühren. Hier haben wir es mit einer systematisch eingebauten Abwesenheit von Müttern (und vermutlich als »Waschlappen« an der Erziehung beteiligten Vätern) bei Entscheidungen auf hoher politischer Ebene zu tun, Entscheidungen, die Personen betreffen, welche in unserer Gesellschaft mit am wenigsten Schutz genießen – Frauen, die unter zwanzig schwanger werden, und deren Kinder. Unschwer ist hier der Zusammenhang zwischen den als getrennt unterstellten öffentlichen und privaten Lebensbereichen zu erkennen.

Für Frauen ist das öffentliche Leben viel weniger vom häuslichen und privaten Leben getrennt als für Männer. Ihre Erfahrungen in einem der beiden Bereiche haben drastische Auswirkungen auf ihre Möglichkeiten im jeweils anderen. Die Behauptung, beide Sphären seien voneinander getrennt, beruht auf der stillschweigenden Prämisse einer materiellen und psychischen Arbeitsteilung zwischen den Geschlechtern. Solange Löhne und Berufsarbeit, aber auch andere soziale Institutionen wie zum Beispiel Schulen so strukturiert sind, als ob jede berufstätige Person eine Ehefrau zu Hause hätte, die die Kinder betreut und anderen häuslichen Verpflichtungen nachkommt, solange kann es nicht überraschen, daß es allen Müttern, aber insbesondere alleinerziehenden Müttern schwerfällt, beides zu vereinbaren. Arbeitsplätze und Schulen, Gerichte und Gesetzgebung beruhen auf der althergebrachten Annahme, daß »irgend jemand« zu Hause ist, der sich um die Kinder, die Kranken, die Behinderten oder wen auch immer, der versorgungsbedürftig ist, kümmert. Inzwischen *sind* viele Berufstätige selbst diese »jemande«, und ob sie nun in festen Beziehungen oder als Alleinerziehende leben, sie (meist Frauen) müssen erkennen, daß sie weit weniger dazu in der Lage sind, sich mühelos von einer Sphäre zur anderen zu bewegen als das »liberale Individuum«. Es verdankt sich weder dem Zufall noch einem angeborenen Mangel, daß ganztags arbeitende Frauen trotz einiger Verbesserungen heute immer noch nur 70 Prozent des Gehaltes ganztags arbeitender Männer verdienen oder daß Frauen im Grunde noch immer nicht in Positionen mit größerer politischer Macht vertreten sind. Es überrascht auch nicht, daß bei den verheirateten Paaren mit Kindern nur 27 Prozent der Frauen im Vergleich zu 77 Prozent der Männer das ganze Jahr hindurch arbeiten.[10] Die ökonomische Abhängigkeit wird noch dadurch verschlimmert, daß die Hälfte aller Frauen mit Ganztagsstellen weniger als 20 000 Dollar pro Jahr verdient. All diesen Ungleichheiten in der öffentlichen Sphäre liegt die ungleiche Verteilung der unbezahlten Familienarbeit, vor allem der Kindererziehung und der Pflege von Bedürftigen zugrunde. Und umgekehrt ermöglichen die Ungleichheiten zwischen den Geschlechtern im öffentlichen Leben, die durch die Einschränkung des Einflusses von Frauen und die Unterrepräsentanz ihrer Sichtweisen verursacht werden, der Rechtsordnung und der Wirtschaft auf vielfältige Weise, die Ungleichheiten in der Privatsphäre zu zementieren.

Ebenso wie diese schwerwiegenden praktischen Probleme errichtet auch die Arbeitsteilung innerhalb der meisten Familien psychische Barrieren gegen Frauen in allen anderen Lebensbereichen. In der liberalen demokratischen Politik wie auch in vielen Situationen am Arbeitsplatz gelten die Rede und das Argumentieren als entscheidende Bestandteile einer umfassenden Partizipation. Michael Walzer beispielsweise schreibt: »Demokratie ist – *der politische Weg* der Machtverteilung. (...) Unter Bürgern zählt das Argument. Die Demokratie honoriert die Rede, das überzeugende Argumentieren, die rhetorische Gewandtheit. Im Idealfall (...) setzt sich der Bürger durch, der die überzeugendsten Argumente für sich verbuchen kann«.[11] Nun sind Frauen aber oft gehandikapt, jeglicher Autorität beim Sprechen beraubt. Wie Kathleen Jones', von Foucault inspirierte Analyse diagnostiziert, besteht das Problem nicht darin, »daß Frauen nicht gelernt hätten, Autorität zu haben«, sondern »daß Autorität zur Zeit so eingerichtet ist, daß die Stimme von Frauen ausgeschlossen ist«.[12] Manchmal werden Frauen in der Öffentlichkeit einfach ignoriert, nicht gesehen oder gehört. Manchmal werden wir nur dann gesehen oder gehört, wenn wir uns Männern so weit als möglich angleichen. Manchmal werden wir, wie viele Frauen zu Hause auch, am Arbeitsplatz sexuell belästigt und erniedrigt. Und manchmal wird das, was wir sagen, totgeschwiegen oder verdreht, weil wir Männern für die Imagines bestimmter Frauen, die in ihrem Seelenleben eine wichtige Rolle spielten, als Projektionsflächen dienen. All diese Handikaps, diese Bürde, die Frauen aufgrund der geschlechtsspezifischen Arbeitsteilung zu Hause in allen anderen Lebensbereichen mitschleppen müssen, machen es für uns Frauen zweifellos nicht einfach, uns zwischen den Sphären hin und her zu bewegen. So ist die vergangene und gegenwärtige Arbeitsteilung zwischen den Geschlechtern der Grund dafür, daß für Frauen Öffentlichkeit und Privatssphäre unter vielen Gesichtspunkten alles andere als getrennte, voneinander unabhängige Bereiche sind.

Schließlich haben Feministinnen darauf hingewiesen, daß das liberale Ideal der Nichtintervention des Staates in das Familienleben in vielerlei Hinsicht dazu beiträgt, die bestehenden Ungleichheiten in dieser Sphäre zu untermauern. Im älteren Liberalismus war es selbstverständlich, daß mit den privaten Familienrechten die Rechte männlicher Haushaltsvorstände gemeint waren, ihre Familienangelegenheiten nach Gutdünken zu regeln. So führt beispielsweise Locke, der eine klare Trennungslinie zwischen väterlicher und politischer Macht zog, als Beispiel für eine Angelegenheit, in die sich niemand einzumischen hat, das Recht jedes Mannes an, seine Tochter zu verheiraten. Daß die Tochter ihr eigenes Interesse haben könnte und ihr damit das Recht zustünde, ihren Ehemann selbst zu wählen, kam ihm gar nicht in den Sinn.[13]

Bis vor kurzem noch folgten Urteile des Obersten Gerichtshofes, die sich auf ein verfassungsmäßig garantiertes Recht auf Privatheit der Familie stützen, mehr oder weniger diesem Modell, und viele tun es nach wie vor; sie machen das Recht der Familie geltend, Entscheidungen über ihre Mitglieder selbst zu treffen. Doch in den letzten Jahren, vor allem seit der Kinder- und Frauenrechtsbewegung in den sechziger Jahren, nehmen die Gerichte im Hinblick auf das Familienleben mehr und mehr zur Kenntnis, was ihnen hinsichtlich des Arbeitslebens schon lange geläufig ist, daß nämlich die Nichteinmischung des Staates die Macht der körperlich und ökonomisch Überlegenen bestärkt. Daher vertreten sie in jüngerer Zeit auch neue, manchmal konfligierende Auffassungen über das Privatleben, auf die vielleicht besser die Bezeichnung individuelle Privatheit innerhalb der Familie als Privatheit der Familie zutrifft. In einigen Fällen haben sie sich sogar dafür ausgesprochen, daß die Verfassung die individuellen Rechte der Familienmitglieder zu schützen habe, wenn es sein muß auch gegen den Willen mächtigerer Angehöriger oder gegen kollektive Familienbeschlüsse. So kann zum Beispiel das Recht verheirateter Frauen oder Minderjähriger, einen Schwangerschaftsabbruch vornehmen zu lassen, selbst wenn es sich vom vorgängigen Recht auf Privatheit der Familien herleitet, viel angemessener als Individualrecht angesehen werden und mitunter ein Recht *gegen* die Familie darstellen. Diese anhaltenden und immer noch sehr umstrittenen Veränderungen in der Wahrnehmung von Privatrechten haben grundlegende Probleme ans Tageslicht gebracht, die beim Übergang vom patriarchalen zu einem humanistischen Liberalismus gelöst werden müssen.

Dies sind einige der zentralen feministischen Kritikpunkte am Liberalismus und seiner Theorie. Die tonangebende politische Philosophie fährt jedoch fort wie bisher und nimmt diese Argumente und das, was sie aufdecken, nicht zur Kenntnis.

Geschlecht und Familie in der Liberalismus-Kommunitarismus-Debatte

Der Streit zwischen Vertretern des Liberalismus und ihren kommunitaristischen Kritikern entwickelte sich in den achtziger Jahren zur zentralen

Debatte der anglo-amerikanischen politischen Theorie. Obwohl es die Kommunitaristen bislang versäumt haben, auch nur einen Abriß ihrer Theorie auszuarbeiten, hat ihre Kritik am Liberalismus viel Aufmerksamkeit auf sich gezogen und dessen Theoretiker in die Defensive gedrängt. Ich möchte bei der Untersuchung der Voraussetzungen, Argumente und Schlußfolgerungen, die von Vertretern beider Seiten in die Debatte eingebracht wurden, einige Probleme herausarbeiten, die aus der anhaltenden Vernachlässigung feministischer Theorie und insbesondere der feministischen Kritik an der Dichotomie öffentlich/privat resultieren. Ganz gleich, ob sie sich nun stark auf diese Dichotomie stützen, ob sie sie für irrelevant halten oder ob sie sich zuweilen der politischen Natur und der Wichtigkeit der sogenannten »privaten« Institutionen bewußt sind und dann wieder nicht, keiner von ihnen scheint sich wirklich Gedanken über diese Dichotomie zu machen oder sich der gewichtigen Einwände bewußt zu sein, die von feministischen Theoretikerinnen gegen sie vorgebracht wurden.

John Rawls' »Eine Theorie der Gerechtigkeit«, die vor den meisten neueren Untersuchungen zum Geschlechterverhältnis erschien, setzt die Ambivalenzen und Versäumnisse des modernen Liberalismus hinsichtlich der Geschlechterproblematik und der Unterscheidung zwischen öffentlichem und privatem Leben fort. Rawls stellt zu Beginn unmißverständlich fest, seine Theorie der Gerechtigkeit sei auf die »Grundstruktur der Gesellschaft« anzuwenden, mit der er »die Verfassung und die wichtigsten wirtschaftlichen und sozialen Verhältnisse« meint. Sie sind von grundlegender Bedeutung, denn »zusammengenommen legen die wichtigsten Institutionen die Rechte und Pflichten der Menschen fest und beeinflussen ihre Lebenschancen, was sie werden können und wie gut es ihnen gehen wird. Die Grundstruktur ist der Hauptgegenstand der Gerechtigkeit, weil ihre Wirkungen so tiefgreifend und von Anfang an vorhanden sind«.[14]

Rawls' Konzeption der Grundstruktur geht hinsichtlich der Unterscheidung Öffentlichkeit/Privatsphäre insofern deutlich über die Variante Staat/Gesellschaft hinaus, als sie den Markt und die Eigentumsverhältnisse ebenso einschließt wie die Verteilung politischer Rechte und rechtlich geschützter Freiheiten. Die Theorie ist also nicht auf politische Gerechtigkeit im engeren Sinne beschränkt. In der ursprünglichen Fassung überschreitet die Grundstruktur ebenfalls deutlich die Unterscheidungsvariante öffentlich/häuslich. Denn Rawls begreift die »monogame Familie« als eine Basisinstitution, auf die die Prinzipien der Gerechtigkeit anwendbar sein müssen. Auch wenn dies im Lichte der Geschichte des liberalen Denkens überraschen mag, so ist es doch, gemessen an seinem eigenen Kriterium des Einschlusses der Familie in die Grundstruktur, unumgänglich. Daß unterschiedliche Familienstrukturen und die Ungleichverteilung von Rechten und Pflichten innerhalb der Familie die »Lebenschancen« von Männern – »was sie werden können und wie gut es ihnen gehen wird« – beeinflussen, ist schwer zu bestreiten – und noch weniger sind ihre Auswirkungen auf die Lebenschancen von Frauen zu leugnen.

Trotz dieses vielversprechenden Anfangs bricht Rawls' Theorie nicht wirklich mit der liberalen Tradition und deren Versäumnis, die Familie als eine politische Institution wahrzunehmen, für die Gerechtigkeitsprinzipien gelten müssen. Auch wenn die Familie für den Rest der Theorie eine Voraussetzung bildet, wird sie doch über weite Strecken nicht thematisiert. Nur in drei Zusammenhängen wird sie erörtert: als Hindernis für Chancengleichheit, als Mechanismus zur Lösung von Gerechtigkeitsfragen zwischen den Generationen und als der ursprüngliche Schauplatz, an dem Individuen ihren Gerechtigkeitssinn zu entwickeln beginnen.[15] Mit seinem Blick für die Familie als der ersten Schule der moralischen Entwicklung ist Rawls einzigartig unter den zeitgenössischen Gerechtigkeitstheoretikern. In diesem Zusammenhang nimmt er an, daß »zu der Grundstruktur einer wohlgeordneten Gesellschaft eine Form der Familie gehört«[16]; die Familie ist für ihn also eine Institution, die Gerechtigkeitsgrundsätzen unterworfen ist. Dennoch sind für Rawls alternative Formen des Familienlebens – anders als bei den übrigen Institutionen, die die Grundstruktur bilden – kein Gegenstand einer kritischen Analyse im Lichte seiner Gerechtigkeitsprinzipien. Die unhinterfragte Voraussetzung, daß die »Parteien im Urzustand«, die sich auf Gerechtigkeitsprinzipien einigen, »Familienvorstände« sind, verhindert in der Tat, Fragen der Gerechtigkeit *innerhalb* der Familie in Betracht zu ziehen. Trotz ihrer enormen Auswirkung auf das Gefälle an Macht, wirtschaftlicher Lage und Lebenschancen zwischen Männern und Frauen, wird die Arbeitsteilung in der Familie nie erwähnt.

Obwohl Rawls mit seiner ursprünglichen Definition der Grundstruktur offensichtlich beide Spielarten der Unterscheidung öffentlich/privat angreift und auch eine gerechte Familie annehmen muß, um seiner Theorie der moralischen Entwicklung Überzeugungskraft zu verleihen, so rückt er doch nicht von der liberalen Haltung zur Dichotomie öffentlich/häuslich ab. Er *setzt* das Familienleben *voraus*, beachtet aber weder die herrschende geschlechtsspezifische Arbeitsteilung noch die innerfamiliäre Verteilung von Macht, Verantwortlichkeiten, Privilegien usw. Diese Haltung ist im übrigen typisch für heutige Gerechtigkeitstheoretiker. Ungeachtet der Fülle feministischer Einwände verharren sie in ihrer Weigerung, die Familie zu diskutieren, geschweige denn sie als eine politische Institution von grundlegender Bedeutung anzuerkennen. Zu den neueren

Gerechtigkeitstheorien, die Fragen der Gerechtigkeit in der Familie noch weniger Aufmerksamkeit schenken als die von Rawls, gehören Bruce Ackermans »Social Justice in the Liberal State«, Ronald Dworkins »Bürgerrechte ernstgenommen«, William Galstons »Justice and the Human Good« und Robert Nozicks »Anarchy, State and Utopia«.[17] Michael Walzers Gerechtigkeitstheorie bildet in dieser Hinsicht eine Ausnahme, aber wie ich an anderem Ort gezeigt habe, verträgt sich die Schlußfolgerung aus seiner Diskussion der Familie – daß ihre Geschlechterstruktur ungerecht ist – nicht besonders gut mit seiner Betonung gemeinschaftlicher Vorstellungen als Grundlage von Gerechtigkeit.[18] Obwohl die bisher diskutierten feministischen Argumente die Zusammenhänge der Geschlechterstruktur innerhalb und außerhalb der Familie offengelegt haben und obwohl aufgezeigt werden konnte, wie entscheidend es ist, daß Frauen für die frühkindliche Erziehung zuständig sind: daß sie Männer wie Frauen zu dem macht, was sie sind, daß sie die Lebenschancen beider Geschlechter nachhaltig beeinflußt – trotz alledem haben diese Argumente in der herrschenden Theorie des Liberalismus noch nicht gegriffen. Eine der neueren Verteidigungsstrategien, die Liberale gegen die kommunitaristische Kritik vorgeschlagen haben, läuft sogar, wie ich gleich zeigen werde, auf eine Restaurierung der klassischen Trennung von Öffentlichkeit und Privatssphäre hinaus.

Die kommunitaristische Kritik hat die Blindheit des Liberalismus gegenüber den Tatsachen der Geschlechtszugehörigkeit und seine Vernachlässigung der Familie als einer politisch relevanten Institution letzten Endes nur verschlimmert. Die eher konservativen, nostalgischen Kommunitaristen sind implizit oder explizit in eine ahistorische Idealisierung der traditionellen Familie zurückgefallen. In Alasdair MacIntyres nostalgischem Kommunitarismus ist die Idealisierung traditioneller Familienformen und die Affirmation des Geschlechterverhältnisses weitgehend unausgesprochen präsent. Daß er sich in »Der Verlust der Tugend« auf die aristotelische Tugendtradition zurückbesinnt, ohne Aristoteles' Ausschluß der Frauen nicht nur aus der Politik, sondern aus dem gesamten »guten Leben« auch nur mit einem Wort zu erwähnen, belegt deutlich genug, wie vollständig er die politische Bedeutung der Geschlechtszugehörigkeit vernachlässigt. Dasselbe gilt für seine Lektüre der Schriften Jane Austens, die er als eine Verherrlichung des Familienlebens im späten 18. Jahrhundert statt als ironische Kritik liest. An anderer Stelle listet MacIntyre, offenbar ohne sich des darin enthaltenen Sexismus bewußt zu sein, eine Reihe von Charakteren auf, die »wir« als Vorbilder benötigen, nach denen wir unser Leben als Erzählung gestalten. Die einzigen weiblichen Charaktere in dieser Aufzählung sind eine böse Stiefmutter und eine säugende Wölfin.[19]

In seinem letzten Buch hält MacIntyre sein Vertrauen in die Rationalität überlieferter Tugenden aufrecht, die höchst repressive Spielarten des Geschlechterverhältnisses enthalten und gepriesen haben. Er spricht die feministische Kritik an Aristoteles kurz an, doch ist seine Antwort völlig unangemessen. Er verweist uns an Plato, ohne den Sachverhalt zu erwähnen, daß Platos Integration der Wächterinnen in das öffentliche Leben von der Abschaffung der Familie abhängt, was für jemanden, der sich zu Beginn des Buches als Christ im Geiste Augustins und am Ende als Thomist ausweist, wohl kaum eine befriedigende Lösung darstellen kann.[20] Mit seinem Versuch, eine Theorie der Gerechtigkeit zu entwickeln, in der die Rationalität bestimmter Traditionen kritisch aufgenommen werden soll – das, was »von Homer bis zu Aristoteles reicht und sich später über arabische und jüdische Schriftgelehrte bis zu Albertus Magnus und Thomas von Aquin fortsetzt; was ausgehend von der Bibel bis zu Augustinus und Thomas von Aquin überliefert wurde; und was die schottische moralphilosophische Tradition vom calvinistischen Aristotelismus bis zu Hume fortführt« –, ignoriert er weiter die Tatsache, daß alle diese Traditionen den Frauen die volle Teilnahme am öffentlichen Leben verwehrt und ihre Unterordnung und Abhängigkeit in der Familie vorausgesetzt und gerechtfertigt haben.[21] Traditionen wie diese waren bedeutende ideologische Werkzeuge zur Aufrechterhaltung der Ungleichheit zwischen den Geschlechtern.

Was den nostalgischen Kommunitarismus Michael Sandels betrifft, so fand ein Argument besondere Beachtung: seine Kritik des körperlosen und voraussetzungsfreien Selbst und der Nachdruck, den er darauf legt, das Selbst als etwas anzusehen, das zumindest teilweise durch seine Leidenschaften, Überzeugungen und Vorstellungen vom Guten konstituiert wird. Bemerkenswert ist, daß seiner Argumentation der früheste und fundamentalste Zusammenhang entgeht, in dem unser »Selbst« konstituiert *wird*: die geschlechtsspezifisch strukturierte Familie in einer nach Geschlechtern strukturierten Gesellschaft. Trotz seiner Zurückweisung des »entkörperlichten Selbst« nimmt er keine Notiz davon, daß körperliche Individuen verschiedene Arten von Körpern haben und daß die sexuelle Differenz in allen Gesellschaften, bis auf den heutigen Tag, mit enormer sozialer Bedeutung aufgeladen ist.

Viel weniger Aufmerksamkeit als sein Begriff des Selbst fand Sandels unreflektierte Idealisierung der Familie und seine Leugnung *irgendeines* bedeutsamen Unterschiedes zwischen öffentlichem und persönlichem Leben. Zu Beginn seiner Kritik greift Sandel Rawls' Behauptung an, Gerechtigkeit sei die erste Tugend gesellschaftlicher Institutionen. Diese Behauptung beruht auf der Feststellung, daß »eine menschliche Gesellschaft durch die Anwendungsverhältnisse der Gerechtigkeit gekennzeichnet« ist, worunter er »mäßige Knappheit«, verschiedene Vorstellungen des Guten (die zusammengenommen zu konkurrierenden Ansprüchen bezüglich der Güterverteilung führen) und menschliche Unzulänglichkeit im Denk- und Urteilsvermögen versteht.[22] Der Primat der Gerechtigkeit, so erkennt Sandel an, ist ein »tiefgründiger und mächtiger (...) Anspruch«, der zusammen mit verwandten Forderungen, »wenn sie verteidigt werden können, eine eindrucksvolle, gleichermaßen erkenntnistheoretische wie moralische Begründung für bestimmte liberale Lehren bereitstellt«.[23] Er versucht dann zu zeigen, daß diese Ansprüche *nicht* verteidigt werden *können*, weil Rawls' Behauptung, eine humane Gesellschaft sei durch Gerechtigkeitsverhältnisse charakterisiert, unbegründet ist.

Sandel macht geltend, daß die Argumente für den Primat der Gerechtigkeit unterlaufen werden durch die Existenz zahlreicher gesellschaftlicher Gruppen, in denen Gerechtigkeitsverhältnisse nicht vorherrschen – wie das Beispiel der Familie am besten veranschaulicht. Er behauptet, daß in solchen »intimen oder auf Solidarität beruhenden Gemeinschaften (...) die Werte und Ziele der Beteiligten so weit übereinstimmen, daß Gerechtigkeitsverhältnisse kaum eine Rolle spielen«.[24] Diese Auffassung stützt sich stark auf Humes idealisiertes Bild des Familienlebens und insbesondere auf dessen Darstellung der Ehe als einer Institution, in der das »Band der Freundschaft so stark ist, daß es alle Trennungen, die Besitz verursacht, zu überwinden vermag«[25]. Sandel reißt diese Vorstellung aus ihrem Kontext und baut sie in ein modernes Argument ein, ohne auch nur eine ersichtliche Überlegung dazu anzustellen, daß »die Familie« heute nicht mehr dieselbe ist wie im 18. Jahrhundert. Er scheint überhaupt kein Bewußtsein von der mythischen Natur oder ideologischen Funktion solcher Appelle an die »höheren Gefühle« und die Einheit der Familie zu haben, wie sie zu Humes Zeiten und später bemüht wurden, um die *Common Law*-Vorstellung vom Ehestand zu rechtfertigen. Dies ist ein klarer Fall von Ontologisierung »der Familie« infolge der Vernachlässigung der ideologischen und historischen Dimension von Behauptungen über sie. Daß Sandel die Beziehungen zwischen Bürgern nicht von den Beziehungen zwischen Partnern unterscheidet, hängt offensichtlich mit einer Idealisierung beider zusammen. Sandels Argumentation gegen den Primat von Gerechtigkeit bricht zusammen, wenn wir die Familie realistisch einschätzen und sie als eine grundlegende gesellschaftliche Institution ansehen, die Gerechtigkeitsstandards zumindest genügen sollte.[26]

Wie feministische Einwände gegen die Dichotomie politisch/persönlich verdeutlicht haben, werfen die Vorstellung, daß die »gelebte Wirklichkeit« der Ehe für Recht und Politik irrelevant ist, und die Restaurierung der alten Dichotomie ernsthafte Probleme auf. Doch haben sowohl jene, die für eine Veränderung all jener Gesetze kämpften, die die Frauen in der Ehe unterdrückt halten, als auch die anderen, die diese Gesetze verteidigten, immer schon ein klares Bewußtsein davon gehabt, wie relevant Form und Bedingungen der Ehe in politischer und rechtlicher Hinsicht sind.[27] Außerdem haben wir es nach wie vor mit geschlechtsspezifisch strukturierten Familien zu tun und mit einer Sozialstruktur, in der eine volle und gleichberechtigte politische und ökonomische Partizipation unvereinbar ist mit der Verantwortung für die Familie, die noch immer zum größten Teil von Frauen getragen wird. Unter solchen sozialstrukturellen Bedingungen ist auf keinen Fall mehr einzusehen, warum der Staat in familienpolitischer Hinsicht, insbesondere was die Scheidung betrifft, Neutralität gegenüber der Geschlechterproblematik wahren sollte.

Und zwar einfach deshalb, weil die Ehe normalerweise keineswegs eine wechselseitig eingegangene Bindung ist, wie ihre juristische Form es suggeriert; vielmehr enthält sie in einer nach Geschlechtern strukturierten Gesellschaft fast immer Abhängigkeits- und Machtverhältnisse. So wird unter den Bedingungen der geschlechtsspezifischen Arbeitsteilung die einstmals »ganz besondere Identität« der Frau durch das Ehefrauendasein und mehr noch durch die Mutterschaft viel tiefgreifender berührt als die besondere Identität des Mannes durch seine Funktion als Ehegatte oder Vater. Im Hinblick auf diesen Sachverhalt kann das Recht sich nicht heraushalten – es *muß* einen Standpunkt einnehmen. Entweder muß es die Ungleichheiten, für die die Ehe verantwortlich ist oder die sie zumindest verstärkt, zur Kenntnis nehmen und versuchen, sie abzubauen, oder es muß ihnen, wenn sie schon vorhanden sind, Rechnung tragen (wie es im Scheidungsrecht, zumindest dem Prinzip nach, üblich war). Oder das Recht ignoriert diese Ungleichheiten, indem es sich aus den häuslichen Auseinandersetzungen heraushält und die Scheidungsparteien, selbst nach langen traditionellen Ehen, als gleichberechtigte Individuen betrachtet. Wir können mit guten Gründen annehmen, daß der zweite Weg, auch wenn er neutraler erscheint, im Kontext einer geschlechtlich strukturierten Gesellschaft *viel weniger neutral* ist als der erste. Die gelebte Wirklichkeit der Ehe geht selbstverständlich nicht in ihrer juristischen Struktur auf. Aber weil die Ehewirklichkeit so nachhaltig von ihrer juristischen Form (und von vielen anderen Facetten »des Politischen«) geprägt ist, ist es für den liberalen Staat angesichts der großen Meinungsverschiedenheiten über das Geschlechterverhältnis und damit über »das Gute« in den ehelichen Beziehungen keine leichte Aufgabe, neutral zu bleiben. Der Forderung nach Neutralität kann nicht wie etwa im Falle der Freundschaft durch bloße Nichteinmischung entsprochen werden. Viele Aspekte des

Persönlichen sind, wie Feministinnen gezeigt haben, unbestreitbar politisch, auch wenn »das Persönliche« nicht identisch ist mit »dem Politischen«.

Schluß

Kann es einen humanistischen Liberalismus geben? Die theoretische Grundlegung eines solchen Liberalismus muß sich nachdrücklich sowohl auf das öffentliche als auch auf das private Leben konzentrieren. Einen Liberalismus, der die Frauen ohne Wenn und Aber miteinbezieht, kann es nur dann geben, wenn wir die theoretische Basis für eine Rechtsordnung entwickeln, die die Familie als fundamentale politische Institution anerkennt und Gerechtigkeitsstandards auf das Leben in der Familie ausweitet. Es gibt zweifellos viele sozialpolitische Maßnahmen, die entscheidend dazu beitragen könnten, die elterliche Verantwortung zu teilen und in vielen Fällen die derzeitige Situation von Kindern zu verbessern, ohne sich in den berechtigten Anspruch auf Privatheit einzumischen. Die Bereitstellung subventionierter und erstklassiger Kinderbetreuung in Kleingruppen ist eine davon. Arbeitgeber zur Gewährung von Elternurlaub und flexiblen Arbeitszeiten zu verpflichten, wäre eine weitere Maßnahme. Das praktisch-politische Problem dabei ist allerdings, wie solche Maßnahmen durchgesetzt werden können, solange überwiegend die Männer an der Macht sind, Männer, die weiterhin von der Arbeitsteilung in der Familie profitieren und ihr oft die Macht mitverdanken, die sie haben. Können wir auf eine Veränderung der Welt außerhalb des Haushaltes hoffen, ohne zuerst die Arbeitsteilung *dort* zu verändern? Und wie können diese Veränderungen erreicht werden?

Eine Lösung, die mit den Grundprinzipien des Liberalismus in Einklang steht, muß die Tatsache akzeptieren, daß das Geschlechterverhältnis in unserer heutigen Gesellschaft ein heiß umstrittenes Thema ist. Weil der Staat gegenüber den verschiedenen, oft kontroversen Vorstellungen vom guten Leben neutral bleiben muß, kann er nicht einfach die Abschaffung der Geschlechterrollen diktieren. Aber ebensowenig darf er sie begünstigen oder Geschlechterpraktiken zulassen, die Frauen und Kinder benachteiligen. Wenn das Familienrecht in dieser kritischen Angelegenheit neutral bleiben soll, muß es alternative Ehekonzeptionen entwickeln. Dadurch kann sichergestellt werden, daß Bürger ihr Privatleben unter Bedingungen der Gleichheit führen – daß sie in der Lage sind, unbezahlte wie bezahlte Arbeit, gemeinsame Zeit, Freizeit und Chancen zu teilen, oder daß sie einen einklagbaren Vertrag schließen, der gewährleistet, daß eine einvernehmlich beschlossene Arbeitsteilung zwischen den Geschlechtern keine ökonomische Abhängigkeit nach sich zieht und daß die langfristigen Partizipationschancen in Berufsleben und Öffentlichkeit für keinen der Partner gefährdet werden. Wegen des unauflösbaren Zusammenhangs zwischen dem Familienleben und seinem rechtlichen und politischen Kontext muß ein Liberalismus, der beansprucht, humanistisch zu sein, seine Gerechtigkeitsstandards auch auf unsere privatesten Bindungen anwenden.

Aus dem Amerikanischen von Gabriele Neuhäuser

Anmerkungen

1 Vgl. etwa Teresa Brennan und Carole Pateman, »Mere Auxiliaries to the Commonwealth«: Women and the Origins of Liberalism, in: *Political Studies* 27, 1979, S. 183-200; Jean Bethke Elshtain, Public Man, Private Woman, Princeton UP 1981, vor allem Kap. 3; Genevieve Lloyd, The Man of Reason, University of Minnesota Press 1984, bes. Kap. 5; Susan M. Okin, Women and the Making of the Sentimental Family, in: *Philosophy and Public Affairs* 11, 1982, S. 65-88; Carole Pateman, Feminist Critiques of the Public/Private Dichotomy, in: Stanley Benn und Gerald Gaus (Hg.), Public and Private in Social Life, London 1983, S. 281-303.
2 Im Englischen ist die Unterscheidung zwischen *sex* (biologisches Geschlecht) und *gender* (soziales Geschlecht) gebräuchlich. Die Autorin verwendet hauptsächlich den Begriff *gender*, der hier mit »Geschlecht«, »Geschlechtszugehörigkeit«, »Geschlechtsidentität«, »Geschlechterrollen«, »Geschlechterverhältnis« etc. wiedergegeben wird. (Anm. d. Übersetzerin)
3 So z. B. Zillah R. Eisenstein, The Radical Future of Liberal Feminism, New York 1980; Alison M. Jaggar, Feminist Politics and Human Nature, Totowa, N.J., 1983, vor allem Kap. 7.
4 Für Argumente siehe z. B. Michael Walzer, Spheres of Justice, New York 1983 (deutsche Ausgabe: Sphären der Gerechtigkeit, Frankfurt/New York 1992).
5 Zitiert nach Seyla Benhabib, Der verallgemeinerte und der konkrete Andere, in: Elisabeth List und Herlinde Studer (Hg.), Feminismus und Kritik, Frankfurt a.M. 1989, S. 464.
6 Nancy Chodorow, The Reproduction of Mothering, University of California Press 1974; dies., Family Structure and Feminine Personality, in: Michelle Rosaldo und Louise Lamphere (Hg.), Woman, Culture, and Society, Stanford UP 1974; vgl. auch Dorothy Dinnerstein, The Mermaid and the Minotaur, New York 1977.
7 Z.B. Linda J. Nicholson, Gender and History, Columbia UP 1986; Joan W. Scott, Gender: A Useful Category of Historical Analysis, in: *American Historical Review* 91, Dezember 1986, S. 1053-1075.
8 Z.B. Susan M. Okin, Justice, Gender, and the Family, New York 1989, Kap. 7.
9 »Women in the Law Say Path Is Limited by ›Mommy Track‹«, *New York Times* vom 8. August 1988, S. A1; »Curbs for Minors Seeking Abortion Upheld on Appeal«, *New York Times* vom 9. August 1988, S. A1.
10 David Ellwood, Poor Support: Poverty in the American Family, New York 1988, S. 133.
11 Walzer, Spheres of Justice, a.a.O., S. 304.
12 On Authority: or, Why Women are not Entitled to Speak, in: J. Roland Pennock und John W. Chapman (Hg.), Authority Revisited, New York UP 1987.
13 John Locke, A Letter Concerning Toleration.
14 Zitiert nach John Rawls, Eine Theorie der Gerechtigkeit, Frankfurt a.M. 1975, S. 23.
15 A.a.O. passim; für Kommentare zu Rawls' Behandlung der Familie siehe Jane English, Justice Between Generations, in: *Philosophical Studies* 31, 1977, S. 1-104; Karen Green, Rawls, Women and the Priority of Liberty, in: *Australasian Journal of Philosophy*, Ergänzung zu Nr. 64, Juni 1986, S. 26-36; Deborah Kearns, A Theory of Justice – and Love: Rawls on the Family, in: *Politics*

18, 1983, S. 36-42; Susan M. Okin, Justice and Gender, in: *Philosophy and Public Affairs* 16, 1987, S. 42-72; dies., Reason and Feeling in Thinking about Justice, in: *Ethics* 99, 1989, S. 229-249.
16 Rawls, Eine Theorie der Gerechtigkeit, a.a.O., S. 503.
17 Ackerman: Yale UP 1980; Dworkin: Harvard UP 1977, dt. Ausg. Frankfurt 1990; Galston: University of Chicago Press 1980; Nozick: New York 1974.
18 Walzer, Spheres of Justice; Okin, Justice and Gender, a.a.O. (Anm. 15).
19 Alasdair MacIntyre, Der Verlust der Tugend, Frankfurt a.M. 1987, Kap. 12.
20 Alasdair MacIntyre, Whose Justice? Which Rationality?, University of Notre Dame Press 1988, S. 10, 105 und 401 ff.
21 Ebd., S. 326. In »Justice, Gender, and the Family« gehe ich näher darauf ein.
22 Rawls, Eine Theorie der Gerechtigkeit, a.a.O., S. 152 ff.
23 Michael Sandel, Liberalism and the Limits of Justice, Cambridge UP 1982, S. 23.
24 Ebd., S. 30 f.
25 Ebd., S. 31.
26 Wir überspringen hier aus Platzgründen die Auseinandersetzung mit Charles Larmore (d.Red.).
27 Vgl. Susan Kingsley Kent, Sex and Suffrage in England: 1850-1914, Princeton UP 1987; Mary L. Shanley, Feminism, Marriage and the Law in Victorian England, Princeton UP 1990.

Iris Marion Young
Stadtleben und Differenz
Die Stadt als Modell für eine offene Gemeinschaft

Aus philosophischer und politologischer Perspektive wird an der Gesellschaft des kapitalistischen Wohlfahrtsstaates oft kritisiert, daß sie atomistisch und entpolitisiert sei, daß sie einen Pluralismus eigennütziger Interessengruppen und bürokratische Herrschaft begünstige. Als alternative Vision wird meistens ein Ideal von Gemeinschaft vorgeschlagen.

Die Berufung auf die Gemeinschaft als einer Alternative zum liberalen Individualismus, wie sie bei Michael Sandel, Alasdair MacIntyre und anderen zu finden ist, war in den letzten Jahren ein Ansporn, Vorzüge und Mängel des Kommunitarismus als Gegenposition zum Liberalismus zu debattieren.[1] Viele, die sozialistische, anarchistische oder feministische Positionen vertreten oder den kapitalistischen Wohlfahrtsstaat aus anderen Motiven kritisieren, formulieren ihre Vorstellungen von einer herrschafts- und repressionsfreien Gesellschaft im Sinne eines Gemeinschaftsideals. Vieles an dieser Diskussion erweckt den Eindruck, als ob die Alternative liberaler Individualismus/Kommunitarismus das Feld möglicher Konzeptionen von sozialen Beziehungen vollständig abdecke.

Ich teile weitgehend die kommunitaristische Kritik an der liberalen Demokratietheorie und dem kapitalistischen Wohlfahrtsstaat. Dennoch werde ich hier zu zeigen versuchen, daß das Gemeinschaftsideal keine angemessene, alternative Vorstellung eines demokratischen Gemeinwesens bietet. Das Gemeinschaftsideal drückt einen Wunsch nach Zusammenschluß von Subjekten aus, der in der Praxis dazu führt, diejenigen auszuschließen, mit denen sich die Gruppe nicht identifiziert; es verneint und unterdrückt soziale Unterschiede und die Tatsache, daß das politische Gemeinwesen nicht als eine Einheit gedacht werden kann, in der alle Beteiligten eine gemeinsame Erfahrung und gemeinsame Werte teilen. Indem es die unmittelbaren sozialen Beziehungen privilegiert, negiert das Gemeinschaftsideal darüber hinaus Differenz in Form von zeitlicher und räumlicher Distanz, wie sie den gesellschaftlichen Prozeß charakterisiert.

Als eine Alternative zum Gemeinschaftsideal entwickle ich hier ein

Ideal von Stadtleben, dem eine Vorstellung von sozialen Beziehungen zugrunde liegt, die Gruppenunterschiede anerkennt. Als normatives Ideal geht das Stadtleben von sozial differenten Beziehungen aus, wobei Differenz nicht zum Ausschluß führt. Wenn Stadtpolitik demokratisch und nicht vom Standpunkt einer Gruppe beherrscht sein soll, muß sie den unterschiedlichen Gruppen, die nebeneinander in der Stadt wohnen, ohne eine Gemeinschaft zu bilden, Rechnung tragen und ihnen Gehör verschaffen.

Der Gegensatz von Individualismus und Gemeinschaft

Kritikerinnen und Kritiker des Liberalismus berufen sich häufig auf einen Gemeinschaftsbegriff, der eine Alternative zum Individualismus und abstrakten Formalismus darstellen soll, den sie dem Liberalismus zuschreiben.[2] Sie lehnen die Vorstellung ab, Personen seien separate und sich selbst genügende Atome, von denen jedes dieselben formalen Rechte hat – Rechte, die Andere ausschließen und isolieren. Außerdem verbindet sich das Gemeinschaftsideal für sie mit der Vorstellung der Abwesenheit des eigennützigen Konkurrenzkampfes in der modernen Gesellschaft. In diesem Ideal findet die Liberalismuskritik eine Alternative zur abstrakten, formalen Methode des Liberalismus. In einer Gemeinschaft mit Anderen zu existieren, heißt nicht nur, deren Rechte zu respektieren, sondern ebenso, die Besonderheit ihrer Bedürfnisse und Interessen zu beachten und zu teilen.

In seiner zu Recht gefeierten Kritik an Rawls behauptet Michael Sandel zum Beispiel, daß der Nachdruck, den der Liberalismus auf den Primat der Gerechtigkeit legt, einen Begriff vom Selbst als einer Einheit voraussetzt, die dessen Wünschen und Zielen vorausliegt, die sich selbst genügt, die eigenständig und abgegrenzt ist.[3] Sandel zufolge ist dies ein unrealistischer und widersprüchlicher Begriff vom Selbst. Das Selbst sei vielmehr als ein Produkt einer Identität zu begreifen, die es mit Anderen teilt; als Produkt von Werten und Zielen, die ihm nicht äußerlich sind oder gewollt werden, wie es der Liberalismus behauptet, sondern die konstitutiv für es sind. Diese Vorstellung vom Selbst als konstituierter Einheit findet ihren Ausdruck im Gemeinschaftsbegriff.

Benjamin Barber benutzt ebenfalls die Idee der Gemeinschaft, um eine Vorstellung von sozialem Leben wachzurufen, welche die Person nicht als ein atomistisches, separates Individuum begreift.[4] Die liberale politische Theorie stellt Individuen dar, als würden sie private und getrennte Räume einnehmen und als wären sie nur durch ihre eigenen, privaten Wünsche angetrieben. Dies ist ein konsumentenorientierter Begriff von der menschlichen Natur, der soziale und politische Beziehungen nur als instrumentelle Güter zur Erfüllung individueller Wünsche zuläßt, und nicht als wirkliche Güter. Dem atomistischen Begriff des Individuums entspringt eine politische Theorie, die Konflikt und Konkurrenz als Grundformen gesellschaftlicher Interaktion annimmt. Barber appelliert wie Sandel an ein Gemeinschaftsideal, um einen Begriff der Person als gesellschaftlich konstituierte zu entwerfen, die aktiv danach strebt, auf Gegenseitigkeit beruhende Beziehungen aufrechtzuerhalten, anstatt nur danach, die eigenen Bedürfnisse und Wünsche zu befriedigen.[5]

Ich teile diese Liberalismuskritiken. In der liberalen Sozialontologie gibt es, wie ich an anderer Stelle[6] zu zeigen versucht habe, keinen Platz für den Begriff der sozialen Gruppe. Eine soziale Gruppe ist das Ergebnis von Interaktionen, Bedeutungen und gegenseitiger Anziehung, aufgrund derer sich Menschen wechselseitig identifizieren. Das Selbst ist in der Tat ein Produkt sozialer Beziehungen, und zwar tiefgreifend und oft auf widersprüchliche Weise. Die sozialen Gruppenidentitäten einer Person werden darüber hinaus in einem wesentlichen Sinn mit Anderen aus der Gruppe geteilt. Ebenso stimme ich mit Barber darin überein, daß die am Konsumentenmodell orientierten Annahmen des Liberalismus über die menschliche Natur zu einem instrumentalistischen Verständnis der Politik führen. Gemeinsam mit Barber und anderen neuen republikanischen Theoretikerinnen und Theoretikern lehne ich die Privatisierung von Politik in liberalen pluralistischen Prozessen ab und fordere die Einrichtung demokratischer Öffentlichkeiten. Doch denke ich, daß der Liberalismus auf diese Weise kritisiert werden kann und soll, ohne die Gemeinschaft als politisches Ideal zu postulieren.

Die gegenwärtige Diskussion praktiziert zu oft eine ausschließende Dichotomie zwischen Individualismus und Gemeinschaft. Gemeinschaft erscheint in den Gegensätzen Individualismus/Gemeinschaft, separates Selbst/an Anderen teilhabendes Selbst, privat/öffentlich. Individualismus und Gemeinschaft haben aber, wie die meisten dieser Begriffe, eine gemeinsame Logik, die ihrer Polarität zugrunde liegt und es ihnen ermöglicht, einander negativ zu definieren. Beide Begriffe bringen eine Negierung von Differenz mit sich und den Wunsch, Vielfalt und Unterschiedlichkeit zu vereinheitlichen, wenngleich auf entgegengesetzte Weisen. Der liberale Individualismus leugnet Differenz, indem er das Selbst als eine feste, sich selbst genügende Einheit setzt, die durch nichts und niemanden bestimmt ist als durch sich selbst. Seine formalistische Rechtsethik negiert Differenz auch insofern, als sie alle diese isolierten Individuen unter ein gemeinsames Rechtsmaß bringt. Andererseits negieren auch jene, die die Gemeinschaft befürworten, die Differenz, indem sie die Verschmelzung und nicht die Trennung als gesellschaftliches Ideal setzen. In ihren Augen konstituiert sich das soziale Subjekt in Einheit mit den Anderen, es bildet sich über wechselseitige Identifikation und Symmetrie zwischen Individuen innerhalb einer Totalität. Der Kommunitarismus legt nahe, Personen als vereinte und in Einheit innerhalb eines gemeinsamen Ganzen zu sehen.

Für viele Autorinnen und Autoren ist jede Kritik des Individualismus schon ein Argument für die Gemeinschaft; und umgekehrt scheint jegliche Ablehnung der Gemeinschaft notwendigerweise ein Plädoyer für den Individualismus zu sein. Alle neueren Darstellungen der Debatte, wie sie mit der kommunitaristischen Kritik an Rawls einsetzte, scheinen dieser Logik zu folgen und subsumieren die Kontroverse unter die Dichotomie zwischen liberalem Individualismus und Gemeinschaft; sie suggerieren dabei, daß sich diese beiden Kategorien gegenseitig ausschließen und alle möglichen Sozialontologien und Begriffe vom Selbst abdecken.[7] Auch wenn die Beteiligten den totalisierenden und zirkulären Charakter dieser Debatte bemerken und versuchen, eine Position außerhalb einzunehmen, tendieren sie dazu, die eine oder andere »Seite« der Dichotomie zu bestätigen, da diese als eine logische Disjunktion betrachtet wird, wie »a oder nicht a«, *tertium non datur*.

Rousseaus Traum

Das Gemeinschaftsideal drückt ein Verlangen nach Einheit aus, nach dem Einssein der Subjekte, eine Sehnsucht nach Harmonie zwischen Personen, nach Konsens und gegenseitigem Verständnis, nach etwas, das Foucault Rousseaus Traum nennt. Es ist der Traum einer

> »transparenten Gesellschaft, sichtbar und erkennbar in allen ihren Teilen, der Traum davon, daß es keine Dunkelzonen mehr gibt, Zonen, die durch königliche oder korporative Privilegien definiert werden, Zonen der Unordnung. Es war der Traum, daß jedes Individuum, welche Position auch immer es innehat, fähig ist, das Ganze der Gesellschaft zu sehen, der Traum, daß die Herzen der Menschen kommunizieren sollen, daß ihr Blick von Hindernissen ungetrübt sei und daß die Meinung aller über jede einzelne Person regiere.«[8]

Ob als von allen geteilte Subjektivität bzw. als gemeinsames Bewußtsein einerseits oder als Inbegriff wechselseitiger Beziehungen andererseits, das Gemeinschaftsideal verneint, entwertet oder unterdrückt die ontologische Differenz von Subjekten und versucht, die Unerschöpflichkeit des Sozialen in einem in sich selbst geschlossenen Ganzen zu beruhigen und aufzulösen.

Sandel definiert Gemeinschaft ausdrücklich als gemeinsame Subjektivität. Der Unterschied zwischen seiner eigenen Auffassung von Gemeinschaft als konstitutiver und den instrumentellen und sentimentalen Auffassungen, die er bei Rawls findet, liegt genau darin, daß in einer als konstitutiv begriffenen Gemeinschaft die Subjekte ein gemeinsames Selbstverständnis teilen.[9] Genauso eindeutig ist er im Hinblick auf soziale Transparenz als Sinn und Ziel von Gemeinschaft:

»Und insofern unser grundlegendes Selbstverständnis ein größeres Subjekt als nur das individuelle umfaßt, sei es eine Familie oder ein Stamm, eine Stadt, eine Klasse, eine Nation oder ein Volk, definiert es eine Gemeinschaft im konstitutivem Sinne. Und eine solche Gemeinschaft ist weniger vom Geiste der Wohltätigkeit geprägt oder von kommunitaristischen Werten, auch nicht allein von etwaigen gemeinsamen letzten Zielen, als vielmehr durch ein gemeinsames Diskursvokabular und einen Hintergrund impliziter Praktiken und Annahmen, in deren Rahmen die Unzugänglichkeit der Teilnehmenden reduziert, wenn auch nie endgültig aufgelöst wird. Insofern der Vorrang der Gerechtigkeit von der Getrenntheit oder Begrenztheit von Personen im kognitiven Sinne abhängt, würde ihre Priorität in dem Maße schrumpfen, wie diese Unzugänglichkeit verschwände und sich die Gemeinschaft vertiefte.«[10]

Auch Barber versteht Gemeinschaft als gemeinschaftliche Subjektivität. Durch politische Partizipation begegnen sich die Individuen und passen ihre Wünsche und Bedürfnisse einander an, indem sie eine »gemeinsame Ordnung von individuellen Bedürfnissen und Wünschen zusammengefaßt in einer einzigen, für alle akzeptierbaren Vision für die Zukunft« schaffen. Eine starke Demokratie versucht einen »kreativen Konsens« zu erreichen, der durch gemeinsames Gespräch und gemeinsame Arbeit ein »gemeinsames Bewußtsein und politisches Urteil« schafft.[11]

Es gibt aber auch Positionen, die Gemeinsamkeit im Sinne von Gemeinschaft durch Wechselseitigkeit und Reziprozität ersetzen, also durch die Anerkennung der Individualität aller Anderen durch jedes Individuum.[12] Seyla Benhabib ordnet zum Beispiel eine Auffassung, welche der Gemeinsamkeit von Personen besonderes Gewicht beimißt, der Rechts- und Gerechtigkeitsethik im Sinne Rawls' zu und bezeichnet sie als Standpunkt des »generalisierten Anderen«. Eine Moraltheorie muß aber auch die komplementäre Perspektive ausdrücken, die Benhabib den Standpunkt des »konkreten Anderen« nennt. Sie versteht darunter die Vision einer durch Bedürfnisse und Solidarität gekennzeichneten Gemeinschaft im Gegensatz zu einer durch Rechte und Berechtigungen definierten Gemeinschaft, wie sie der Liberalismus im Blick hat:

»Der Standpunkt des konkreten Anderen verlangt von uns hingegen, jedes einzelne vernünftige Wesen als Individuum mit einer konkreten Geschichte, Identität, Gemüts- und Gefühlsverfassung zu betrachten. Wenn wir diesen Standpunkt einnehmen, abstrahieren wir von dem, was unsere Gemeinsamkeit ausmacht und trachten danach, die Verschiedenheit der Anderen zu verstehen. Wir trachten danach, die Bedürfnisse der Anderen zu erfassen, ihre Motivationen, was sie erstreben und was sie begehren. Unsere Beziehung zu den Anderen ist durch die Norm der *komplementären Reziprozität* bestimmt: Jede Person ist dazu berechtigt, von der anderen Verhaltensformen zu erwarten und bei ihr vorauszusetzen, durch die sich die andere Person als ein konkretes, individuelles Wesen mit spezifischen Bedürfnissen, Talenten und Fähigkeiten anerkannt und bestätigt fühlt. (...) Die moralischen Kategorien, die mit diesen Interaktionen einhergehen, sind solche der Verantwortung, der Verpflichtung und der Teilnahme. Die damit verbundenen moralischen Gefühle sind solche der Liebe, der Anteilnahme und Fürsorge, der Sympathie und der Solidarität. Gemeinschaft ist dabei von Bedürfnissen und Solidarität her gedacht.«[13]

Trotz der offensichtlichen Unterschiedlichkeit zwischen Sandels und Barbers Terminologie gemeinsamer Subjektivität und Benhabibs Terminologie komplementärer Reziprozität denke ich, daß alle drei ein ähnliches Ideal von sozialen Beziehungen als *Kopräsenz von Subjekten*[14] haben. Ob es als gemeinsames Bewußtsein oder als gegenseitiges Verstehen ausgedrückt wird, das Ideal ist immer eines der Transparenz von Subjekten in bezug aufeinander. Gemäß diesem Ideal versteht jede Person die anderen und erkennt sie in derselben Weise an, in der sie sich selbst verstehen, und alle erkennen an, daß die anderen sie so verstehen, wie sie sich selbst verstehen. Auf diese Weise unterwirft sich dieses Ideal einer Metaphysik der Gegenwärtigkeit, wie Derrida es nennt, die danach trachtet, die zeitliche Differenz, die der Sprache und der Erfahrung inhärent ist, in eine Totalität zusammenklappen zu lassen, die auf einen Blick erfaßt werden kann. Dieses Ideal von Gemeinschaft verneint die ontologische Differenz innerhalb von und zwischen Subjekten.

In der Gemeinschaft hören Personen auf, Andere zu sein, dunkel und unverstanden. Statt dessen bringen sie einander Wohlwollen entgegen, verstehen einander wie sie sich selbst verstehen, sie verschmelzen. Solch ein Ideal der wechselseitigen Transparenz von Subjekten verneint die Differenz, die grundlegende Asymmetrie der Subjekte. Nach Hegel transzendieren Personen einander notwendig, weil Subjektivität Negativität ist, und Sartres Analysen haben diese Auffassung noch vertieft. Der Blick der Anderen ist immer objektivierend. Andere Personen sehen die Welt nie aus meiner Perspektive, und jedesmal, wenn ich das objektivierende Erfassen meines Körpers, meiner Handlungen und Worte durch Andere erlebe, werde ich mit einer Erfahrung von mir konfrontiert, die von meiner eigenen verschieden ist.

Diese wechselseitige, intersubjektive Transzendenz macht natürlich erst möglich, daß wir aneinander teilhaben – eine Tatsache, der Sartre weniger Aufmerksamkeit schenkt als Hegel. Diese Teilhabe ist jedoch nie vollständiges gegenseitiges Verstehen und vollkommene Reziprozität. Teilhabe aneinander ist vielmehr zerbrechlich. Im nächsten Moment mag die andere Person meine Worte anders verstehen, als ich sie gemeint habe, oder meinen Handlungen Konsequenzen verleihen, die ich nicht beabsichtige. Dieselbe Differenz, die Teilhabe zwischen uns möglich macht, ermöglicht immer auch Mißverstehen, Zurückweisung, Rückzug und Konflikt.

Da das Subjekt keine Einheit ist, kann es sich weder selbst präsent sein noch sich selbst kennen. Ich weiß nicht immer, was ich meine, brauche, wünsche, begehre, da Bedeutungen, Bedürfnisse und Wünsche nicht aus einem Ursprung in einem transparenten Ich hervorgehen. Ich drücke mein Begehren oft in einer Geste oder in einem Tonfall aus, ohne es so zu beabsichtigen. Bewußtsein, Sprache, Ausdruck sind nur möglich, wenn das Subjekt ständig über sich hinausgeht; damit ist es unfähig, sich selbst zu erfassen. Alle Subjekte haben vielfältige Wünsche, die nicht zusammenpassen; sie messen Objekten Bedeutung bei, ohne immer alle deren Aspekte und Verbindungen zu kennen. Folglich ist jedes individuelle Subjekt ein Spiel von Differenzen, das nicht vollständig erfaßt werden kann.

Wenn das Subjekt ein heterogener Prozeß ist, der sich niemals selbst vollständig gegenwärtig ist, dann folgt daraus, daß Subjekte einander nicht transparent machen können, so wenig, wie sie einander vollständig präsent werden können. Folglich entzieht sich das Subjekt auch des einfühlenden Verstehens durch Andere. Ich kann Andere nicht verstehen, wie sie sich selbst verstehen, weil sie sich selbst nie ganz verstehen. Ja, es kann sogar sein, daß ich die Worte oder Handlungen Anderer besser verstehe als diese selbst, weil die Bedeutungen und Wünsche, die sie ausdrücken, über ihr eigenes Bewußtsein oder ihre Absichten hinausgehen können.

Das Gemeinschaftsideal drückt ein Verlangen nach sozialer Ganzheit und Symmetrie aus, nach Sicherheit und nach einer stabilen Identität, die objektiv ist, weil sie durch Andere unzweideutig bestätigt wird. Das ist ein verständlicher Traum, aber doch nur ein Traum, und, wie ich nun zeigen möchte, ein Traum mit ernsten politischen Konsequenzen.

Der Vorrang unmittelbarer sozialer Beziehungen

Das Ideal von der Gemeinschaft als einer reinen Kopräsenz von Subjekten erhält seinen politischen Ausdruck in einer Vorstellung von politischem Leben, die direkter, an Ort und Stelle und von Angesicht zu Angesicht stattfindender Demokratie den Vorrang einräumt. Die Kritikerinnen und Kritiker des kapitalistischen Wohlfahrtsstaates beschwören solch ein Modell von Kleingruppenbeziehungen immer wieder als politisches Ideal.

Die anarchistische Tradition formuliert die damit verbundenen Werte am systematischsten, sie finden sich aber ebenso bei anderen politischen Strömungen wieder. Das Modell einer in unmittelbaren sozialen Beziehungen fundierten Politik stellt sich dar als die Alternative zur Anonymität, Entfremdung, Verdinglichung und Bürokratisierung der Regierungsgewalt in den heutigen Massengesellschaften:

> »Die Verkörperung dieses Projekts ist die unmittelbare, unvermittelte Gemeinschaft, die unser Menschsein so tief prägt. Es ist die Gemeinschaft, in der wir uns auf natürliche Weise begegnen; es ist die öffentliche Welt, die nur einen Schritt weit von unserer privaten Welt entfernt ist, kurz, es sind unsere Städte, Nachbarschaften und Gemeinden.«[15]

Mehrere Probleme tauchen auf, wenn eine Gemeinschaft, die unmittelbare soziale Beziehungen privilegiert, als das Ideal des Gemeinwesens gilt. Dieses Ideal setzt einen Mythos von unvermittelten sozialen Beziehungen voraus und Vermittlung fälschlich mit Entfremdung gleich. Es leugnet Differenz im Sinne zeitlichen und räumlichen Distanzierens. Es impliziert ein Modell der guten Gesellschaft, nach welchem diese aus kleinen, dezentralisierten Einheiten besteht, was sowohl unrealistisch als auch politisch unerwünscht ist; überdies entzieht sich dieses Modell der politischen Frage nach gerechten Verhältnissen zwischen solchen dezentralisierten Gemeinschaften.

Wie das Zitat oben zeigt, geben die Fürsprecher der Gemeinschaft *face-to-face*-Beziehungen den Vorrang, weil sie diese als unmittelbar betrachten. Unmittelbarkeit ist besser als Vermittlung, weil unmittelbare Beziehungen die Reinheit und Sicherheit gewähren, die Rousseaus Traum ersehnt: Wir sind einander transparent, einander völlig zugänglich in ein und derselben Zeit und ein und demselben Raum, zum Berühren nahe, und nichts kommt zwischen uns, das unseren Blick auf die Anderen und ihren Blick auf uns versperren könnte.

Dieses Ideal der unmittelbaren Kopräsenz von Subjekten ist jedoch eine metaphysische Illusion. Selbst die von Angesicht zu Angesicht stattfindende soziale Beziehung zwischen zwei Personen ist noch durch Sprache und Gebärdenspiel, Räumlichkeit und Zeitlichkeit vermittelt. Sobald eine dritte Person in die Interaktion eintritt, entsteht die Möglichkeit, daß die Beziehung der ersten beiden durch die dritte Person vermittelt wird, und so weiter. Die Vermittlung von Beziehungen zwischen Personen durch das Sprechen und Handeln von anderen Personen ist eine fundamentale Bedingung von Gesellschaftlichkeit. Der Reichtum, die Kreativität, die Mannigfaltigkeit und das Potential einer Gesellschaft wachsen mit der Erweiterung des Wirkungskreises und der Mittel ihrer Medien, die Personen über Zeit und Raum verbinden. Je größer aber die zeitliche und räumliche Distanz ist, desto größer ist die Anzahl der Personen, die zwischen Mitgliedern der Gesellschaft stehen.

Ich behaupte weder, daß es keinen Unterschied zwischen kleinen Gruppen, in denen Personen sich direkt aufeinander beziehen, und anderen sozialen Beziehungen gebe, noch spreche ich den Gruppen mit direkter Interaktion ihren eigenen Wert ab. Genau wie die Intimität des Lebens mit wenigen Anderen im selben Haushalt ihre besonderen Dimensionen hat, die wertvoll sind, so birgt das Dasein mit Anderen in Gemeinschaften, die auf gegenseitiger Anteilnahme beruhen, spezifische Eigenschaften wie Wärme und Teilhabe, die ihren eigenen Wert haben. Es steht auch außer Frage, daß eine bürokratisierte, kapitalistische, patriarchale Gesellschaft solche Gemeinschaften gegenseitiger Freundschaft entmutigt und zerstört, ebenso wie sie Familien Druck aussetzt und zersplittert. Die Vorstellung einer guten Gesellschaft sollte sicherlich Einrichtungen einschließen, welche die spezifische Erfahrung der Freundschaft unterstützen, wie sie nur relativ kleine Gruppen, die in einer Vielfalt von Kontexten interagieren, möglich machen. Aber den Wert und die Besonderheit solcher unmittelbaren sozialen Beziehungen anzuerkennen ist etwas anderes, als ihnen Vorrang zuzuschreiben und sie als Modell für die institutionellen Beziehungen der ganzen Gesellschaft darzustellen.

Meiner Ansicht nach wird das Modell einer guten Gesellschaft, die aus dezentralisierten, wirtschaftlich autarken, auf unmittelbarer Interaktion beruhenden Gemeinschaften besteht, welche gleichzeitig als autonome politische Einheiten funktionieren, die Politik nicht läutern, sondern suspendieren. Erstens ist dieses Modell eine wilde Utopie. Es zu verwirklichen würde erfordern, den urbanen Charakter der modernen Gesellschaft zu demontieren, eine gewaltige Restrukturierung von Wohnvierteln, Arbeitsplätzen, Handels- und Gewerbegebieten in Angriff zu nehmen. Das Modell einer transformierten Gesellschaft muß von den materiellen Strukturen ausgehen, die uns zum gegenwärtigen historischen Zeitpunkt gegeben sind, und in den Vereinigten Staaten sind dies Großindustrien und städtische Zentren.

Wichtiger ist jedoch, daß die Frage, wie sich solche kleinen Gemeinschaften aufeinander beziehen, völlig offen bleibt. Es ist sicherlich unrealistisch anzunehmen, daß solche dezentralisierten Gemeinschaften sich auf gelegentliche freundliche Besuche beschränken und auf einen umfassenden Austausch von Ressourcen, Gütern und Kultur verzichten können.

Viele, die das Gemeinschaftsideal befürworten, favorisieren unmittelbare soziale Beziehungen gegen die Entfremdung und Herrschaft, die von den riesigen, gesichtslosen Bürokratien und Konzernen ausgehen, deren

Handlungen und Entscheidungen die meisten Menschen betreffen, aber außerhalb der Kontrolle der Betroffenen liegen. Berufung auf die Gemeinschaft meint eine Stärkung der lokalen und direkten Kontrolle. Eine wirklich partizipatorische demokratische Gesellschaft sollte in der Tat lokale öffentliche Initiativen im Bereich der Nachbarschaft und des Arbeitsplatzes unterstützen. Aber die wichtige politische Frage besteht darin, wie Beziehungen zwischen diesen lokalen Initiativen so organisiert werden können, daß Gerechtigkeit gefördert und Herrschaft und Unterdrückung minimiert werden. Mit der Beschwörung eines mystischen Gemeinschaftsideals wird diese Frage nicht angesprochen, sondern verdunkelt. Politik muß als eine Beziehung zwischen Fremden begriffen werden, die einander nicht unmittelbar verstehen und die über zeitliche und räumliche Distanz interagieren.

Unerwünschte politische Konsequenzen des Gemeinschaftsideals

Ich habe gezeigt, daß das Gemeinschaftsideal die Differenz zwischen Subjekten und die soziale Differenzierung über zeitliche und räumliche Trennung leugnet. Die bedenklichste politische Konsequenz des Wunsches nach Gemeinschaft oder nach Kopräsenz und wechselseitiger Identifikation besteht darin, daß er oft einen Ausschluß jener bewirkt, die als anders erfahren werden. Engagement für das Gemeinschaftsideal tendiert dazu, Homogenität hoch zu bewerten und zu verstärken.[16]

Im normalen Sprachgebrauch bezeichnet der Begriff Gemeinschaft in den USA jene Menschen, mit denen man sich an einem spezifischen Ort identifiziert. Er bezieht sich z. B. auf Nachbarschaft, Kirche, Schulen; Ethnizität, Hautfarbe und andere Gruppenmerkmale können mitschwingen. Für die meisten Menschen, sofern sie sich überhaupt als Mitglieder von Gemeinschaften betrachten, ist eine Gemeinschaft eine Gruppe, die ein spezifisches Erbe teilt, eine gemeinsame Selbstidentifikation, eine gemeinsame Kultur und ein gemeinsames Normensystem. Die Selbstidentifikation als Mitglied einer solchen Gemeinschaft tritt oft auch als eine Differenzierung durch Absetzung gegenüber anderen Gruppen auf, die gefürchtet, verachtet oder bestenfalls abgewertet werden. Das Gemeinschaftsideal bestätigt und verstärkt meiner Ansicht nach die Furcht und die Abneigung, die manche sozialen Gruppen gegenüber Anderen an den Tag legen. Wenn Gemeinschaft eine positive Norm ist, das heißt, wenn es ihr Ziel ist, mit Anderen in Beziehungen gegenseitigen Verstehens und in Reziprozität zu leben, dann ist es verständlich, daß wir jene ausschließen und meiden, mit denen wir uns nicht identifizieren oder es nicht können.

Richard Sennett erörtert in »The Uses of Disorder«, wie ein bestimmter

»Gemeinschaftsmythos« in der amerikanischen Gesellschaft unaufhörlich darauf hinwirkt, Rassen- und Klassendiskriminierung samt der entsprechenden Politik zu produzieren und implizit zu legitimieren.[17] In vielen Städten, Vorstädten und Nachbarschaften stellen sich die Menschen ihre Umgebung als einen Ort vor, an dem sich die Leute kennen, dieselben Werte und Lebensweisen haben und sich in Vertrautheit und Liebe aufeinander beziehen. In der modernen amerikanischen Gesellschaft ist diese Vorstellung fast immer unzutreffend. Auch wenn es an jedem Ort eine dominante Gruppe mit einem bestimmten Wertesystem und einer bestimmten Lebensweise geben mag, sind dort in der Regel auch abweichende Individuen und Gruppen zu finden. Der Gemeinschaftsmythos schafft allerdings ein stark defensives, ausschließendes Verhalten: Die schwarze Familie, die im Viertel ein Haus kauft, wird unter Druck gesetzt wegzuziehen; schwarze Jugendliche, die in »unsere« Nachbarschaft kommen, werden verprügelt; Bauverordnungen gegen Mehrfamilienhäuser werden erlassen.

Ausschlußverhalten als Folge von Gemeinschaftsdenken ist im übrigen nicht auf fanatische oder konservative Positionen beschränkt. Viele radikale politische Organisationen scheitern an ihrem Wunsch nach Gemeinschaft. Zu oft sehen Leute, die auf soziale Veränderung hinarbeiten, Freundschaft als ein Gruppenziel an und verurteilen ihre Gruppe, wenn sie dieses Ziel verfehlt.[18] Der Wunsch nach Gemeinschaft lenkt oft von den politischen Zielen der Gruppe ab und entzieht ihnen Energie; er schafft eine Cliquenatmosphäre, die Gruppen klein und neue Mitglieder fernhält. Gegenseitige Identifikation als implizites Gruppenideal kann eine Homogenität reproduzieren, die mit dem ausdrücklichen Anspruch der Gruppe auf Diversität im Widerspruch steht. In den letzten Jahren betrachteten zum Beispiel die meisten sozialistischen und feministischen Organisationen die Rassen-, Klassen-, Alters- und Geschlechterdiversität als ein wichtiges Kriterium für den Erfolg von politischen Organisationen. In dem Maße jedoch, wie sie sich wechselseitigem Verstehen und gegenseitiger Identifikation verschrieben haben, kommen sie wohl von diesem Anspruch ab.

Manche sozialen Bewegungen, die auf positiver Gruppendifferenz bestehen, haben in schmerzlichen Konfrontationen herausgefunden, daß der Drang nach Einheit und gegenseitigem Verständnis ausschließende Wirkung hat. Feministische Anstrengungen, Frauenräume und Frauenkultur zu schaffen, haben zum Beispiel oft die Perspektive von nur einer speziellen Untergruppe von Frauen übernommen – sei es die der weißen, der lesbischen, der heterosexuellen oder der Mittelklasse-Frauen – und haben auf diese Weise stillschweigend Frauen mit anderen Identifikationen und

Erfahrungen ausgeschlossen oder unsichtbar gemacht.[19] Ähnliche Probleme entstehen für jede Bewegung mit Gruppenidentifikation, weil in unserer Gesellschaft die meisten Menschen mehrfache Gruppenidentifikationen haben und dadurch jede soziale Gruppe auch von Gruppen*unterschieden* durchzogen ist.

Die hier vorgebrachten Argumente gegen das Gemeinschaftsideal richten sich nicht gegen die Schaffung und den Einsatz positiver Gruppenidentität und Gruppensolidarität als politische Mittel im Kampf gegen kulturellen Imperialismus; diese Mittel helfen auch, Neues über sich selbst und Andere, mit denen man eine Übereinstimmung spürt, zu entdecken. Indes zeigt sich, daß selbst in solchen gruppenspezifischen Kontexten Übereinstimmung nicht gegenseitige Transparenz von Personen bedeuten kann. Wenn Leute in ihrem Eifer, ein positives Gruppenmerkmal zu verstärken, versuchen, ein ausgeprägtes Gefühl von gegenseitiger Identifikation zu schaffen, laufen sie Gefahr, Ausschlußmechanismen zu reproduzieren, die eben jenen ähneln, die sie bekämpfen. Wer die Spezifität einer Gruppenaffinität behauptet, sollte gleichzeitig die Gruppenunterschiede und die individuellen Unterschiede innerhalb der Gruppe anerkennen und fördern.

Stadtleben als normatives Ideal

Die Berufung auf die Gemeinschaft geht fast immer mit einer Ablehnung der Stadt einher. In der soziologischen Literatur wird die moderne Geschichte oft als eine Entwicklung von der überschaubaren und sicheren *Gemeinschaft*[20] zur gefährlichen und bürokratisierten *Gesellschaft*[21] beschrieben, wobei die Gemeinschaft nostalgisch als eine Welt verlorener Ursprünge rekonstruiert wird.[22] Viele folgen Rousseau und romantisieren die antike Polis und den mittelalterlichen Schweizer Bürger[23], während sie den Kommerz, die Unordnung und den unkontrollierbaren Massencharakter der modernen Stadt beklagen.[24] Die Stadt wird seit Beginn der Neuzeit immer wieder für ihre Unmoral, Künstlichkeit, Unordnung und Gefahr verdammt – als der Ort von Verrat und Konspiration, verbotenem Sex, Verbrechen und Krankheit.[25] Das typische Bild der modernen Stadt setzt sich aus all den Nachteilen zusammen, die eine Wiedereinsetzung der Gemeinschaft ausmerzen würde.

Urbanität ist jedoch der Horizont der modernen, ganz zu schweigen von den postmodernen, Lebensbedingungen. Die zeitgenössische politische Theorie muß die Urbanität als eine materielle Bedingung für alle Menschen akzeptieren, die in hochindustrialisierten Gesellschaften leben. Städtische Beziehungen prägen nicht nur das Leben in den riesigen Metropolen, sondern auch das Leben in den Vorstädten und großen Städten. Unser soziales Leben ist von ausgedehnten Netzwerken zeitlicher und räumlicher Vermittlung zwischen Personen strukturiert, so daß fast jede von den Aktivitäten sichtbarer und unsichtbarer Fremder abhängt, die zwischen einer Person und ihren Partnern vermitteln, zwischen einer Person und den Objekten ihres Begehrens. Städterinnen und Städter beziehen sich geographisch auf immer größer werdende Regionen, sie denken sich ebenso wenig dabei, siebzig Meilen zur Arbeit zu fahren, wie sie eine einstündige Fahrt in Kauf nehmen, um sich abends zu amüsieren. Die meisten Menschen haben täglich auf die eine oder andere Weise mit Fremden zu tun. Die uns zur Verfügung stehenden Umgebungen und Strukturen definieren städtische Beziehungen und setzen sie voraus. Schon die schiere Größe der Bevölkerungsgruppen in unserer Gesellschaft und in den meisten anderen Ländern der Welt, verbunden mit dem festen Gefühl nationaler oder ethnischer Identität mit Millionen anderer Menschen, drängt zu dem Schluß, daß die Vision einer Demontage der Stadt hoffnungslos utopisch ist.

Von der Faktizität des modernen Stadtlebens auszugehen, ist im übrigen nicht nur notwendig, sondern wünschenswert. Selbst jene, welche die Entfremdung, die Bürokratisierung und den Massencharakter der kapitalistischen, patriarchalen Gesellschaft beklagen, fühlen sich vom Stadtleben mächtig angezogen. Die moderne Literatur, die Kunst und der Film haben das Stadtleben gepriesen, seine Energie, seine kulturelle Pluralität, seine technologische Komplexität und die Vielfalt seiner Aktivitäten. Selbst wer sich heftig für dezentrale Gemeinschaften einsetzt, führt Freundinnen und Freunde gerne durch Boston, San Francisco oder New York. Dann steigen sie auf Türme, um das Glitzern der Lichter zu sehen, und gehen aus, um bei den besten Italienern, Indern oder Chinesen fremde Küchen zu kosten.

Ich schlage vor, ein normatives Ideal des Stadtlebens zu formulieren, und zwar als Alternative sowohl zum Gemeinschaftsideal als auch zum liberalen Individualismus. Mit »Stadtleben« meine ich eine Form sozialer Beziehungen, die ich als das Zusammensein von Fremden definiere. In der Stadt interagieren Personen und Gruppen innerhalb von Räumen und Institutionen, zu denen sie sich alle zugehörig fühlen, ohne daß jedoch diese Interaktionen in einer Einheit oder einer Gemeinsamkeit aufgehen. Das Stadtleben setzt sich aus Gruppen von Menschen mit verschiedenen Affinitäten zusammen – Familien, soziale Netzwerke, Vereinigungen für freiwillige Dienste, Nachbarschaftshilfen, ein ganzes Spektrum von kleinen »Gemeinschaften«. Stadtbewohnerinnen und Stadtbewohner wagen sich jedoch oft über ihre gewohnten Enklaven hinaus in die breitere

Öffentlichkeit von Politik, Geschäft und Festen, wo sie sich als Fremde begegnen und interagieren.[26] Das Wohnen in der Stadt versetzt die eigene Identität und Aktivität in den Horizont einer breiten Vielfalt anderer Aktivitäten und gibt uns das Bewußtsein, daß diese fremden, ungewohnten Aktivitäten unsere eigenen Lebensbedingungen berühren.

Das Stadtleben ist ein weitgespanntes, ja unendliches ökonomisches Netzwerk von Produktion, Distribution, Transport, Tausch, Kommunikation, Dienstleistungen und Unterhaltung. Wer in der Stadt wohnt, hängt von der Vermittlung durch tausende von Anderen ab; um individuelle Ziele zu erreichen, bedarf es eines hohen Organisationsaufwands. Stadtmenschen leben auf diese Weise zusammen, aneinander gebunden, in etwas eingebunden, das ein einziges Gemeinwesen sein sollte und es manchmal auch ist. Ihr Zusammensein bringt einige gemeinsame Probleme und gemeinsame Interessen mit sich, sie bilden aber keine Gemeinschaft mit gemeinsamen letzten Zielen, gegenseitiger Identifikation und Reziprozität.

Ein normatives Ideal des Stadtlebens muß bei unserer Erfahrung mit Städten ansetzen und dort nach den Vorzügen dieser Form sozialer Beziehungen suchen. Ich definiere Ideal als nicht realisierte Möglichkeit der Gegenwart und extrapoliere aus unserer Stadterfahrung vier solcher Vorzüge:

1. *Soziale Differenzierung ohne Ausschluß*. Stadtleben in der urbanen Massengesellschaft ist keineswegs unvereinbar mit Netzwerken für soziale Hilfe oder subkulturellen Gemeinschaften; es ist in Wirklichkeit oft ihre unverzichtbare Bedingung. Soziale Gruppendifferenzierungen florieren gerade in der Stadt. Die Modernisierungstheorie sagte einen Verfall lokaler, ethnischer und anderer Gruppenbindungen voraus, insofern die universalistischen Institutionen des Staates das Leben der Menschen immer unmittelbarer berühren und die Begegnung zwischen Menschen mit unterschiedlichen Identifikationen und Lebensweisen zum Normalfall geworden ist. Es gibt jedoch genug Belege dafür, daß Gruppenunterschiede durch das Stadtleben oft auch verstärkt werden, ja daß die Stadt die Bildung neuer Gruppenaffinitäten fördert.[27] Abweichenden Gruppen oder Minderheiten bietet die Stadt sowohl einen Schutz durch Anonymität als auch eine kritische Masse, die in einer kleineren Stadt nicht verfügbar ist. Die Herausbildung schwuler oder lesbischer Gruppenaffinitäten ist zum Beispiel ohne die Bedingungen der modernen Stadt schwer vorstellbar.[28] Die Stadt hat, um ein anderes Beispiel zu nennen, Leben und Selbstverständnis der Chicanos verändert: Das Stadtleben fördert Gruppenidentifikation und das Verlangen nach kulturellem Nationalismus ebenso wie es traditionelle Praktiken auflöst oder eine Assimilation ans Englische und

an angelsächsische Werte nahelegt.²⁹ In den Städten kommt es oft genug zu gewalttätigen Ausbrüchen von Aversionen zwischen Mitgliedern verschiedener Gruppen. Dennoch akzeptiert man hier soziale Gruppendifferenzen eher als in der Kleinstadt; sie werden als etwas Gegebenes angenommen, womit man leben muß.³⁰

Im idealen Stadtleben führt Freiheit zur Entstehung und Ausdifferenzierung von Gruppen, zur Herausbildung von Affinitäten, ohne daß diese soziale und räumliche Differenzierung von Gruppen mit Ausschlußmechanismen verbunden wären. Gruppen stehen hier nicht in Ein- oder Ausschlußbeziehung zueinander, sondern überschneiden und vermischen sich, ohne homogen zu werden. Obwohl das Stadtleben, wie wir es kennen, diesem Ideal keineswegs entspricht, zeigt es doch in manchem, was Differenzierung ohne Ausschluß sein kann. Viele Wohnviertel in der Stadt haben eine bestimmte ethnische Identität, werden aber auch von Mitgliedern anderer Gruppen bewohnt. In der guten, dem normativen Ideal entsprechenden Stadt geht man von einem Wohnviertel zum anderen, ohne genau zu wissen, wo das eine aufhört und das andere anfängt – die Grenzen sind offen und unbestimmbar.

2. *Vielfalt*. Die Vermischung und Verschmelzung von Gruppen in der Stadt findet nicht zuletzt dank der multifunktionalen Differenzierung des sozialen Raums statt. Was städtische Räume interessant macht, was die Leute anzieht und ihnen Vergnügen und Aufregung verschafft, ist die Vielfalt der Aktivitäten, wie sie durch urbane Strukturen ermöglicht wird. Wenn es in den Wohnvierteln auch Geschäfte, Restaurants, Bars, Clubs, Parks und Büros gibt, läßt das ein Gefühl von Nachbarschaft entstehen, die Menschen gehen aus, treffen einander auf der Straße und plaudern. Geschäftsleute wie Bewohnerinnen und Bewohner zeigen in solchen Vierteln mehr Engagement und Achtsamkeit, als sie in Gebieten mit einfacher Nutzung aufbringen. Multifunktionale Straßen, Parks und Wohnviertel sind darüber hinaus viel sicherer als einfach genutzte, funktionalisierte Räume, weil die Straßen die meiste Zeit belebt sind und die Menschen Verantwortung für ihr Viertel tragen.³¹

3. *Erotik*. Das Stadtleben setzt Differenz auch als das Erotische ein, im weiteren Sinne von Anziehung durch das Andere: Erotik als das Vergnügen und die Aufregung, aus der eigenen sicheren Routine hinausgezogen zu werden und das Neue, Fremde und Überraschende zu treffen.³² Die erotische Dimension der Stadt gehörte immer schon zu ihrer furchterregenden Seite, denn sie birgt die Möglichkeit, daß man die eigene Identität verliert und fällt. Aber wir ziehen auch Vergnügen daraus, offen und an Menschen interessiert zu sein, die wir als anders erfahren. Wir bringen einen Sonntagnachmittag damit zu, durch Chinatown zu spazieren. Wir

suchen nach Restaurants, Geschäften und Clubs mit etwas Neuem, mit einer fremden Küche, einer anderen Atmosphäre, einer anderen Gruppe von Leuten. Wir flanieren durch Stadtteile mit fremdem, unverwechselbaren Reiz, wo sich Leute aus ganz verschiedenen Gegenden begegnen, um dann wieder nach Hause zu gehen.

Die erotische Anziehung ist hier das genaue Gegenteil von Gemeinschaft. Im Gemeinschaftsideal fühlen sich die Menschen bestätigt, weil jene, mit denen sie Erfahrungen, Wahrnehmungen und Ziele teilen, sie anerkennen und von ihnen anerkannt werden; man sieht sich in den Anderen gespiegelt. Eine andere Art von Vergnügen ist es, einer Subjektivität zu begegnen, die anders und unvertraut ist. Man empfindet Vergnügen dabei, aus sich selbst herausgelockt zu werden, um zu erfahren, daß es andere Meinungen und Praktiken gibt, andere Perspektiven auf die Stadt, und daß man etwas dazulernen kann, wenn man sich auf sie einläßt.

Die Erotik der Stadt entspringt auch der Ästhetik ihrer materiellen Existenz: die strahlenden und bunten Lichter, die Großartigkeit ihrer Gebäude, das Nebeneinander von Architekturen verschiedener Epochen, Stile und Zwecke. Der städtische Raum bietet Freude und Überraschungen: Gehe um die Ecke oder ein paar Straßen weiter, und du triffst auf eine andere Stimmung, auf neue Reize für Auge und Ohr, auf einen neuen Rhythmus. Die erotische Bedeutung der Stadt entsteht aus ihrer sozialen und räumlichen Unerschöpflichkeit. Als ein Platz vieler Plätze, entfaltet die Stadt so viele Schichten und Beziehungen, daß sie unerfaßbar wird. Man kann sie nicht »einnehmen«, man hat nie das Gefühl, es gäbe nichts Aufregendes mehr zu entdecken und keine neuen und interessanten Leute mehr kennenzulernen.

4. *Öffentlichkeit.* Politologinnen und Politologen, die den Vorzug der Gemeinschaft preisen, verstehen Öffentlichkeit oft als einen Bereich der Einheit und des gegenseitigen Verstehens, aber das stimmt nicht mit unserer tatsächlichen Erfahrung von öffentlichen Räumen überein. Da ein öffentlicher Raum *per definitionem* für alle gleichermaßen zugänglich ist, wird man immer damit rechnen müssen, dort Menschen zu treffen, die anders sind, sich mit anderen Gruppen identifizieren und andere Meinungen haben oder andere Lebensformen. Die Gruppenvielfalt der Stadt manifestiert sich am deutlichsten in ihren öffentlichen Räumen. Sie belegen am besten die Lebendigkeit der Stadt und die Anregungen, die von ihr ausgehen. Städte bieten Räume, wo Menschen sich begegnen oder auch nur einander wahrnehmen, ohne in einer Gemeinschaft »gemeinsamer, letzter Ziele« vereint zu werden.

Politik als die kritische Aktivität, Probleme aufzuwerfen und darüber zu entscheiden, wie institutionelle und soziale Beziehungen organisiert sein sollten, hängt wesentlich von der Existenz von Räumen und Foren ab, zu denen alle Zugang haben. In solchen öffentlichen Räumen treffen Menschen auf andere Menschen, andere Absichten, Ausdrücke und Probleme, die sie vielleicht nicht verstehen oder mit denen sie sich nicht identifizieren. Die Kraft öffentlicher Demonstrationen besteht zum Beispiel darin, daß sie Leuten, die öffentliche Räume durchqueren, Probleme, Forderungen und Menschen nahebringen, denen sie sonst ausweichen würden. Als normatives Ideal stellt das Stadtleben öffentliche Räume und Foren zur Verfügung, wo jede Person sprechen und jede Person zuhören kann.

Da Stadtleben ein Zusammensein von Fremden ist, kann soziale Gerechtigkeit nicht aus der Einrichtung einer universalen Öffentlichkeit im Sinne der Aufklärung hervorgehen. Soziale Gerechtigkeit in der Stadt erfordert im Gegenteil die Realisierung einer Politik der Differenz. Diese Politik schafft die institutionellen und ideologischen Mittel, die den unterschiedlichen sozialen Gruppen zu Anerkennung verhelfen; sie gibt diesen Gruppen politische Repräsentation und würdigt ihre spezifischen Charakteristiken und Kulturen. In einer Stadt ohne repressive Strukturen öffnen sich die Menschen einer nicht assimilierten Andersheit. Wir haben alle unsere vertrauten Beziehungen und Affinitäten, Menschen, denen wir uns nahe fühlen und mit denen wir unser tägliches Leben teilen. Diese familiären und sozialen Gruppen öffnen sich einer Sphäre, an der alle partizipieren, und diese Öffentlichkeit muß allen zugänglich sein. Im Gegensatz zur kommunitaristischen Tradition kann diese Öffentlichkeit jedoch weder als eine Einheit betrachtet werden, die Gruppenunterschiede überwindet, noch als Einrichtung, die vollkommenes gegenseitiges Verstehen gewährt. Im öffentlichen Leben bleiben die Differenzen unassimiliert, aber jede teilnehmende Gruppe erkennt die anderen an und ist bereit, ihnen zuzuhören. Die Öffentlichkeit ist heterogen, vielfältig und spielerisch, ein Ort, an dem die Menschen eine Pluralität kultureller Ausdrucksweisen erleben und genießen, die sie nicht alle teilen und nicht alle voll verstehen.

Aus dem Amerikanischen von Waltraud Ernst

Anmerkungen

1 Vgl. Amy Gutmann, Communitarian Critics of Liberalism, in: *Philosophy and Public Affairs* 14, 1985, S. 308-322; H.N. Hirsch, The Threnody of Liberalism: Constitutional Liberty and the Renewal of Community, in: *Political Theory* 14, 1986, S. 423-449; Allen Buchanan, Assessing the Communitarian Critique of Liberalism, in: *Ethics* 99, 1989, S. 852-882.
2 Vgl. Robert P. Wolf, The Poverty of Liberalism, Boston 1968, Kap. 5; Christian Bay, Strategies for Political Emancipation, University of Notre Dame Press 1981, Kap. 5.

3 Vgl. Michael Sandel, Liberalism and the Limits of Justice, Cambridge UP 1982.
4 Vgl. Benjamin Barber, Strong Democracy, University of California Press 1984.
5 Vgl. Martha Ackelsberg, Communities, Resistance and Women's Activism, in: Ann Bookman und Sandra Morgen (Hg.), Women and the Politics of Empowerment, Temple UP 1988.
6 Iris M. Young, Justice and the Politics of Difference, Princeton UP 1990, Kap. 2.
7 Vgl. Hirsch, a.a.O. (Anm. 1); Drucilla Cornell, Two Lectures on the Normative Dimensions of Community in the Law, in: *Tennessee Law Review* 54, 1987 S. 327-343.
8 Michel Foucault, Power/Knowledge, New York 1980, S. 152.
9 Vgl. Sandel, a.a.O. (Anm. 3), S. 62f., 173.
10 Ebd., S. 172 f.
11 Barber, a.a.O. (Anm. 4), S. 224.
12 Vgl. z. B. Cornell, a.a.O. (Anm. 7).
13 Seyla Benhabib, Critique, Norm and Utopia, Columbia UP 1986, S. 341.
14 Vgl. Jacques Derrida, Of Grammatology, Johns Hopkins UP 1976, S. 137-139.
15 Murray Bookchin, The Rise of Urbanization and the Decline of Citizenship, San Francisco 1982, S. 267; vgl. Peter Manicas, The Death of the State, New York 1974, S. 246-250; Bay, a.a.O. (Anm. 2), Kap. 5 u. 6.
16 Vgl. Hirsch, a.a.O. (Anm. 1).
17 Richard Sennett, The Uses of Disorder, New York 1970, Kap. 2.
18 Vgl. Jane Mansbridge, Beyond Adversarial Democracy, New York 1980, Kap. 21; Wini Breines, Community and Organization in the New Left: 1962-68, South Hadley., Mass., 1982, z. B. Kap. 4.
19 Vgl. Elizabeth Spelman, The Inessential Woman, Boston 1988.
20 Deutsch im Original.
21 Deutsch im Original.
22 Vgl. Maurice Stein, The Eclipse of Community, Princeton UP 1960; Robert A. Nisbet, The Quest for Community, New York 1953.
23 Deutsch im Original.
24 Vgl. Charles Ellison, Rousseau and the Modern City: The Politics of Speech and Dress, in: *Political Theory* 13, 1985, S. 497-534; Richard Sennett, The Fall of the Public Man, New York 1974, Kap. 7-10.
25 Vgl. George Mosse, Nationalism and Sexuality, New York 1985, S. 32 f., 137 f.; Sander L. Gilman, Difference and Pathology: Stereotypes of Sexuality, Race and Madness, Cornell UP 1985, S. 214.
26 Vgl. Lyn H. Lofland, A World of Strangers: Order and Action in Urban Public Space, New York 1973.
27 Vgl. Claude Fischer, To Dwell Among Friends: Personal Networks in Town and City, University of Chicago Press 1982, S. 206-230; Joseph Rothschild, Ethnopolitics, Columbia UP 1981.
28 Vgl. Joseph D'Emilio, Sexual Politics, Sexual Communities, University of Chicago Press 1983.
29 Vgl. Martin Sanchez Jankowski, City Bound: Urban Life and Political Attitudes among Chicano Youth, University of New Mexico Press 1986.
30 Vgl. Fischer, a.a.O. (Anm. 27), S. 206-240.
31 Vgl. Jane Jacobs, The Death and Life of Great American Cities, New York 1961, Kap. 8; Sennett, a.a.O. (Anm. 17), Kap. 4; vgl. William Whyte, City: Rediscovering the Center, New York 1988, Kap. 9, 22-25.
32 Vgl. Roland Barthes, Semiology and the Urban, in: M. Gottdiener und Alexandros P. Lagopoulos (Hg.), The City and the Sign: An Introduction to Urban Semiotics, Columbia UP 1986.

Willem van Reijen
Das Politische – eine Leerstelle.
Zur politischen Philosophie in Frankreich

Daß der Streit zwischen der deutschen und der französischen Kultur ein Kampf der Götter sei – und zwar für alle Zeiten, wie Max Weber hinzufügte –, ist inzwischen ein Gemeinplatz. Immerhin charakterisiert er, wie es die Moderne-Postmoderne-Kontroverse bezeugt, eine bis zum heutigen Tag andauernde Haßliebe und damit immerhin eine Beziehung. Wenn es um politische Philosophie geht, lesen zumindest einige deutsche Philosophen ihre Franzosen und umgekehrt. Für das letztere hat Derrida mit seiner Interpretation von Benjamins *Zur Kritik der Gewalt* noch unlängst einen eindrucksvollen Beleg geliefert.[1]

Für die Amerikaner ist, was die französische Philosophie anbelangt, offensichtlich nur die strukturalistisch-dekonstruktivistische interessant. Autoren wie Claude Lefort, Marcel Gauchet, Cornelius Castoriadis und Jean-Luc Nancy sind dort kaum geläufig; und es ist vor allem J.B. Thompson und einer kleinen Zahl von Philosophen aus dem Umkreis der Zeitschrift *TELOS* zu verdanken, daß ihre Werke nicht gänzlich unbekannt geblieben sind.

Auch in der BRD freilich, wo einige Mitarbeiter des Frankfurter Instituts für Sozialforschung wie Helmut Dubiel, Günter Frankenberg und Ulrich Rödel nicht nur einen Blick über die Grenze, sondern eine eingehende Analyse der Speerspitze der französischen politischen Philosophie wagten, muß eher von einer noch recht bescheidenen Rezeption gesprochen werden.[2]

Sprachbarrieren mögen bei der unterschiedlichen Rezeption der französischen Philosophie in der BRD und den USA immerhin eine Rolle spielen, sind aber wohl nicht entscheidend. Wichtiger mag die jeweilige Einschätzung dessen sein, was man rechtens als »Kritik« gelten lassen will. Deren näherer Erörterung ist dieser Review-Essay gewidmet. Auf die Frage nach den Gründen für die unterschiedliche internationale Gewichtung werde ich am Schluß noch eingehen.

Vorweg möchte ich die These aufstellen, daß die französische politische

Philosophie, ganz in Übereinstimmung mit der in Frankreich entwickelten erkenntnistheoretischen Skepsis, eine politische Ontologie zu artikulieren bemüht ist. Diese Ontologie kann keine klassische mehr sein, in dem Sinn, daß auf das Eine oder das Sein spekuliert wird. Die neuere Ontologie wird aber getragen von der Voraussetzung, daß sich jedes diskursive Denken zu einem Rückgriff auf ein Unvordenkliches genötigt sieht. Dieses Unvordenkliche kann nur als solches hypostasiert werden. Jeder Versuch einer näheren Bestimmung führt, wie Lyotard in *Der Widerstreit* nachweist, in Aporien. Für die politische Philosophie heißt das, daß weder das Legitimieren von Vorstellungen und Handlungen noch das Nachweisen der Wahrheit unserer Urteile sich in einem Kontinuum von rationalen Voraussetzungen und Ableitungen abspielen kann. Daraus kann man aber nicht – wie es nicht selten jene Philosophen tun, die in der französischen Philosophie die Preisgabe der Errungenschaften der Aufklärung wittern – den Schluß ziehen, daß damit der Sinn von Begründung überhaupt in Frage gestellt werde. Allerdings werden Reichweite und Tragfähigkeit des klassischen Begründungskonzepts eingeschränkt. Auf die Frage, um die es hier letztendlich geht, ob eine mehr am Kontext orientierte Möglichkeit der Legitimation politischen Handelns vertretbar sei, gehe ich weiter unten ein.[3]

Die französischen Autoren, die sich am entschiedensten durch die Engführung von systematischen Begründungsfragen und politischen Analysen ausgezeichnet haben, sind Castoriadis, Gauchet, Nancy und Lefort. Ihre Darstellungen eignen sich gerade wegen ihrer methodischen Ansprüche am besten für einen Vergleich der Paradigmen, die die unterschiedlichen nationalen Traditionen dominieren. Sie konfrontieren die »*main stream*«-Auffassungen in der politischen Philosophie, die sich Begriffsklärungen *in praktischer Hinsicht* widmen, mit der provozierenden These, daß der Wunsch, Konzepte wie Freiheit oder Gerechtigkeit zu verwirklichen, deren Gegenteil zeitigt – wie die Französische Revolution dies gezeigt hat. Das Beunruhigende an der Argumentation dieser Autoren liegt in ihrem Rückgriff auf einen Reflexionstypus, den man der Art nach durchaus als metaphysisch bezeichnen kann, der aber jeglichen Anflug von definitiven Bestimmungen zu vermeiden sucht. Das werde ich im folgenden zu zeigen versuchen.

In einer Vielzahl von Veröffentlichungen hat Claude Lefort, langjähriges Mitglied der trotzkistischen Gruppe *Socialisme ou Barbarie* und Schüler Merleau-Pontys, seine politische philosophische Kritik am kommunistischen Totalitarismus dargelegt.[4]

Auf den Spuren Max Webers wandelt Lefort, wenn er die Säkularisierung als die treibende Kraft in den Modernisierungsprozessen sieht. Er verknüpft seine Analysen mit einer Geschichte der souveränen Macht. Im Absolutismus bestimmt die sakrale Ordnung unhinterfragt die diesseitige. Macht und Gesellschaft bilden eine unverbrüchliche Einheit, die im Souverän repräsentiert ist. Der Fürst hat, wie es heißt, zwei Körper[5], einen sakralen und einen materiellen. Der sakrale Körper repräsentiert die kosmische, sakrale Ordnung, der leibliche die diesseitige. Der souveräne Körper umfaßt beide Ordnungen; ihre Einheit ist sinnlich wahrnehmbar. Im Zuge der Profanisierung werden diese Körper und damit die Ordnungsorientierungen ausdifferenziert. Zum einen stellen Ketzer die religiös begründeten, monopolistischen Machtansprüche in Frage, zum anderen unterminieren nicht wenige Fürsten durch habgieriges Handeln ihre weltliche Autorität.

Lefort faßt diese Entwicklung als einen Prozeß, in dem die Stelle der Macht leer wird. Mit dieser Metapher will er verdeutlichen, daß ein qualitativer, nicht rückgängig zu machender Umschlag in der politischen Orientierung der Bürger stattgefunden hat. Wenn die Menschen vorher in einem homogenen politischen Kontinuum gelebt haben, insofern ein Unterschied zwischen gottgewollter, natürlicher Ordnung und menschlicher Ordnung nicht wahrgenommen oder gedacht werden konnte, so leben sie nunmehr in einer zerrissenen Welt. Einer der Pole, der sakrale, kann allerdings nicht mehr substantiell ausgefüllt werden – er bleibt leer. Der andere differenziert sich in die zwei Extreme praktischer Ordnung, Demokratie und Totalitarismus.

Die leere Stelle des Sakralen ist aber nach Lefort die Bedingung dafür, daß die Gesellschaft von sich selbst das Bild einer autonomen Gesellschaft entwickeln kann. Autonomie setzt, theoretisch wie praktisch, eine Unbestimmtheit als Gegenpol zur Beschreibung des eigenen Zustands und zum Faktischen voraus. Es ist allerdings, so meint Lefort, nicht nur schwierig, sondern vielleicht auch unmöglich, diese Unbestimmtheit auf Dauer zu sichern. Historisch zumindest zeigt sich, daß es immer wieder Kräfte gibt, die versuchen, die Leerstelle zu besetzen. Lefort sieht namentlich die Kommunistische Partei als Beispiel für eine solche Kraft. Sie versucht, die Leerstelle zu besetzen, indem sie Anspruch auf das Wahrheitsmonopol erhebt und sich als einzige zur Legitimation politischen Handelns befugte Instanz durchzusetzen versucht. Damit geht der Versuch einher, die vorher stattgefundene Ausdifferenzierung rückgängig zu machen. Macht und Gesellschaft werden wieder miteinander verschmolzen. Das bürgerliche Bewußtsein einer Trennung von sakraler und weltlicher Ordnung, Grundlage jeder politischen Kritik, wird unterdrückt. Die Einebnung der kritischen Distanz macht die Gesellschaft wieder transparent. Faktizität und Interpretation fallen restlos zusammen.

Vor diesem Hintergrund kann Lefort die Geschichte politischer Ideologien dreistufig erörtern. Er unterscheidet die bürgerliche Ideologie, die totalitäre und die unsichtbare. Bei der Frage dieser Einteilung darf man, wie auch im Fall der metaphorischen Beschreibung der leeren Stelle, wohl davon ausgehen, daß diese Konzepte einen idealtypischen Status haben. Es kommt Lefort, wie z. B. auch Weber und Habermas, eher darauf an, Ordnungskonzepte zu entwickeln, als konkrete historische Phänomene zu untersuchen.

Die bürgerliche Ideologie, die sich die Effekte der Profanisierung zunutze macht, setzt an die Stelle des Sakralen abstrakte Ideen wie Humanität, Fortschritt, Eigentum, Familie und Nation und behauptet deren allgemeine Gültigkeit. Diese Ideologie kann sich nur stabilisieren, wenn sie eine nicht hinterfragbare Übereinstimmung dieser Ideen mit der Wirklichkeit behauptet.

Es gibt, mit anderen Worten, nach Lefort kein »Anderes« zu der bestehenden Interpretation. Ein Spannungsverhältnis in der bürgerlichen Gesellschaft ergibt sich aber, weil diese wegen der antagonistischen ökonomischen Ordnung nicht ohne grundsätzliche Trennungen auskommt. Die Gegensätze zwischen »Arbeiter« und »Kapitalist«, »primitiv« und »zivilisiert« und zwischen »verrückt« und »normal« sind Bedingungen für die Stabilität und Reproduktion der kapitalistischen Ordnung. Die Artikulation eines Selbstverständnisses der Individuen und der Gesellschaft, die in sich zerrissen und zur Stabilisierung der Selbstbeschreibung und der faktischen Machtstruktur auf den Ausschluß von bestimmten Individuen und Gruppen angewiesen ist, stellt aber an den Ort der wirklichen sozialen Unterschiede unterschiedliche institutionalisierte Diskurse in Gestalt des Unterrichtssystems, des Rechtes und der Wirtschaft. Die bürgerliche Ideologie stellt die Gegensätze *in* der Gesellschaft somit als Gegensätze von »Anderen« *zur* Gesellschaft dar.

Die totalitäre Ideologie reagiert nach Lefort auf diese »interne« Differenzierung mit der Idee einer homogenen Gesellschaft. (Zum erstenmal hat Hegel diese Gesellschaftsform im Bild des Staates als Maschine kritisiert.) Die Abschaffung der Klassen impliziert das Verschwinden der mannigfachen Diskurse. Die Partei liefert die einzig wahre (Selbst-)Beschreibung und garantiert die politische und gesellschaftliche Homogenität. Ihre Macht durchzieht die Gesellschaft so intensiv, daß eine Trennung von Partei und Gesellschaft nicht mehr vorstellbar ist. Gleichwohl haben wir das Paradoxon, daß die Macht, die alles durchdringt, gezwungen ist, sich zu exterritorialisieren. Nur dann ist sie sozusagen sichtbar, und nur dann kann sie sich legitimieren – der Rückzug auf ein »Anderes«, das nun freilich nicht mehr das Heilige sein kann, bleibt unausweichlich.

Die Geschichte zeigt aber, daß dieser Traum nicht nur ein Alptraum, sondern auch vor Störungen nicht gefeit ist. Eine Rückkehr zur bürgerlichen Ideologie ist, so Lefort, nicht mehr möglich. Was sich jetzt etabliert, ist die dritte Form der Ideologie: die unsichtbare. Die bürgerliche Ideologie, so meint Lefort, war, wie der feudale Herr bei Marx, wenigstens noch sichtbar – sie war getrennt vom Alltagsleben. Heute aber durchdringen die Massenmedien noch die letzten Ecken unseres Privatlebens. Eine Trennung von Selbstbeschreibung und Kritik ist nicht mehr möglich. Gesellschaft und politisches Bewußtsein sind homogenisiert. Die Gesellschaft zerbricht an der paradoxen Aufgabe, sich legitimieren zu müssen, während es nichts mehr zu legitimieren gibt.

Die Idee, daß die Gesellschaft an ihren eigenen Widersprüchen zugrunde geht, ist bei Lefort keine zufällige Reminiszenz an Marx. Es sind aber nicht jene Elemente der Marxschen Theorie, die im Sinne einer zentralistischen Steuerung der Gesellschaft gelesen werden können, sondern gerade jene Ambiguitäten und Selbstwidersprüche, die es unmöglich machen, Handlungsdirektiven aus der Theorie abzuleiten, d.h. sie für institutionalisiertes Handeln zu instrumentalisieren. Ausdrücklich hebt Lefort hervor, daß Marx' Geschichtsphilosophie ihn fasziniert, weil sie einerseits, im Zeichen des Fortschritts, Kontinuität von der Vorgeschichte über die Klassenkämpfe bis zum »Reich der Freiheit« herstellt, andererseits aber den Bruch des Kapitalismus als qualitativ anderer Gesellschaftsformation behauptet.

Ein vergleichbares Spannungsverhältnis zeigt Marx' Beschreibung der sozialen Verhältnisse. Einerseits analysiert Marx die Eigendynamik des Kapitalismus als »Auflösung aller beschränkten Verhältnisse«, soll heißen: die Fesseln historischer Produktionsweisen und damit der Klassenverhältnisse werden gesprengt. Andererseits betont er immer wieder die vom Kapitalismus verursachte »Versteinerung der Verhältnisse«, denen man geflissentlich, nach dem berühmten Diktum, ihre eigene Melodie vorzuspielen habe, um sie zum Tanzen zu bringen.

Und noch ein dritter Widerspruch meldet sich: der zwischen bewußter Steuerung und Natur, Mythos. Nicht unähnlich Walter Benjamins an Marx anschließenden Analysen, daß die undurchschauten Bedingungen unseres Denkens und Handelns eine mythische bzw. natürliche Gewalt über uns ausüben, stellt Lefort fest, daß die Trennung von Arbeit und Eigentum (zunächst als Boden) die Verselbständigung neuer Produktionsmethoden nach sich zieht, die letztendlich Abstraktionsbildung und damit Entfremdung zur Folge haben.

Vor der Folie dieser Erörterung kann Lefort sowohl den totalitären Leninismus-Stalinismus wie den westlichen Kapitalismus kritisieren. Beide sind, historisch gesehen, Folgeerscheinungen der Säkularisierung.

Der Zusammenbruch der Einheit von sakraler und weltlicher Ordnung im vorrevolutionären Rußland schuf eine »leere Stelle«, einen freien Raum, in dem sich eine demokratische Ordnung hätte ergeben können. Statt dessen eroberte ein totalitäres Denken diesen Freiraum. Zum einen produzierte die Kommunistische Partei das Bild einer mit ihr und in sich homogenen Gesellschaft – Staat und Gesellschaft werden miteinander verschmolzen. Die Nomenklatura, die neue bürokratische *Klasse* (wie Lefort sie nennt) verdankt ihre Befugnisse und Privilegien dann nicht mehr, wie die Elite in der bürgerlichen Gesellschaft, ihrer wirtschaftlichen Kompetenz, sondern nur der fehlenden Distanz zu diesem hybriden Gebilde. Das Politische als eigene Wirklichkeit ist verschwunden. Die Partei versucht nun zwar ständig, die Gesellschaft zu entdifferenzieren, aber das kann nicht gelingen, die Partei wird immer wieder neue Grenzen ziehen, neue Feinde finden oder gar zu erfinden gezwungen sein.

Diese Analyse, die bemerkenswerte Parallelen zu Carl Schmitts Diagnose der Weimarer Republik aufweist, läßt sich auch auf den westlichen Kapitalismus anwenden. Hier wuchern die Bürokratien zwar auf einer durchaus verschiedenen Grundlage, aber die Demokratie ist hier, Leforts Meinung nach, auf Dauer nicht weniger gefährdet. Es bedarf einer ständigen Anstrengung, die »leere Stelle« freizuhalten, denn die Versuchung, sie auszufüllen, der Personen und Institutionen erliegen, ist groß. Der Verzicht auf den Anspruch, gesichertes Wissen zu erwerben und mit Hilfe dieses Wissens die gesellschaftlichen Widersprüche zu versöhnen, sind nach Lefort die zwei wichtigsten Vorbedingungen für die Sicherung demokratischer Verhältnisse. Alles andere führt zu einer totalisierenden Politikkonzeption, die darauf zielt, die Gesellschaft in jeder Hinsicht transparent zu machen und der Führung einer Partei zu unterwerfen. Die »leere Stelle« der Macht ist der einzige Ort, an dem sich das Gemeinwesen selbst begegnet, sich institutionalisiert und an dem diese Institutionalisierung selbstreflexiv wird.

Demokratische Gesellschaften können nur existieren, wenn der Ort der symbolischen (Re-)Produktion nicht inhaltlich ausgefüllt wird. Er ist deswegen auch der Ort, von dem die Institutionalisierung der Menschenrechte ausgeht. Nicht in dem Sinn, daß sie dort inhaltlich bestimmt werden könnten. Auch die Menschenrechte sind niemals endgültig definiert, aber der Kampf um Rechte bleibt ein generatives Prinzip der demokratischen Gesellschaft. Nur von dem prinzipiell leeren Ort des Politischen aus kann Widerstand gegen das Bestreben des totalitären Staates, die Gesellschaft zu absorbieren, geleistet werden.

Vor dem Hintergrund der gemeinsamen politischen Erfahrungen, die Lefort und Castoriadis machten, sind Übereinstimmungen in ihren theoretischen Schriften nicht erstaunlich. Es gibt allerdings auch Unterschiede, die angesichts der gegenwärtigen Auseinandersetzung um die Aktualität der aristotelischen politischen Philosophie nicht unwichtig sind. Einig sind sie sich in der Ablehnung der modernen Identitätsphilosophie, die logische Begründungsforderungen mit der Artikulierung von Anwendungskriterien verknüpft.

Auch Castoriadis entwirft, was man eine politische Ontologie nennen kann. Es handelt sich hierbei freilich nicht um eine philosophische Spekulation über ein ewiges, unveränderliches Wesen oder Sein, das mittels Reflexion auf das Unmittelbare erkannt werden könnte. Dieser Tradition entstammt jenes Identitätsdenken, das sich keine kreative, freie Entwicklung vorstellen kann, sondern das immer alles zu begrenzen, zu definieren, festzustellen und unbeweglich zu halten sucht, ist ihr Ideal doch der unbewegte Beweger der aristotelischen Metaphysik. Die Form der Ontologie, die Castoriadis vor Augen hat, ist die des Imaginären als Quelle aller Erneuerungen.[6]

Bei der näheren Bestimmung des Imaginären setzt Castoriadis sich von zwei Hauptströmungen ab. Den Funktionalismus kritisiert er mit der These, daß Deutung allemal der Ordnung vorhergeht. Institutionen können sich nur dauerhaft halten, wenn sie nicht nur funktionieren, sondern auch an Bedeutungskomplexe angeschlossen sind. Gesellschaft wird von Castoriadis als »symbolisch vermittelter Bedeutungszusammenhang« (Honneth) betrachtet. Gegen den Strukturalismus wendet Castoriadis ein, daß letztendlich nicht die interne Ordnung der Zeichensysteme, sondern das Imaginäre der harte Kern und Horizont unseres Weltbezugs sei.

Diese zwei Argumentationsstränge führen ihn zu der These, daß das politische Denken sich die »Produktion neuer Formen des gesellschaftlichen Lebens« zur Aufgabe machen muß. Dafür kann Castoriadis zwar noch bei Marx anschließen, sofern auch Marx gesellschaftliche Erneuerung als Produktionsakt verstanden hat, aber er muß sich von Marx auch distanzieren, sofern dieser sich von den zeitgenössischen technischen Entwicklungen hat blenden lassen und zugleich mit dieser Technikfaszination einer positivistischen Geschichtsphilosophie erlag. Die politische Philosophie des Aristoteles bleibt für Castoriadis aber, bei aller Skepsis gegen deren metaphysische Voraussetzungen, ein Bezugspunkt. Es ist namentlich das Konzept der Polis, in dem Castoriadis einen Ansatz zur Spezifizierung der Bedingungen einer demokratischen Gesellschaft vermutet. In der griechischen Polis sieht Castoriadis den Ursprung der Demokratie. Die Polis ist für ihn weder ein Modell noch ein Muster, sondern der »Ursprungssame«. Dieser Same ist doppeldeutig. Einerseits kann er Anlaß zur Fixierung einer Verfassung, einer als statisch verstandenen Ordnung sein – andererseits enthält er die Vorstellung eines dynamischen Prozesses. Diese historische Dynamik ist für Castoriadis, wie für Lefort, Ausdruck für die Selbstinstitution der Gesellschaft. Sie bezieht sich vor allem auf die Herstellung der Autonomie möglichst vieler Subjekte. Die griechische Polis ist also kein Staat, sondern der Ort, an dem sich das »Magma«, die Kreativität der Selbstinstitution (die Castoriadis, wie Honneth zeigt, in Anlehnung an Bergsons *élan vital* entwickelt) verwirklicht.

Habermas und Honneth werfen Castoriadis vor, den freien Entscheidungsraum ontologisiert, soll heißen: mystifiziert zu haben. Politische Philosophie ist für Habermas und Honneth keine spekulative Reflexion auf ein Unvordenkliches (»Magma«), aus dem sich Begriffe und Handlungsdimensionen ausdifferenzieren, sondern hat die Aufgabe zu zeigen, daß demokratische Verfahren *begründet* werden können; und daß diese Begründung die Mitglieder einer Gemeinschaft verpflichtet.

Wer in diesem Rahmen nicht angeben kann, welche konkreten Themen seine Theorie analysiert (Subjekt, Gesellschaft oder Kultur) und auf welcher Ebene die Theorie operiert (demokratische Willensbildung, Machtstrukturen oder motivationale Ressourcen), befindet sich, nach Meinung dieser Kritiker, im politisch luftleeren Raum. Tatsächlich verweigern Lefort und Castoriadis die Ausarbeitung von Anwendungskriterien und die Definition von Themenbereichen. Das heißt aber nicht, daß ihre politische Philosophie durch Habermas' »Theorie des kommunikativen Handelns« widerlegt wäre. Die Vertreter des unvollendeten Projekts der Moderne formulieren eine Theorie, die auf der Ebene der bereits vollzogenen Institutionalisierung greift. Ihre praktische Brauchbarkeit für kritische Analysen undemokratischer Gesellschaften ist nicht zu bestreiten. Lefort und Castoriadis kritisieren aber, daß Theorien dieses Typus das Problem ihrer eigenen Begründung nicht tief genug ansetzen und somit nicht den Status einer Philosophie erlangen können. Diese Theorien betrachten die Aufklärung als eine Bewegung, die zwei Ideale ins Spiel gebracht hat, die Universalisierung der Menschenrechte und die rationale Begründung unserer wissenschaftlichen und moralischen Urteile. Beide können als »Projekte« betrachtet werden – ihre Verwirklichung bedeutet eine Verbesserung unserer politischen Lebensbedingungen und eine größere Zuverlässigkeit unserer Urteile. Eine philosophische Begründung dieser Ideale ist damit aber noch nicht gegeben. Lefort und Castoriadis halten eine solche Begründung tatsächlich nicht für möglich. Sie betrachten jede Argumentation als Vereinseitigung, die sich im Fall einer praktischen Anwendung von Ideen zwangsläufig ergibt. Philosophische Reflexion aber konzentriert sich auf den Nachweis, daß jede Vereinseitigung, so wie auch jede sprachliche Artikulation und Begründung, rückgebunden ist an eine

Ambiguität, das »Andere«, das »Magma«. Das Aufdecken einer Ambiguität in den Grundlagen unseres politischen Denkens macht die einseitige Entwicklung des instrumentellen Denkens, aber auch des Begründens sichtbar. Der Aufweis dieser Ambiguität hat vor allem das Ziel, die jedem artikulierten Denken (auch wenn es sich demokratischen Zielen verpflichtet weiß) inhärente monopolistische Tendenz, d.h. den Terror der Einseitigkeit, praktisch und theoretisch zu bekämpfen.

Politisch gesehen kämpft diese philosophische Analyse auch an der semantischen Bürgerkriegsfront. Sie will der französischen Rechten streitig machen, daß das »Andere der Vernunft« deren angestammtes Revier ist. Würden wir ihnen das zugestehen, bliebe uns nur noch die Philosophie als Praxeologie. Der Diskurs über die Unbegründbarkeit unserer politischen Ideale sollte aber nicht der Rechten überlassen werden, die zunächst das »Andere der Vernunft« rhetorisch besetzt, um es dann populistisch mit einer »Blut und Boden«-Ideologie auszufüllen.

Die grundsätzliche Ambiguität unserer politischen Grundbegriffe, die Carl Schmitt nicht weniger als Walter Benjamin gründlich herausgearbeitet hat, gibt eher Anlaß zu der Vermutung, daß wir uns Alternativen zur bestehenden Situation nicht nur als Alternativen innerhalb des Systems vorstellen sollten. Das allerdings sollte uns nicht daran hindern, praktisch das zu tun, was notwendig ist zur Linderung unerträglicher Zustände – es sollte uns aber daran hindern, dieses pragmatische Vorgehen für philosophisch begründet oder alternativlos zu halten. Als Legitimation gilt bis auf weiteres eine an Konsequenzen orientierte Ethik, die uns aber gewissermaßen verpflichtet, dieses Hilfsmittel nicht mit einer Grundlegung zu verwechseln. Auch eine Diskursethik muß, so meine ich, letztendlich auf nicht begründbare Wertungen zurückgreifen. Ein argumentativ erreichter Konsens darüber, daß man bestimmte Prozeduren zur Wahrung konkreter legitimer Interessen institutionalisiert, muß auf humane Werte rekurrieren, die man sich schwerlich als Resultat von argumentativen Prozessen vorstellen kann. Was natürlich nicht heißt, daß Argumente bei der Artikulation von Interessen irrelevant wären – im Gegenteil. Wir können wollen, daß Körperbehinderte an möglichst vielen gesellschaftlichen Aktivitäten teilnehmen können, daß möglichst viele Frühgeburten gerettet werden und daß Euthanasie unter bestimmten Bedingungen zugelassen wird – in jedem Fall liegt eine Bewertung des menschenwürdigen Lebens vor, die Grundlage für eine Argumentation in bezug auf die Abwägung dieser Zielsetzungen (etwa was die Kosten anlangt) sein, nicht aber die zugrunde gelegte Wertung als solche legitimieren kann.

Es ist also eher zu vermuten, daß auch das kritische Potential einer Diskursethik sich mehr der kritischen Distanz zum Gesamtsystem verdankt als der reflektierten innersystemischen Unstimmigkeit von Anspruch und Wirklichkeit. Letztere mag unbestritten der Anlaß zur Kritik sein – kritische Reflexion setzt aber mehr voraus als bloßes Vergleichen. Darauf spielt auch Castoriadis an, wenn er sagt, daß »die Vernunft selbst ›dunkel‹ ist (…) und daß sie nur solange als ›nicht dunkel‹ erscheint, wie man sich darauf beschränkt, sie zu ›verwenden‹, ohne auf sie zu reflektieren«.[7] Castoriadis tritt deswegen für eine andere Beziehung zu diesem »Dunklen« und nicht, wie öfter unterstellt, für eine Identifikation mit ihm ein.

Marcel Gauchet, der sich mit seiner gründlichen Erforschung der Werke Tocquevilles einen Namen gemacht hat, spezifiziert die von Lefort vertretene These der Übereinstimmungen zwischen totalitären rechten und linken politischen Systemen und erweitert sie in Hinblick auf die Frage, inwiefern eine politische Philosophie überhaupt etwas beweisen kann. Sein Ausgangspunkt ist, wie bei Lefort, daß ein totalitäres System die absolute Transparenz bzw. die totale Einheit von Staat und Gesellschaft anstrebt, aber trotzdem tiefgreifende Spannungen produziert, denn der Totalitarismus ist nichts anderes als die »Wiederkehr des verdrängten Politischen« (S. 208). Auch Marx hat, so Gauchet, dieses Politische verdrängt, als er versuchte, die Klassentrennung als aufgehoben zu denken. Analog zu dieser Art des totalitären Denkens – totalitär, weil es das »Andere«, das Heterogene, aus der als homogen vorgestellten sozialen Wirklichkeit zu eliminieren sucht – gibt sich die bürgerliche Ideologie im Kapitalismus. Sie will die Trennung von Staat und Gesellschaft keineswegs, wie der linke Totalitarismus, direkt angehen, sondern leugnet sie schlicht. Die Anerkennung der Trennung ist also, mit Marx, der erste Schritt, aber wir müssen über Marx hinausgehen.

Die wahre Theorie der Demokratie versucht deswegen nicht, die Antagonismen aufzuheben oder zu verschleiern, sondern macht klar, daß das »Unversöhnbare« (S. 146) das Herzstück der noch ausstehenden Demokratie ist. Es manifestiert sich zum einen im »bürgerlichen Konflikt« (»*conflit civil*«), liegt zum anderen, wie das Es dem Ich, der Gesellschaft als ihr »Anderes« zugrunde. Es ist als solches weder eine faßbare Wirklichkeit noch ein Gegenstand des Bewußtseins (S. 229).

Um sich diesen Antagonismus und dessen Bedeutung für unser Verständnis einer politischen Theorie zu vergegenwärtigen, ist ein »radikaler Interpretationssprung« vonnöten. Die gesellschaftliche Teilung ist weder ableitbar noch auflösbar (S. 224). Das heißt, daß wir den »Gegensatz der Gesellschaft zu sich selbst« zu bestimmen haben. Dieser Gegensatz ist ein ursprünglicher in dem Sinn, daß ihm keine materiellen oder interpretativen Interessenkonflikte zugrunde liegen. Er schafft nach Gauchet erst den Raum, der so etwas wie Gesellschaft und Staat ermöglicht. Ein anderer

Ausdruck für diese Trennung ist: Macht. Macht heißt dann nicht die empirische, konkrete Gestalt der Machtausübung in Verwaltung und Gesetzgebung, sondern die Symbolisierung des Verschiedenen.

Diese Symbolisierung kann verstanden werden als das Offenhalten einer Alternative, die sich zu den verschiedenen Möglichkeiten *innerhalb* eines Handlungssystems als Alternative *zu* diesem System als Ganzem verhält. Dies allerdings mit der Maßgabe, daß die Alternative nicht schon mit konkreten Vorstellungen ausgefüllt sein kann.

Sie manifestiert sich in den vielfältigen Repräsentationen, die Gauchet im Anschluß an Bataille als Nutzlosigkeit, Verschwendung und Sinnlosigkeit versteht. Wesentlich aber ist ihr, daß sie schlechthin das »Äußere« zu dem »Innen« der Gesellschaft bleibt. Nach Gauchet ist infolgedessen die Vorstellung einer Einheit von Staat und Gesellschaft und ebenfalls die von einer gesellschaftlichen Einheit nur die Basis für die praktische Institutionalisierung der sozialen Verhältnisse. Sie verdankt ihre Existenz der Ausblendung des grundlegenden Antagonismus, sozusagen der Selbstblendung. Es ist aber, nach Gauchet, gerade die Verknüpfung der praktischen Ebene mit dem vorgängigen »Anderen«, das die Bedingung für jede Kritik an der Immanenz des Totalitarismus, gleich ob links oder rechts, ist.

Jean-Luc Nancy hat 1988 mit »Die undarstellbare Gemeinschaft« eine Analyse vorgelegt, die auf den ersten Blick Leforts Ansatz sehr ähnelt. Auch Nancy wehrt die Idee einer Homogenisierung des Gemeinwesens ab. Unterhalb dieser Abstraktionsebene aber zeigen sich bald erhebliche Differenzen in der Ausarbeitung einer Kritik, die in bezug auf die heutige Verfassung der westeuropäischen Staaten nicht weniger radikal als die der vorher referierten Philosophen ist. Nancys These hebt sich von den soeben erörterten in dem Sinne ab, daß sie nicht das Verhältnis von Staat und Gesellschaft thematisiert, sondern die Differenz von Staat und Gesellschaft eliminiert, um desto radikaler die totalitären Tendenzen im Denken der Gemeinschaft (*genitivus objectivus* und *subjectivus*) herauspräparieren zu können. Nancy geht hierzu von der Vorstellung vom Menschen und seiner Gesellschaft als *Produzenten* ihres »Wesens« bzw. des »Wesens ihrer Gemeinschaft« aus. Dieser Vorstellung der Verfügbarkeit des Wesens ist eine Tendenz zum Totalitarismus inhärent. Außerdem verführt sie dazu, die heutige Situation nostalgisch als Verfallsprodukt einer heilen Vergangenheit zu sehen. In Anschluß an Bataille stellt Nancy aber fest, daß die Gemeinschaft »weder ein herzustellendes Werk, noch eine verlorene Kommunion, sondern der Raum selbst, das Eröffnen eines Raumes der Erfahrung des Draußen, des Außer-Sich-Seins« ist.[8] Nancy wehrt also die Vorstellung, daß es früher eine wahre Gemeinschaft gegeben habe, ebenso entschieden ab wie die notwendigerweise in den Totalitarismus führende Idee, daß die wahre Gemeinschaft in Zukunft herzustellen sei. Das Konzept der Gemeinschaft als Idee der Einheit enthält zugleich die Idee der Fragmentierung, ja der eigenen Zerrissenheit. Auch die Sprache, vielfach als soziales Bindeglied, als Medium der Verständigung im Konfliktfall gesehen, ist für Nancy kein Mittel der Kommunikation, sondern Manifestation des »dem Außen Ausgesetztsein«. Nancy lehnt jede eindeutige, durchgängige Bestimmung des Verhältnisses Individuum-Gemeinschaft ab, weil sie notwendigerweise die Grenze zwischen Individuum und Gesellschaft auf einseitige Weise als eine von Menschen gedachte und gemachte vorstellt, die im Denken und durch die Praxis überwunden, um nicht zu sagen, versöhnt werden könnte. Grundlegend für Nancy ist aber die Erfahrung der Grenze als eine Erfahrung dessen, dem wir ausgesetzt sind, ohne daß dieses, dem wir da ausgesetzt sind, je eingeholt werden könnte. Es ist die Erfahrung der Endlichkeit, die uns sagt, daß die Gemeinschaft nicht etwas Objektivierbares, Herzustellendes ist. Die Gemeinschaft ist, wie Blanchot sagt, die Aufgabe der »Entwerkung«. Unsere Anstrengungen müssen sich im Denken und in der Praxis darauf richten, die Verfestigung und Kontrolle, die das Ziel der Bürokratie sind, zu bekämpfen. »Das Politische«, sagt Nancy, darf »nicht (aber es sieht immer mehr danach aus, daß es das wird, v.R.) die Organisation der Gesellschaft werden«.[9] Man kann Nancys politische Philosophie wohl mit Recht eine politische Ontologie nennen. Die Gemeinschaft kann auf dieser Ebene als »In-der-Schwebe-Sein« der singulären Wesen gefaßt werden. Das heißt eben, daß Kommunikation weder als Werk (Resultat) noch als Wirken (Handeln) von Individuen oder ihrer Gemeinschaft gefaßt werden kann. Im Gegenteil, Kommunikation muß als »Entwerkung des sozialen, ökonomischen, technischen und institutionellen Werkes« gedacht werden.[10]

Diese Bestimmung der Kommunikation macht deutlich, wie unterschiedlich in Frankreich, in der BRD und in den USA jeweils Aufgaben, Grundlagen und Reichweite der politischen Philosophie bestimmt werden. Die französische Reflexion versucht, politische Philosophie als Diskurs über den Status der politischen Theorie zu gestalten. Sie erklärt unmißverständlich, daß der praktische Bereich (*la politique*) sie nicht interessiert, sondern nur das Politische an der Theorie (*le politique*).

Das läßt sich nicht nur an der Verwendung der zahlreichen Metaphern ablesen, von denen wir oben einige angeführt haben, sondern vor allem daran, daß es immer wieder um den Aufweis der Begrenzung theoretischer Modelle im politischen Denken geht. Generell kann man sagen, daß den französischen Philosophen daran liegt, die inhumanen Folgen der Anwendung von Modellen aufzuzeigen. Nur ein Denken, das immer wieder die Auffassung anprangert, daß politische Philosophie *bestimmte* Ideen zu liefern habe, kann sich selbst legitimieren. Wir sehen natürlich, wie sehr sich hier die Fragen der Reichweite und der Begründung der Theorie überschneiden. Die französischen Theorien diskutieren nicht nur die Praxis der Demokratie, sondern auch den eigenen Status. Sie verhalten sich zur Frage der Anwendung ebenso »negativ« wie Adornos »Negative Dialektik« zur Hegelschen. Die Theorie warnt vor Versteinerungen und Grenzziehungen in der Praxis und vor der Instrumentalisierung der eigenen Theorie. Sie kann und will eine Anleitung zum politischen Handeln bieten, aber nur dergestalt, daß sie ein kritisches reflexives Potential aktiviert, das es uns ermöglicht, unser konkretes Handeln als Ergebnis einer gewollten Einschränkung vieler Möglichkeiten zu sehen. Daraus spricht kein Relativismus, wie vielfach unterstellt wird. Diese Philosophie entlastet uns nicht von der Verantwortung für unser Handeln, sondern macht uns klar, daß die Auseinandersetzung um das Handeln eine Leerstelle braucht, die durch konkretes Handeln immer wieder besetzt wird, die aber auch immer wieder freigekämpft werden muß, um das Handeln und Legitimieren nicht in seiner Eigengesetzlichkeit erstarren zu lassen.

Diese Option macht klar, was die heutige französische politische Philosophie ist: eine politische Ontologie. Als solche zeigt sie, daß es eine Form der politisch relevanten Reflexion gibt, die sich nicht ohne weiteres mit der Diskurstheorie verbinden läßt. Die Diskurstheorie muß eine Beziehung von Theorie und Praxis (und infolgedessen eine Form der Legitimation) voraussetzen, die aus ontologischer Sicht nicht begründet ist, weil die Grenzen der Theorie nicht reflektiert werden können. In der Ablehnung der Möglichkeit, die eigenen Grenzen zu reflektieren, sehen die französischen Denker den Versuch, den Unterschied von Theorie und Praxis einzuebnen, d.h. die politische Wirklichkeit transparent zu machen, soll heißen, den totalitären Terror ins Werk zu setzen – auch dann, wenn die Inhalte demokratisch sind.

Die internationale Diskussion kommt langsam in Gang. Noch leidet sie nicht selten unter gravierenden Mißverständnissen, doch darf man hoffen, daß zumindest eine Klärung der Positionen – nicht unbedingt ein Konsens – zustande kommt. Während sie die Abneigung gegen universalistische Ansprüche teilen, unterscheiden sich französische und kommunitaristische Kritik hinsichtlich der Begründungsfrage. Kommunitaristen halten an der Möglichkeit einer substantiellen Begründung fest – die französischen Philosophen relativieren jede Begründung. Ihre Ontologie beschränkt sich, wie wir gesehen haben, darauf, Metaphern ins Spiel zu bringen (die leere Stelle, das Magma, der Widerstreit, das Andere), die jeweils die Schranken des politischen Begründungsdiskurses aufweisen sollen. Habermas wiederum sieht in dieser politischen Ontologie einen Rückgriff auf nicht mehr kommunikativ begründbare Grundsatzpositionen, die letztlich jeglichen Begründungsanspruch suspendieren und im Ernstfall zum Bürgerkrieg führen können.

Wir zahlen, wenn wir politische Philosophie betreiben, so scheint es, entweder den Preis des fehlenden Praxisbezugs oder den eines überzogenen Universalisierungsanspruchs.

Literatur

Die hier herangezogenen Aufsätze von Claude Lefort, Marcel Gauchet und Cornelius Castoriadis in: Ulrich Rödel (Hg.), Autonome Gesellschaft und libertäre Demokratie, Frankfurt a.M. 1990.
Cornelius Castoriadis, Gesellschaft als imaginäre Institution. Entwurf einer politischen Philosophie, Frankfurt a.M. 1984.
Marcel Gauchet, Die Erklärung der Menschenrechte: Die Debatte um die bürgerlichen Freiheiten 1789, Reinbek 1991.
Jürgen Habermas, Der philosophische Diskurs der Moderne, Frankfurt a.M. 1985.
Axel Honneth, Die zerrissene Welt des Sozialen, Frankfurt a.M. 1990; ders., Soziologie. Eine Kolumne, in: *Merkur* 514, 46.Jg., Heft 1.
Jean-François Lyotard, Der Widerstreit, München 1987.
Jean-Luc Nancy, Die undarstellbare Gemeinschaft, Stuttgart 1988.
Ulrich Rödel, Günter Frankenberg und Helmut Dubiel, Die demokratische Frage, Frankfurt a.M. 1989.

Anmerkungen
1 Jacques Derrida, Gesetzeskraft, Frankfurt a.M. 1991.
2 Vgl. Ulrich Rödel, Günter Frankenberg und Helmut Dubiel, Die demokratische Frage, Frankfurt a.M. 1989. Allgemein zur Auseinandersetzung mit der französischen Philosophie aus deutscher Sicht: Manfred Frank, Was ist Neostrukturalismus?, Frankfurt a.M. 1984, sowie Bernhard Waldenfels, Phänomenologie in Frankreich, Frankfurt a.M. 1983, und: Michel Foucaults Denken (gemeinsam mit François Ewald), Frankfurt a.M. 1991.
3 In dieser Hinsicht hat Michael Walzer mit seinen Sphären der Gerechtigkeit, Frankfurt/New York 1992, einen konkreten Vorstoß unternommen.
4 1948 trennte Lefort sich mit dieser Gruppe von den Trotzkisten, weil er deren Meinung, daß die Sowjetunion nur eine durch ihre Bürokratie pervertierte Gestalt des Kommunismus sei, nicht mehr teilte. 1958 trennte er sich von der Gruppe *Socialisme ou Barbarie*, weil er in ihr Bürokratisierungstendenzen feststellte.
5 Vgl. Ernst H. Kantorowicz, The King's Two Bodies, 1957; deutsche Ausgabe: Die zwei Körper des Königs, Stuttgart 1992.
6 Vgl. hierzu: B. Waldenfels, Der Primat der Einbildungskraft. Zur Rolle des gesellschaftlichen Imaginären bei C. Castoriadis, in: Revue européenne des sciences sociales, XXVII, 1989, Nr. 86, S. 141.
7 Vgl. Das Gebot der Revolution, in: Rödel (Hg.), Autonome Gesellschaft und libertäre Demokratie, Frankfurt a.M. 1990, S. 78 f. Die im folgenden angegebenen Seitenzahlen beziehen sich auf diesen Band.
8 Nancy, a.a.O. S. 45.
9 Ebd., S. 87.
10 Ebd., S. 70.

Günter Frankenberg
Fremde in Deutschland
Stichworte zur Alchemie von Recht und Fremdheit

§ 1 Über die an sich müßige Streitfrage, ob Deutschland ein Einwanderungsland sei, und die Unsichtbarkeit des Fremden

Ein Einwanderungsland, sagt der »Große Duden«, ist ein »Land, in das bevorzugt Menschen einwandern«. Mit dieser schlichten Feststellung dürfte diese Autorität, was die Regeln sprachlicher Verständigung angeht, den endlosen Streit kaum autoritativ schlichten, ob die Bundesrepublik nun eines ist oder nicht.[1] Wenig gibt auch das Grundgesetz her, immerhin die Autorität für die fundamentalen Regeln des Zusammenlebens: Es sieht – bis auf weiteres – Asyl für politisch Verfolgte vor, hält Aussiedlern noch immer die Rück- oder eigentlich die Einkehr in den Verband der Staatsangehörigen offen und verleiht seit 1949 ausschließlich dem Bundesgesetzgeber die Kompetenz, Aus- und Einwanderung zu regeln (Art. 73 Nr.3). Im übrigen verhält es sich, zur Freude eher konservativer Juristen, in Hinsicht auf Fremde »indifferent«.

Wenn folglich normativ alles geht – Einwanderungsland, kein Einwanderungsland oder vielleicht Einwanderungsland sui generis –, dann schlägt die Stunde des empirischen Blicks. Wer meint, dieser müsse nur gehörig »hin- und herwandern«, genau beobachten und den so gewonnenen Befund statistisch auswerten, unterschätzt die vielleicht typisch deutsche, jedenfalls juristische Fähigkeit, gerade »grenzüberschreitende Sachverhalte« in den Strudel von Deutungskämpfen zu ziehen. Zählt man nämlich die Häupter derjenigen, die nach 1945 ihren Lebensmittelpunkt in die Bundesrepublik Deutschland verlagerten oder als deren Abkömmlinge in dieser das Licht der Welt erblickten, so ergibt sich, daß etwa ein Drittel der derzeitigen Wohnbevölkerung eingewandert ist.[2] Das Recht und die offizielle Ausländerpolitik machen die meisten dieser Fremden freilich unsichtbar. Einen Großteil der Immigranten deutschen sie als Um-, Über- oder Aussiedler ein (hier kommt die Fiktion deutscher Abstammung zu Hilfe), während sie eine zweite Gruppe rechtlich in Nicht-Immigranten umwidmen, indem sie deren Dauerexistenz in der Bundesrepublik mit einer Befristung verknüpfen und kontrafaktisch auf einen vorübergehenden Zweck reduzieren, wie etwa Erwerbstätigkeit oder Schutz vor politischer Verfolgung. Danach verbleibt eine deutungsfeste dritte Gruppe von Eingebürgerten einerseits und von »Altfällen«, d.h. eingewanderter, seit mehr als acht Jahren oder in zweiter Generation hier lebender Menschen nicht-deutscher Staatsangehörigkeit andererseits. So ist es denn nicht nur Ignoranz oder Xenophobie, sondern eine getreue Abbildung der Rechtslage (wie auch der offiziellen Politik), wenn der Bevölkerung das Bewußtsein fehlt, in einem Einwanderungsland zu leben. Umgeben von Fremden zwar, die aber doch irgendwie nicht hergehören, Durchreisende eben.

Wer sich weder diesem lebensfremden juristischen Diktat beugen, noch der politisch interessierten Verzeichnung anschließen will, die einen Großteil der Fremden gleichsam unter Ausweisungsvorbehalt hält, kann sich zunächst von der Geschichte belehren lassen, daß sich Deutschland immer schon schwer tat, Migrationen politisch-rechtlich anzuerkennen.[3] Und kann sich in Büchern der sozio-ökonomisch aufgeklärten Zeitgeschichte oder auch im Wirtschaftsteil der *Frankfurter Allgemeinen Zeitung* darüber informieren, daß die Bundesrepublik immer ein Land gewesen ist, »in das bevorzugt Menschen eingewandert« sind, daß die ökonomisch notwendige Immigration stets politisch initiiert wurde (und weiterhin wird), daß selbst noch der formelle Anwerbestop im Jahre 1973 zur Verfestigung des Aufenthalts der seinerzeit hier ansässigen Nicht-Staatsangehörigen und zu weiterer Einwanderung (Familiennachzug) führte, daß die Bundesrepublik heute nicht nur ökonomisch, sondern auch demographisch wegen ihrer konstant negativen Geburtenrate auf den Zuzug von Immigranten angewiesen ist.[4] Schließlich offenbart ein in allen größeren Städten hin- und herwandernder Blick, daß Einwanderer, wenn nicht das Land selbst, so doch dessen urbanes Erscheinungsbild prägen und längst für eine Änderung des soziologischen Volkes gesorgt haben. Symptomatisch hierfür ist die keineswegs nur kurzatmig-modische Diskussion über die Gestalt und die Probleme einer multikulturellen bzw. multiethnischen Gesellschaft.[5] Folglich läßt sich sagen, daß die Bundesrepublik wesentliche Merkmale eines, wenn nicht klassischen, so doch nachklassischen Einwanderungslandes aufweist. Die Antwort auf die eingangs gestellte Frage lautet also: *de facto* ja, *de jure* nein.

§ 2 Über die tiefere Bedeutung der Unterscheidung von Eigenen und Fremden und deren Übersetzung ins Recht

Juristische Autoren übersetzen die in anderen wissenschaftlichen Disziplinen aufzufindenden Gründe für eine Differenzierung zwischen Angehörigen und Fremden mit Hilfe der bisweilen eigentümlichen Grammatik des Staats- und Fremdenrechts, des Völkerrechts und des internationalen Privatrechts. Je nach Wahrnehmung des Fremden und nach Intensität der Sorge um das Eigene kommen sie zu Ergebnissen, die sich auf einem Kontinuum eintragen lassen, dessen Extrempole einmal Vorstellungen von staatlicher Souveränität und Selbstbehauptung und zum anderen Visionen kosmopolitischer Liberalität und grenzenloser Freizügigkeit[6] markieren. Stets geht es um den Raum, den das Fremde einnimmt, und um seine Andersheit, die das Eigene bedrohen könnte.

Die radikalste und zweifellos gnadenloseste Grenzziehung verdanken wir einmal mehr dem Sauerländer Carl Schmitt, der die »Substanz demokratischer Gleichheit« in »nationaler Homogenität« suchte und dort als Schlüssel zum innerstaatlichen Frieden die »Abstoßung und Verachtung der Andersgearteten« fand: »(. . .) die politische Kraft einer Demokratie zeigt sich darin, daß sie das Fremde und Ungleiche, die Homogenität Bedrohende zu beseitigen und fernzuhalten weiß.« Der Nicht-Staatsangehörige wird zum Fremden, und dieser ist Feind, dem politische Rechte vorzuenthalten sind, damit die »wesentliche Voraussetzung der politischen Existenz, die Möglichkeit der Unterscheidung von Freund und Feind« gewahrt bleibt.[7] Die konservative Staatslehre hält an der Vorstellung von »Untertanen« und am Schutz ihres Raumes fest, distanziert sich jedoch von der Schmittschen Militanz. Nicht immer allzu deutlich, wenn etwa »der Eintritt der Fremden in den Kreis der Herrschaftsberechtigten als Fremde« als »indirekte Form der Landnahme« bezeichnet und aufatmend hinzugefügt wird, daß die Verknüpfung von Staatsangehörigkeit und Wahlrecht diese Landnahme bisher abwehren konnte.[8] In der Ablehnung des Wahlrechts für Ausländer nicht minder hart, aber moderater im Ton warnt einer der konservativen Wortführer, der Bonner Staatsrechtslehrer Isensee, vor der Selbstaufgabe des Staates und rät zur Vorsicht bei der Aufnahme von Fremden, weil die »Vitalwerte staatlicher Selbstbehauptung und Selbstgestaltung« dann eingeschränkt zur Geltung kommen, wenn die Fremden erst einmal »Gebietszugehörige« geworden seien.[9]

Das Kontrastprogramm zu diesen Thesen, insbesondere zu der hartnäckig als brillant gepriesenen Verfassungslehre Schmitts, wurde bereits von liberalen Staatslehrern des 19. Jahrhunderts entworfen. Statt Feinderklärung nun die Umarmung: »Es können (. . .) die künstlich gezogenen Striche auf der Landkarte kein grundsätzliches Hindernis sein, die vom Schöpfer der Weltordnung gestellte Aufgabe des Daseins zu erreichen. Es muß vielmehr der Satz aufgestellt werden, daß jedem menschlichen Individuum, als Regel, das Recht zusteht, an und für sich vernünftige, also erlaubte Lebenszwecke überall zu verfolgen, wo er die Mittel hierzu zu finden glaubt, zu dem Ende aber namentlich auch die Gebiete fremder Staaten zu betreten und sich die seinen Zwecken entsprechende Zeit hindurch daselbst aufzuhalten.«[10] Diese Vision erinnert an die Umarmung des Fremden in weltbürgerlicher Absicht durch den Ostpreußen Kant. Dieser hatte »Hospitalität« als das »Recht eines Fremdlings« definiert, »seiner Ankunft auf dem Boden eines anderen wegen, von diesem nicht feindselig behandelt zu werden«, und es als Recht begründet, »welches allen Menschen zusteht, sich zur Gesellschaft anzubieten, vermöge des Rechts des gemeinschaftlichen Besitzes der Oberfläche der Erde, auf der, als Kugelfläche, sie sich nicht ins Unendliche zerstreuen können, sondern endlich sich doch neben einander dulden müssen, ursprünglich aber niemand an einem Ort der Erde zu sein mehr Recht hat, als der andere.«[11] Diese Position leidet seit geraumer Zeit, was die Zahl ihrer Anhänger angeht, an Schwindsucht. Nicht ohne Ironie ist darauf zu verweisen, daß die sonst als modernitätsfeindlich oder gegenaufklärerisch gescholtenen Grünen zu den letzten Verteidigern einer weltbürgerlichen (Ent-)Differenzierung von Fremden und Eigenen gehören. Offen bleiben kann hier die Frage, ob diese Vision totaler Inklusion, auf die das »freie Fluten« letztlich zielt, die notwendige Existenz von Fremdheit unterschlägt; denn das Recht läßt ihr ohnehin keine Chance. Es hält am Fremden fest – und sei er oder sie auch nur imaginär.

§ 3 Über die Bedeutung der Abstammung bei der Beantwortung der Frage, wer als angehörig und wer als fremd zu gelten habe

Ist der oder die Fremde Feind oder Mit-Mensch? Sind die Grenzen offen oder nicht? Die Sache ist, wie zu erwarten, kompliziert. Die Fremden können alles mögliche sein: Anderswo-Geborene, Zugereiste bzw. »Anziehende«, Staatsfremde, Staatenlose, Heimatlose, An- oder »Inkömmlinge«, Gäste, Nicht-Mitglieder, Flüchtlinge oder Touristen. Die vielen Gesichter des Fremden bestimmen das Eigene: Ein-Geborene, Einheimische, Staatsangehörige, Zugehörige, Mitglieder oder Aufgenommene. Das Recht läßt nicht alles gelten. Feinde wohl nur in Kriegszeiten; über Schmitt ist das moderne Recht jedenfalls hinaus. Unbestritten setzen Völkerrecht wie auch innerstaatliches Recht die Unterscheidung von Fremden und Angehörigen voraus und lassen das Individuum nicht mehr, wie noch in den staats- und völkerrechtlichen Doktrinen des 19. Jahrhunderts, nur »im Lichte einer Staatsangehörigkeit« in Erscheinung treten. Den Fremden kommt heute also ein menschenrechtlicher Status zu, der die Schärfe des Gegensatzes zwischen Staatsangehörigen und Staatsfremden mildern sollte. Unbestritten ist ferner, daß im Verkehr zivilisierter Staaten Fremde im Prinzip zwar keinen Aufnahmeanspruch haben, vom Sonderfall Asyl und von Sonderregelungen wie denen der Europäischen Gemeinschaft einmal abgesehen, daß aber das Völkergewohnheitsrecht den Staaten verbietet, sich schlechthin gegen Fremde abzuriegeln. Gleich nach dem Verbot chinesischer Mauern beginnt aber der Streit.

Das Grundgesetz hätte ihn mit einem starken Konzept von *citizenship*, das die Lücke zwischen Menschen und Staatsangehörigen überbrückt, wenigstens teilweise schlichten können. Doch ohne Not unterscheidet es Deutschen- und Menschenrechte: »Alle Deutschen haben das Recht«, sich zu versammeln, Vereine zu bilden, Beruf und Arbeitsplatz frei zu wählen; »Alle Menschen sind vor dem Gesetz gleich.« »Jeder hat das Recht auf freie Entfaltung seiner Persönlichkeit« usw. Und gegen die bittere historische Erfahrung beschwört das Grundgesetz ferner das Eigene in der identitären Gestalt des »Deutschen Volkes« herbei und beruft sich, nebenbei gesagt: wahrheitswidrig, auf dasselbe als legitimierenden *pouvoir constituant*.[12]

Für die hartnäckige Leugnung des Eigenen als einer pluralen Bürgerschaft im Sinne von *association politique* kann eine Tradition haftbar gemacht werden, die stets ein enges Verhältnis zum Staat als der die Gesellschaft transzendierenden Gesamtperson pflegte und sich am Volk als einer Abstammungs- und Schicksalsgemeinschaft erwärmte, damit aber die Herausbildung eines republikanischen Verständnisses von Volk und Volkszugehörigkeit systematisch hintertrieb. Während sich andernorts – bei den Fremden also – hierzu eine eindrucksvolle theoretische Diskussion[13] und praktisch wirksame Tradition entwickelt hat, muß noch für die heutige Bundesrepublik darauf hingewiesen werden, daß sich *citizenship* zwar als Staatsbürgerschaft übersetzen läßt, aber gleichwohl häufig ineinsgesetzt wird mit *nationality*, d.h. Staatsangehörigkeit.

Mitgliedschaft ist aber nur eine Dimension von *citizenship*, zu der zwei weitere hinzutreten: erstens die auf die Schaffung einer legitimen politischen Autorität bezogene Aktivbürgerschaft nebst den verfassungsrechtlich verbürgten Kommunikations- und Partizipationsmöglichkeiten; und zweitens die Idee einer Sozialbürgerschaft, die die Bedingungen für die Garantie und Selbstorganisation sozialer Sicherheit und Solidarität einschließt.

Nach wie vor im Banne eines ethnischen oder doch ethnisierenden Begriffs von »Volk« und »Staatsvolk«, stellt die herrschende Staats- und Verfassungslehre hierzulande eine spezifische Form der Zugehörigkeit zur Gemeinschaft in den Vordergrund: das Ein-Geborensein. Im Schatten der Tradition von Volksmystik und Staatsmetaphysik konnte das kaiserliche Reichs- und Staatsangehörigkeitsgesetz von 1913 (RuStG) bis in unsere

Zeit nahezu unbeschadet überdauern. Vor die Wahl gestellt, ob Abstammung, Geburt im Lande oder Naturalisation (bewußte Aufnahme) die Erweiterung des Kreises der Volks- und Rechtsgenossen bestimmen soll, hat sich der bundesrepublikanische Gesetzgeber, wie seine Vorgänger, eindeutig für die erste Lösung entschieden. Mehr noch: das ethnische Vorverständnis wird als so unproblematisch vorausgesetzt, daß sich die Eltern des Grundgesetzes wie auch deren gnädig später geborene Kinder versagten, den Erwerb der Mitgliedschaft, eine gewiß zentrale Frage, auch nur ansatzweise verfassungsrechtlich zu regeln. Der somit befugte Gesetzgeber drückte in zweifacher Hinsicht aus, wie wenig er von Staatsfremden hält: Zum einen übernahm er ohne große Umschweife das verstaubte RuStG, räumte allerdings in § 8 RuStG die Einbürgerung von Ausländern ein; zum anderen gab er der Geringschätzung aller Fremden dadurch Ausdruck, daß er nicht nur die Prüfung ihrer Aufnahmeanträge, sondern auch die Formulierung der konkreten Aufnahmebedingungen in die Hände der Exekutive legte. Davon macht diese in den Einbürgerungsrichtlinien seit eh und je einen, wohl unstreitig, engherzigen Gebrauch. Wer als Fremde/r zum deutschen Volk gehören will, muß sich weitgehend assimilieren: Hat er oder sie die gesetzlichen Mindestvoraussetzungen erfüllt, verlangen die Richtlinien allen die »Hinwendung zu Deutschland«, die »Einordnung in die deutschen Lebensverhältnisse«, ihre wirtschaftliche Absicherung und vor allem den Nachweis ab, daß er oder sie »einen wertvollen Bevölkerungszuwachs« darstellt.[14] Während die Rechtsform der Richtlinie die Antragsteller bereits mit subtiler, aber effektiver rechtsstaatlicher Verachtung straft, macht der Inhalt deutlich, was die Einbürgerungspraxis dann auch bestätigt: Wer nicht zur Abstammungsgemeinschaft gehört, dem oder der soll die Aufnahme nicht leicht gemacht werden. Schließlich geht es um die Aufnahme in eine »unentrinnbare Schicksalsgemeinschaft«, nämlich die der Deutschen.

Immerhin öffnete das Ausländergesetz 1990, wenngleich mit großer Vorsicht, die bis dahin äußerst restriktive Einbürgerungspraxis. Ausländer – junge nach acht, ältere nach 15 Jahren rechtmäßigen Aufenthalts – haben nun grundsätzlich einen Regelanspruch auf Einbürgerung. Letztere jedoch nur befristet bis Ende 1995 (§§ 85ff AuslG). Allerdings wird ihnen wie gehabt »die freiwillige und dauernde Hinwendung zu Deutschland« dadurch abverlangt, daß sie, soweit möglich, ihre Mitgliedschaft in einem anderen Gemeinwesen aufgeben müssen. Mehrstaatigkeit, wobei die Angehörigkeit zu einem fremden Staat jeweils ruhen könnte, darf es – wie Bigamie – grundsätzlich nicht geben. Der Personalherr, unser Über-Wir, duldet keinen Konkurrenten neben sich. Ganz unzeitgemäß regieren Treue-Ideale das Staatsangehörigkeitsrecht. Gerade so, als seien Migrationsbewegungen die Ausnahme und nicht die Regel, als ließe sich zwischen Angehörigen und dem jeweiligen Inhaber der personalen und territorialen Souveränität problemlos ein personales Band knüpfen, als sei das 20. Jahrhundert nicht das Zeitalter der Flüchtlinge, Staatenlosen, *displaced persons* und politisch Verfolgten, denen mangels Zugehörigkeit zu einem politischen Gemeinwesen oft das Recht bestritten wird, überhaupt irgendwelche Rechte zu haben.

Im Recht der Staatsangehörigkeit, genauer: in der Gnade einer deutschstämmigen Geburt, steckt also die Wurzel der Deutschtümelei. Sie reduziert den Fremden auf einen Körper, durch den das falsche Blut fließt. Sie verweigert, oder erschwert zumindest dem stammesfremden Körper die Aufnahme in die politische Gemeinschaft und enthält ihm die politischen Rechte vor, die soziale und kulturelle Differenzen egalisieren könnten.

§ 4 Über die Art und Weise, wie im klassischen Fremdenrecht Fremde auf einen Zweck reduziert und als moderne Pfahlbürger behandelt werden, und warum sie nicht wählen dürfen

Das klassische, ins Polizeirecht eingebettete Fremdenrecht nennt sich, reinen Gewissens, »Ausländergesetz«. Wer aber ist »Ausländer«?[15] Ganz einfach: alle Nicht-Deutschen, von Transit-Touristen bis zu den Inhabern einer Aufenthaltsberechtigung. *Nationality*, also die *Mitgliedschaft im Staatsverband* wäre demnach das einzige Kriterium für die Zuschreibung der Ausländereigenschaft. Das AuslG 1990 hat diesen Blickwinkel, wie erwähnt, etwas ausgeweitet. Es fragt endlich auch, wo bei Nicht-Deutschen der *Lebensmittelpunkt* liegt. Folglich lassen sich in einem Koordinatenkreuz mit den Achsen »Staatsangehörigkeit deutsch/nicht-deutsch« und »Lebensmittelpunkt Bundesrepublik/nicht Bundesrepublik« vier Gruppen von Inländern/Ausländern lokalisieren: (1) »Inländische Inländer« wären somit alle deutschen Staatsangehörigen, die hier auch ihren Lebensmittelpunkt haben, was (2) von den Auslandsdeutschen (»inländische Ausländer«) nicht behauptet werden kann. (3) »Ausländische Ausländer« wären demzufolge die Touristen und alle Personen fremder Staatsangehörigkeit, die sich hier nur vorübergehend aufhalten. (4) Letzteres wiederum trifft auf diejenigen nicht zu, die in der Bundesrepublik zunächst ohne zeitlich eingeschränkte Lebensplanung oder doch auf lange Sicht Arbeit aufgenommen, Familien gegründet oder als Asylberechtigte Schutz vor politischer Verfolgung gefunden haben. Diese Gruppe der »ausländischen Inländer« bzw. der Inländer fremder Staatsangehörigkeit ist die eigentliche Zielgruppe des Ausländergesetzes, seit für die »Gemeinschaftsinländer« aus den westeuropäischen Staaten besondere Gesetze gelten.

Für sie hält das Gesetz ein schwer überschaubares Arsenal von aufenthaltsrechtlichen Beschränkungen und Benachteiligungen bereit. Die Abstufungen orientieren sich an Nationalität, Aufenthaltsdauer und Status. Weitere Abstufungen schafft das AuslG dadurch, daß es die Aufenthaltsregelungen grundsätzlich am Aufenthaltszweck orientiert, also den Fremden als Erwerbstätigen, Studierenden, De-facto-Flüchtling etc. ins Auge faßt. Die im Streit um das Einwanderungsland unsichtbaren Fremden werden nun als fremde Wesen sichtbar, die *einen* Zweck verfolgen.

Solange diese *Single issue*-Existenzen die Schwelle der Einbürgerung nicht überschreiten, bleiben sie »Fremdkörper im Verhältnis zur Rechtsordnung – wie im Verhältnis zur politischen Ordnung und zum Gesamt der Institutionen der Gesellschaft, in der sie leben.«[16] Sie sind die Pfahlbürger unserer Tage. Als »Pfahlbürger« werden bereits in der Goldenen Bulle die »auszerhalb der stadtmauern, aber innerhalb der aus pfählen und gräben bestehenden landwehr der auszenwerke wohnenden bürger« erwähnt, »die unter dem schutze der stadt standen, dafür eine eigene steuer zu entrichten hatten und bei der eidesleistung nicht bewaffnet, sondern mit dem pfahl in der hand erschienen.«[17] Deutlich unterscheidbar und abgesondert von den übrigen ehrlichen Bürgern existieren auch die ausländischen Inländer: Sie werden »mit der Einreise zum Untertan des Aufenthaltsstaates. Mit der Herrschaft des Gesetzes beginnt nunmehr auch der Schutz des Gesetzes.«[18]

Am Zustandekommen solcher Gesetze sind sie allerdings auch bei gewöhnlichem Aufenthalt und langer Verweildauer in der Bundesrepublik nicht beteiligt. Ihr *status activus*, wie es in der Grundrechtstheorie heißt, ist arg defizitär. »Zwischen dem Menschen und dem Bürger klafft eine Wunde: der Fremde.«[19] Während diskriminierende Vermögenseingriffe gegenüber Fremden seit der Aufklärung im Prinzip verpönt und ihnen Habeas-Corpus-Rechte sowie zivil- und arbeitsrechtlicher Schutz weitgehend gesichert sind, dürfen sie in den Vorbehaltsbereich der politischen und sozialen Deutschenrechte nur mit dem Hut in der Hand eintreten. Insbesondere ein Wahlrecht steht dem gebietsangehörigen Staatsfremden nicht zu. Der Palisadenzaun, der diesen Vorbehaltsbereich und mit ihm den Kreis des Staatsvolkes absteckt, gründet in einer Abwehrsemantik, die teilweise ins Museum staatlicher Souveränität gehört, teilweise von Widersprüchen nicht frei ist, aber erst kürzlich noch ihren verfassungsgerichtlichen Segen erhielt. Einige Autoren bemühen, wie ihre Urgroßväter des Völker- und Staatsrechts im 19. Jahrhundert, die in einer mobil gewordenen Welt und längst transnationalen Wirtschaft absurde Lehre von der »Einzigartigkeit der Untertanschaft im Verhältnis zu anderen Staaten«.[20] Andere beschwören Phantasmagorien der Rückkehr, wenn sie darauf verweisen, daß allein Deutsche das Schicksal der unentrinnbaren Angewiesenheit auf diesen Aufenthaltsstaat teilen.[21] Wieder andere (manchmal sind es die gleichen) behaupten, das Wahlrecht sei zwar als »allgemeines« vom Grundgesetz gewährleistet (Art. 38 I GG), die Allgemeinheit der Wählerschaft decke sich jedoch nicht mit dem Kreis der »Untertanen«, obwohl doch das Wahlrecht die Bürger nicht als »Untertanen« (unterstellt, diese sind als solche in einer demokratischen Republik nicht längst ausgestorben), sondern gerade als Autoren der Rechtsordnung ins Auge faßt.[22] Schließlich wird auch gesagt, das »Volk« als Träger der Staatsgewalt werde durch eine »personale Dauerbeziehung«, nicht durch »fluktuierende Gebietszugehörigkeit« konstituiert, obwohl doch empirisch kaum bestreitbar ist, daß ausländische Inländer gerade nicht fluktuierende »Transitbürger« sind. *Last but not least* wird diffus befürchtet, »Legitimation und Ethos der Demokratie« entfielen, wenn das Wahlrecht von der Staatsangehörigkeit abgelöst und »Verbandsfremden« zugestanden werde.[23]

Die strikte Verweigerung des Wahlrechts stützt sich auf den angeblich logischen Zusammenhang von Volkssouveränität, Staatsangehörigkeit und Wahlrecht: Nach Aussage des Bundesverfassungsgerichts bestimmt der Satz »Alle Staatsgewalt geht vom Volke aus.«(Art. 20 II 1 GG), »wer das Volk ist, das in Wahlen, Abstimmungen und durch besondere Organe der Gesetzgebung, der vollziehenden Gewalt und der Rechtsprechung (. . .) Staatsgewalt ausübt: Es ist das Staatsvolk der Bundesrepublik Deutschland.« Und »die Zugehörigkeit zum Staatsvolk wird grundsätzlich (. . .) durch die Staatsangehörigkeit vermittelt.«[24] Das Junktim zwischen der Eigenschaft als Deutscher und der Zugehörigkeit zum Staatsvolk markiert ziemlich präzise die Nähe der bislang siegreichen Interpretationseliten zur Identifikation des Volks – letztlich doch wieder – mit einer Gemeinschaft Ein-geborener oder zumindest Ein-gebürgerter sowie die erstaunliche Entfernung der Bundesrepublik des Jahres 1992 zur *Boston Tea Party* im Jahre 1773 und dem Kampfruf »No taxation without representation«.

§ 5 Über den Normalflüchtling, den »Mißbrauch« des Asylrechts und wie letzterer derzeit verhindert werden soll

»Sie sind hinter Dir her, und das spricht für Dich«, sagt der Volksrichter Azdak im »Kaukasischen Kreidekreis« zum Flüchtling. Das Bundesamt für die Anerkennung (?) ausländischer Flüchtlinge und die zuständigen Innnenminister, auch Teile der Justiz sehen das ganz anders. Hatten wir uns eben noch an ausländische Inländer gewöhnt, die, auf Erwerbszwecke reduziert, bei schlechter Konjunktur zu Störern werden, zuvor aber den Müll entsorgen, die Pizza backen, auf dem Bau malochen – also kaum als gänzlich unbekannte/unheimliche/unfreundliche, wohl fremd-geborene Fremde am Marktgeschehen teilnehmen, so taucht »er« jetzt wieder auf: der Fremde als potentieller Feind. In der Gestalt des »Asylanten«, von dem »Durchrassung« droht (Stoiber), der das Boot überfüllt, uns den Wohlstand raubt, unser soziales Netz zerreißt, unser Eigentum und unsere Frauen schändet. Wie das? Weil er in Massen die Grenzen überquert, wie Schädlinge, nicht wie Schiffbrüchige? Weil er aus furchtbar fremder Herren Länder kommt? Weil er nicht ist wie wir, uns fremder noch als Türken? Weil er nicht Schutz will, sondern ein wenig Wohlstand?

Die Situation ist brisant. Während die einen – Vereinigungs- oder Modernisierungsverlierer – Brandsätze in die Lager, Heime und Wohnungen schleudern, die den Asylsuchenden als Zuflucht dienen sollen (vor was auch immer), gießen die anderen in den Parteizentralen und Redaktionsstuben Öl in die Flammen einer Asyldebatte, die ihren Anlaß längst verzehrt hat. Das wäre die Stunde, in der das Recht seine zivilisierende Kraft unter Beweis stellen könnte.

Anders als die Wirklichkeit macht es das Völkerrecht den Staaten nicht übermäßig schwer, sich des Zustroms der lästigsten aller Fremden, der Flüchtlinge und politisch Verfolgten, zu erwehren: Bei jeder sich nur bietenden Möglichkeit wurde und wird das Recht eines jeden Staates bekräftigt, selbst zu bestimmen, unter welchen Voraussetzungen Nichtangehörige einreisen dürfen. Auch in der Allgemeinen Erklärung der Menschenrechte von 1948 versicherten sich die Unterzeichnerstaaten wechselseitig ihrer Souveränität und sprachen Flüchtlingen nur das bescheidene Recht zu, »in anderen Ländern vor Verfolgungen Asyl zu suchen« und – im Erfolgsfall auch – »zu genießen« (Art.14).[25] Zu einem einklagbaren *Recht* auf Asyl für politisch Verfolgte mochte sich die Gemeinschaft der mutmaßlich zivilisierten Staaten trotz der Erfahrungen mit totalitären Regimen nicht durchringen und beließ es bei einer Regelung, die symbolisiert, daß die Asylgewährung durch einen Staat vom anderen nicht als unfreundlicher Akt gewertet werden kann.[26] Subjekte sind die Fremden grundsätzlich nicht. Auch die Genfer Flüchtlingskonvention von 1951 ging nur einen vorsichtigen Schritt weiter und verbürgt seitdem im wesentlichen nur den minimalen Rechtsschutz von Flüchtlingen an der Grenze und im Aufnahmeland. Das Verbot, Flüchtlinge über die Grenzen von Gebieten auszuweisen oder zurückzuweisen, in denen ihr Leben oder ihre Freiheit gefährdet ist (Art. 33 GFK), ist freilich seitdem als Verpflichtung des Aufnahmelandes ausgelegt worden, stets zu prüfen, ob und wo eine Verfolgungssituation besteht.

»Politisch Verfolgte genießen Asylrecht«, behauptet demgegenüber der Art. 16 Absatz II Satz 2 des Grundgesetzes und überragt seit 1949, zu kühn vielleicht, die Asylregelungen in den Verfassungen und Gesetzen anderer Länder und steckt als menschenrechtlicher Stachel im arg geschrumpften Körper staatlicher Souveränität.[27] Nach dem Willen der staatstragenden Parteien soll dieser Stachel nun entfernt werden. Das gegenwärtige Asylverfahren und die Asylrechtsprechung reichen als Filter für möglichen Mißbrauch nicht aus.

Die Verwaltungsgerichte, gezwungen den einzelnen Fall zu entscheiden, haben durchweg mehr Flüchtlinge anerkannt als das Bundesamt. Seit Jahren schon flankieren oder stören, legitimieren oder bremsen sie die Exklusionspolitik mit einer facettenreichen, im einzelnen kaum überschaubaren Rechtsprechung. Doch ungeachtet vieler asylfreundlicher Entscheidungen hat die Rechtsprechung, aus der Distanz betrachtet, dem Druck nachgegeben und den Art. 16 II 2 weitgehend der Genfer Konvention angenähert, ja diese teilweise unterschritten und alles in allem eine Art »Normalflüchtling« produziert: Gemessen an den Anerkennungschancen ist dieser ein einzelner Rebell männlichen Geschlechts und möglichst heller Hautfarbe, der noch im Heimatland möglichst gegen ein kommunistisches Regime opponierte, wegen seiner politischen oder religiösen Überzeugung in einer Weise verfolgt wurde, die sich möglichst nicht als dort übliche Maßnahme zur Aufrechterhaltung von Sicherheit und Ordnung deuten läßt, und der anschließend möglichst ohne Umweg in die Bundesrepublik flüchtet und dort möglichst umgehend einen Asylantrag stellt.

Zur Eindämmung des »Flüchtlingsstroms« (der Anstieg der Anträge von »Asylbewerbern«, wie das Gesetz sie nennt, ist in der Tat dramatisch) sowie zur »Abwehr von Gewalttaten gegen Ausländer«[28] sind jetzt schärfere Maßnahmen gefragt. Den ernsthaft um das Asylrecht, um die Belastbarkeit der Bevölkerung und um die Leistungsfähigkeit der Kommunen Besorgten ist ohne Umschweife zuzugeben, daß der Schutz politisch Verfolgter – eine Inklusionsgarantie ohne Assimilationserwartungen – ursprünglich auf überschaubare Zahlen zugeschnitten war, wenngleich die Grundgesetzeltern der Bundesrepublik nach Auschwitz ganz bewußt die Identität eines Asyllandes verleihen wollten und ihnen sehr wohl vor Augen stand, daß die apodiktische Formulierung »Politisch Verfolgte genießen Asylrecht« die Großzügigkeit der zweiten Republik strapazieren könnte. Unstreitig sollte auch sein, daß das Bild vieler Asylsuchender längst nicht mehr dem im 19. Jahrhundert geprägten Bild des einsamen politischen Rebellen (oder zeitgemäßer: Dissidenten) entspricht und daß viele die Berufung auf Art. 16 II 2 GG als Weg zur Einwanderung benutzen, nicht zuletzt weil das Fremdenrecht sich darauf versteift, die Bundesrepublik kontrafaktisch als Nichteinwanderungsland zu definieren und ein Einwanderungsgesetz ebensowenig existiert wie eine bewußte Immigrationspolitik.

Bisher reagierten die Bundesregierungen auf diese Problematik mit sukzessive sich verschärfenden Novellen zum Asylverfahrensgesetz, die dem Bild des Flüchtlings als Störer immer deutlichere Konturen gaben. Sie verlagerten die Abwehr von Asylsuchenden durch Visumspflicht und durch an die Fluggesellschaften adressierte Transportverbote in die Verfolgungsländer, sie beschleunigten das Prüfungsverfahren durch eine für das übrige öffentliche Recht der Bundesrepublik beispiellose Verkürzung der Rechtswege; sie erschwerten die Geltendmachung bestimmter Asylgründe, wie etwa der sog. Nachfluchtgründe, und erklärten »bei anderweitiger Sicherheit vor Verfolgung« gestellte Asylanträge für unbeachtlich. Wie überhaupt das Gesetz subtil zwischen beachtlichen und unbeachtlichen, danach zwischen begründeten, unbegründeten und offensichtlich unbegründeten Asylanträgen differenziert, ohne daß dies die Prüfungsbehörden nennenswert entlastet hätte. In der exekutiven Hektik und der sich überschlagenden Serie ihrer Abwehrmaßnahmen ist der Asylsuchende als Person, der eine Einzelfallprüfung verdient, kaum mehr erkennbar. Zusehends verschmelzen die vielen Fremd-Körper, die aus begründeter oder vermeintlicher Furcht vor Verfolgung, aus Angst vor dem Grauen des Bürgerkriegs oder in der Hoffnung, dem wirtschaftlichen Elend ihres Heimatlandes entkommen zu können, in die Bundesrepublik flüchteten, zu einer bedrohlichen Masse: Zähleinheiten, nicht Schicksale.

Die Vergeblichkeit der bisher getroffenen Maßnahmen zur Eindämmung des »Flüchtlingsstromes« hat besonders im vergangenen Jahr eine heftige politische Aktivität ausgelöst: Unverdrossen kreuzt unsere politische Elite seitdem im Bermuda-Dreieck der Artikel 16 (Asyl), 19 (Rechtsschutz) und 116 (Aussiedler) des Grundgesetzes, um keine Lösung zu finden. Wie sehen diese Nicht-Lösungen aus? In den Änderungsschneidereien der Parteien werden frivole Modelle entworfen. Geht es nach dem »Asylkompromiß« von Regierung und SPD-Opposition, dann soll künftig Asylrecht nicht genießen, wer aus einem Staat einreist, in dem er nicht der Gefahr ausgesetzt ist, politisch verfolgt oder in einen Staat abgeschoben zu werden, in dem ihm politische Verfolgung droht. Das Nähere, man ahnt es, regelt ein Bundesgesetz, nämlich daß Asylbewerber aus »Nichtverfolgerstaaten an der Grenze zurückgewiesen« oder unverzüglich abgeschoben werden können. Das klingt neu und praktisch, ist aber beides nicht, selbst wenn außer acht bleibt, daß sich nicht einmal ein Viertel aller Flüchtlinge an der Grenze meldet. Weiland 1980/81 erstellte die sozialliberale Koalition eine solche Staatenliste und führte den Visumszwang für Länder ein, deren Staatsangehörige angeblich »in verdeckter Absicht der Arbeitsaufnahme« die Bundesrepublik heimsuchten. Auf dieser Liste finden sich unter anderem Äthiopien, Afghanistan und Iran, die in den folgenden Jahren im Zirndorfer Bundesamt für die Anerkennung ausländischer Flüchtlinge und mehr noch von den Verwaltungsgerichten fast durchgängig das Prädikat »Verfolgungsland« erhielten. Bleibt die praktische Frage, wer heute eine Positivliste vorlegen und fortschreiben wollte. Das Auswärtige Amt hält sich bedeckt. Klugerweise, seit offenkundig wurde, daß seine windigen Auskünfte etwa über die verfolgten Minderheiten in der Türkei auf Aussagen der dortigen Regierung, nicht aber den tatsächlichen Verhältnissen beruhten. Aus Brüssel verlautet, die EG-Kommission, wohl euphorisiert durch die Erfolge gemeinschaftlicher Außenpolitik in Jugoslawien, erarbeite bereits eine Liste. Wir dürfen gespannt sein, welche asylrelevanten Länder von den Brüsseler Spitzen oder denen in Bonn-Berlin als »verfolgungsfrei« eingestuft werden? Rumänien, Sri Lanka, Zaire, Brasilien, Lettland oder die sächsische Schweiz?

Die bayerischen Pläne halten sich mit solchen Petitessen nicht auf. Nach dem Willen von Minister Stoiber soll das einklagbare Grundrecht auf Asyl abgeschafft und durch eine »institutionelle Garantie« ersetzt werden. Garantie hört sich gut an, bedeutet jedoch, daß nunmehr der Staat das Recht, keineswegs aber die Pflicht hat, Asylsuchenden Zuflucht zu gewähren. Das Gesetz, von dem die CSU trotz Asylkompromiß träumt, soll gestatten, Asylbewerber aus »sicheren« Staaten gleich an der Grenze zurückzuweisen. Und statt der Justiz soll ein Beschwerdeausschuß des Bundestages im Einzelfall prüfen, ob die Zurückweisung rechtens sei. Das wäre das Ende eines gesicherten Verfolgungsschutzes, aber schwerlich das Ende der Zuwanderung aus Ländern, in denen Unterdrückung, Bürgerkrieg oder blanke Not herrschen. Wohl könnte die Bundesrepublik vom Zufluchtsort zum Abschiebestaat mutieren. Eine nicht zufällige Sonderstellung der Bundesrepublik Deutschland wäre damit revoziert. Die ganz entschiedenen Gegner des Asylrechts wollen die Verfassungsgarantie ganz schleifen und auf die Genfer Konvention umstellen. Praktisch wäre damit wenig gewonnen, weil auch diese im Verbund mit der Rechtsschutzgarantie des Art. 19 IV GG Prüfungsverfahren gerade nicht entbehrlich macht. Zurückgeschraubt auf eurozentrisch-egoistisches Mittelmaß, wäre allerdings die besondere Verantwortung der Bundesrepublik »normalisiert«. »Entsorgung der Vergangenheit« hieß das zuletzt im Kontext des Historikerstreits.

Gelänge diese Entsorgung, würden die Fremden, die behaupten, politisch Verfolgte zu sein, in einer Weise auf den Status bloßer Objekte staatlicher Abwehrmaßnahmen reduziert, die im Negativen ähnlich beispiellos wäre wie ehedem im Positiven der Wortlaut des Art. 16 II 2 GG.

Wer das nicht will, muß sich dennoch nicht auf die bloße Abwehr aller Änderungen der Asylpraxis versteifen.[29] Grundrechtsschonend, denkbar und den Motiven der Flüchtlinge angemessen wäre es, den Zwang zum Asylantrag zu lockern. Eindeutige und allgemein bekannte Fälle politischer Verfolgung, wie die der Roma und Sinti in Rumänien, in denen Art. 16 II 2 oder bloße Humanität Schutz gebieten, lassen sich im Paket und ohne langwieriges Verfahren kostengünstiger entscheiden. Das Kontingentflüchtlingsgesetz von 1980 steht dazu mit 6 Paragraphen bereit. Auch Flüchtlingen aus Bürgerkriegsgebieten wie etwa Kroatien oder Bosnien, die nach der Rechtsprechung keine Aussicht auf Anerkennung haben, könnte man ohne bürokratische Umschweife mit einem kollektiven »kleinen Asyl«, dem Schutz vor Abschiebung, entgegenkommen, solange der Bürgerkrieg andauert. Vielen, die ganz offensichtlich ökonomischer Not entfliehen, wäre statt eines demoralisierenden Aufenthalts in Lagern und einer stets unsicheren Duldung ihres Aufenthalts humaner mit einer Saisonarbeitskarte geholfen. Oder, wenn sie warten können, mit dem Angebot, in die Bundesrepublik einzuwandern. Ein Einwanderungsgesetz könnte die Asylgarantie vor gefährlichen Zahlenspielen schützen und den Inländern endlich Gelegenheit zu der bisher verdrängten Kontroverse geben, wie sie sich zu den ebenso unvermeidlichen wie unverzichtbaren Migrationen verhalten wollen. Das aus gutem rechtsstaatlichen Grund nicht ganz ohne Zeitaufwand zu erledigende Asylverfahren könnte sich dann vor allem auf jene konzentrieren, denen die politische Verfolgung nicht auf der Stirn geschrieben steht.[30]

Freilich setzen all diese Vorschläge nicht nur Humanität, sondern auch eine Toleranz von Differenz voraus, nach der weder dem asylfeindlich-zynischen Zeitgeist noch seinen überschwenglichen Widersachern der Sinn steht. Beide, so scheint es, träumen heimlich den Traum von einer Gesellschaft bzw. Weltgesellschaft ohne Fremde, wohl wissend, daß das ein Alptraum bzw. Traum ist. Deutlicher als mit der Figur des »Normalflüchtlings«, mit den derzeit ersonnenen Abwehrinstrumenten und mit den wilden Anschlägen läßt sich kaum zeigen, daß wir uns selbst Fremde sind, uns aber als solche nicht erkennen und uns mit aller Gewalt gegen das Bewußtsein unserer Differenz wehren.

§ 6 *Abschließende Bemerkung über die nicht-kulinarische und nicht-volkswirtschaftliche Bedeutung des Fremden für das Eigene*

Nach Willen und Vorstellung der Aufklärer sollten wir längst auf dem Weg zur Weltbürgergesellschaft sein. Der Durchgang durch unser Recht zeigt: Der Weg ist noch weit. Fremde werden ausgegrenzt, abgewehrt und abgewertet oder bis zur Unkenntlichkeit assimiliert. In der Bundesrepublik und anderswo. Zeichen der Zeit ist nicht Toleranz, sondern sind gezielte Entgleisungen von Politikern, pogromartige Überfälle auf Wohnheime von Flüchtlingen, begleitet vom feigen Beifall der Anwohner, und eine grassierende klammheimliche Feindseligkeit gegenüber allem Fremden. All dies verweist, über den aktuellen Anlaß hinaus, wie etwa die Vereinigung und ihre Folgen, auf die Bruchstellen einer interessengespaltenen Gesellschaft. Aus diesen tritt eine bisweilen übermächtige Sehnsucht nach Einheit, ein schier unersättlicher Bedarf an symbolischer Homogenität zutage, den die Abwehr der Fremden befriedigen soll. Der Pluralismus von Meinungen, Werten und Interessen scheint schwer erträglich zu sein, weil er soziale Konflikte programmiert. Und damit fortlaufend die Wunschvorstellung untergräbt, die Gesellschaft könnte eines Sinnes, eine verschworene Gemeinschaft sein. Der Religion fehlt seit dem Einbruch der Aufklärung die Kraft, solche Schwüre abzunehmen. An der nationalistischen Tradition oder an der Fiktion einer Abstammungsgemeinschaft vermögen sich Einheitsgefühle zwar zu erwärmen, erreichen jedoch nicht die für Verschmelzungsphantasien notwendigen Hitzegrade. Ersatzweise setzt sich die Gesellschaft deshalb durch den Ausschluß einzelner Gruppen als organische Einheit, als ein Körper ins Bild. Zwangsläufig wird der Fremde dann zum Fremdkörper. Dabei ist relativ beliebig, wer als Störer der sozialen Harmonie ins Blickfeld gerät. Flüchtlinge, Aussiedler oder sonstige Immigranten, Extremisten, Chaoten oder sonstige Unruhestifter, Zigeuner, Schwule oder sonstige Undeutsche sind die jeweils erfundenen oder entdeckten Anderen, die raus, nach drüben, nicht hierher gehören. Zwar sind diejenigen, die nach Hautfarbe, Sprache und Lebensform besonders fremd erscheinen und sich auf kein noch so dünnes Blutsband berufen können, die bevorzugten Zielscheiben von Ressentiment und Diskriminierung; gleichwohl bleiben sie nahezu austauschbare Objekte, an denen sich das Unbehagen an den auf Dauer gestellten Status- und Verteilungskämpfen und die Ängste der ökonomischen Modernisierungsverlierer und nicht zuletzt die ostwestliche Inländerfeindlichkeit entladen.

Dennoch: wir brauchen die Fremden. Nicht nur zum Ausgleich der negativen Geburtenrate, nicht nur, weil sie sich über kurz oder lang ökonomisch rechnen, nicht nur um der kulinarischen Vielfalt willen, nicht nur zur Ablenkung vom Befremdlichen an unseren ostwestlichen Schwestern und Brüdern. Ganz einfach und vielmehr, weil sie uns, ohne ihr Zutun, unser eigenes Fremdsein in einer heillos modernen Welt vor Augen führen. Sie zu schließen, hilft nicht. Fremde sind wir uns selbst.

Anmerkungen

1 Zum Streit vgl. G. Schult (Hg.), Einwanderungsland Bundesrepublik Deutschland? (Baden-Baden 1982); K.J. Bade, Vom Auswanderungsland zum Einwanderungsland? Deutschland 1880-1980 (Berlin 1983) und L. Hofmann, Die unvollendete Republik: Zwischen Einwanderungsland und deutschem Nationalstaat, 2. Aufl. (Köln 1992); Zuleeg, Einwanderungsland Bundesrepublik Deutschland, in: *Juristenzeitung* 1980, S. 425 ff; H. Geißler, *Der Spiegel* Nr.13 (1990), S. 158 f.

2 Vgl. dazu die Beiträge von Bade und Klauder in: K.J. Bade (Hg.), Deutsche im Ausland – Fremde in Deutschland: Migration in Geschichte und Gegenwart (München 1992), Kap. 7 und die Angaben in: Statist. Bundesamt (Hg.), Statist. Jb. der Bundesrepublik Deutschland (Wiesbaden 1992); D. Bischoff / W. Teubner, Zwischen Einbürgerung und Rückkehr, Ausländerpolitik und Ausländerrecht der Bundesrepublik Deutschland (Berlin 1990).

3 Zur Verspätung der Auswanderungsgesetzgebung im Kaiserreich vgl. K.J. Bade, Politik der Einwanderungssituation: Migration – Integration – Minderheiten, in: ders. (Hg.), Deutsche im Ausland, a.a.O. (Anm. 2), S. 446.

4 Vgl. Deutsches Institut für Urbanistik, NVwZ 1988, 230 und W. Klauder, Deutschland im Jahre 2030, in: K.J. Bade, Deutsche im Ausland, a.a.O. (Anm. 2), S. 455 ff.

5 Vgl. schon O. Uhlitz, Deutsches Volk oder »multikulturelle Gesellschaft«: Von den verfassungsrechtlichen Grenzen der Ausländer- und Einbürgerungspolitik, in: *Recht und Politik*, Vierteljahreshefte für Rechts- und Verwaltungspolitik (1966), S. 143 ff. Zur aktuellen Debatte: M. Brumlik / C. Leggewie, Konturen der Einwanderungsgesellschaft: Nationale Identität, Multikulturalismus und ›Civil Society‹, in: Bade, Deutsche im Ausland, a.a.O.(Anm. 2), S. 430 ff; F.O. Radtke, Multikulturell – Das Gesellschaftsdesign der 90er Jahre, in: *Informationsdienst zur Ausländerarbeit*, H. 4 (1990), 27ff.; L. Hofmann, Die unvollendete Republik, a.a.O. (Anm. 1), S. 41 ff., 141 ff.

6 So bereits R. v. Mohl, Staatsrecht, Völkerrecht und Politik I (1860), S. 627; vgl. auch S. Jordan, Artikel »Gastrecht (Fremdenrecht)«, C. Rotteck / C. v. Welcker (Hg.), Staatslexikon IV (1838), S. 291 ff., bes. S. 315 ff.

7 C. Schmitt, Verfassungslehre (München/Leipzig 1928), S. 231 ff. Zur Kritik s. L. Hofmann, Die unvollendete Republik, a.a.O. (Anm. 1), S. 110 f. Die Schmittsche Gleichung von Fremd = Feind findet trotz ähnlicher Begrifflichkeit keine Rückendeckung in der Antike, vgl. dazu J. Bodin, Sechs Bücher über den Staat, übers. v. B. Wimmer, hrsg. v. C. Mayer-Tasch (München 1981), I, S. 160 f.

8 H. Quaritsch, Staatsangehörigkeit und Wahlrecht, in: Die Öffentliche Verwaltung, H. 1 (1983), S. 15.

9 J. Isensee, Die staatsrechtliche Stellung der Ausländer in der Bundesrepublik Deutschland, in: Veröffentlichungen der Vereinigung der Deutschen Staatsrechtslehrer (VVDStRL) 32 (Berlin 1974), S. 58 f., 64, 69.

10 R. v. Mohl, Staatsrecht, a.a.O. (Anm. 6), S. 627.

11 I. Kant, Zum Ewigen Frieden, Werke, Bd.9 (1970), S. 211, 214.

12 In der Präambel beschwört das Grundgesetz das »Deutsche Volk«, im 2. Absatz von Art. 1 bekennt sich dieses »zu unverletzlichen und unveräußerlichen Menschenrechten als Grundlage jeder menschlichen Gemeinschaft«.

13 Für die Debatte in den Vereinigten Staaten und in England vgl. nur R. Bendix, Nation-Building and Citizenship (Berkeley 1977); T.H. Marshall, Bürgerrechte und soziale Klassen. Zur Soziologie des Wohlfahrtsstaates (Frankfurt/New York 1992); M. Walzer, Obligations: Essays on Disobedience, War, and Citizenship (Cambridge, Mass. 1970); J. Shklar, American Citizenship: The Quest for Inclusion (Cambridge, Mass. 1991).

14 S. Einbürgerungsrichtlinien v. 15.12.1977 (GMBl.1978 S.16, ber. S. 27).

15 Vgl. P. Szczekalla, »Ausländer« in Deutschland – zur Geschichte eines Begriffs, in: *Rechtshistor. Journal* 10 (1991), S. 321 ff.

16 D. Lochak, Étranger: de quel droit? (Paris 1985), S. 215.

17 J. und W. Grimm, Deutsches Wörterbuch.

18 J. Isensee, Die staatsrechtliche Stellung, a.a.O. (Anm. 9), S. 69.

19 J. Kristeva, Fremde sind wir uns selbst (Frankfurt a.M. 1990), S. 106. Vgl.auch H. Arendt, Elemente und Ursprünge totaler Herrschaft, Bd. 2 (Berlin u.a. 1975), S. 258 ff.
20 H. Krüger, Allgemeine Staatslehre 2. Aufl. (1966), S. 954 ff.
21 Hierzu und auch zu den folgenden Argumenten vgl. J. Isensee, a.a.O. (Anm. 9), Zur Kritik vgl. Bryde, Ausländerwahlrecht und grundgesetzliche Demokratie, in: Juristenzeitung 44.Jg. (1989), S. 257 ff. mit weiteren Nachweisen.
22 Vgl. etwa J. Habermas, Faktizität und Geltung (Frankfurt a.M. 1992), Kap. 3.
23 J. Isensee, Die staatsrechtliche Stellung des Ausländers, a.a.O. (Anm. 9), S. 93.
24 BVerfGE 83, S. 37 ff., 50, 51; siehe auch BVerfGE 83, S. 60 ff.
25 Vgl. G. Frankenberg, Asyl – ein Menschenrecht?, in: *Kritische Justiz*, 1987, Heft 1
26 Vgl. hierzu A. Verdross / B. Simma, Universelles Völkerrecht, 3. Aufl. (Berlin 1984), § 1210 m. w. Nachw.
27 Zur Lage staatlicher Souveränität vgl. Knieper, Nationale Souveränität (Frankfurt a.M. 1991), bes. Kap. III und IV.
28 F.K. Fromme, *FAZ* v. 16.9.1992, S. 1.
29 Angesichts des geradezu übermächtigen Angriffs auf diese Garantie flüchten sich die Verteidiger in Vorstellungen von »freiem Fluten«, »offenen Grenzen« und »Bürgerrecht für alle, die kommen«. Der Asylsuchende, auch wenn er es nicht ist, soll so sein wie wir. Kritisch dazu L. Hofmann, Die unvollendete Republik, a.a.O. (Anm. 1), S. 179 ff.
30 Hiergegen ließe sich einwenden, eine derartige kleindeutsche Lösung verkenne, daß der Abbau der Grenzkontrollen in Europa die Normalisierung des Asylrechts, seine »Harmonisierung nach unten« diktiere. Daß das Gemeinschaftsrecht die Axt an diesen Artikel legt, trifft schlechterdings nicht zu. Weder der EWG-Vertrag von 1957 noch die Einheitliche Europäische Akte von 1986 noch das Dubliner Abkommen gibt den Eurokraten die Axt in die Hand. Nicht von ungefähr läßt das Schengener Abkommen, das unter anderem auch die Einreise und Asylbegehren von »Drittausländern« regelt, genügend Raum für nationale Besonderheiten.– Richtig ist freilich, daß die Bundesrepublik Gefahr läuft, zum Reserve-Asylland zu werden, wenn sich die anderen Mitgliedsstaaten der EG weiterhin auf die Abwehr von Flüchtlingen versteifen. In dieser Situation reicht es folglich nicht aus, auf Artikel 16 zu pochen oder locker das »freie Fluten« zu propagieren. »Macht hoch die Tür« ist keine politische Antwort auf die Wagenburg-Mentalität in der Bundesrepublik, auf das Festungsdenken in Europa und auf den Wohlstands-Chauvinismus überall. Die Europäer sollten sich wechselseitig überzeugen, daß Festungen mittelfristig gestürmt werden. Und daß koordinierte Großzügigkeit bereits kurzfristig kostengünstiger kommt als die Konkurrenz nationaler Egoismen.

Robert Wistrich
Iudaeus ex machina
Die Wiederkehr eines alten Feindbildes

Das Wiedererwachen der alten Dämonen des Nationalismus und Antisemitismus in Europa, insbesondere in Mittel- und Osteuropa, in den drei Jahren seit dem Fall des Kommunismus überrascht kaum. Schließlich stellt in diesem Teil der Welt die nationale Identität seit den gescheiterten Revolutionen von 1848 ein Problem dar. Die vierzig Jahre währende Herrschaft des Kommunismus nach dem Zweiten Weltkrieg hatte die tieferliegenden Konflikte und Spannungen eher eingefroren als gelöst. Das gilt auch für den Antisemitismus, der in der Zwischenkriegszeit integrales Moment des Kampfes um die polnische, rumänische, ungarische oder slowakische nationale Identität war. Kaum hatte sich der eiserne Griff der *pax sovietica* gelöst, brachen viele alte Wunden wieder auf, entlang und quer zu den Bestrebungen um nationale Unabhängigkeit, deren Wurzeln in der westlichen Aufklärung liegen.

Vergessen wir nicht, daß nach der Machtergreifung der Nationalsozialisten der Antisemitismus in den Ländern Mittel- und Osteuropas zur offiziellen bzw. halboffiziellen Politik wurde.[1] Dies war keine zufällige Entwicklung. Seit dem späten 19. Jahrhundert hatte man in den Juden ein fremdes Element gesehen, das es irgendwie geschafft hatte, ganze Bereiche der heimischen Wirtschaft, Gesellschaft, Politik und Kultur zu infiltrieren und zu unterminieren. Selbst assimilierte Juden wurden oft als nicht zur Nation oder zum »Volk« gehörig, vielmehr ihrer eigenen Kultur verhaftet betrachtet, oder man unterstellte ihnen, daß sie Anschauungen vertraten, die mit den Zielen der echten Nationalisten unvereinbar waren.

Die bolschewistische Revolution von 1917 und die bedeutende Rolle, die einzelne Juden in den frühen kommunistischen Bewegungen Rußlands, Mittel- und Osteuropas gespielt hatten, verschärften den nationalistisch motivierten Antisemitismus. Vor allem in Deutschland und Ungarn erschien der Kommunismus nach 1918 vielen als ein Importprodukt fremder jüdischer Revolutionäre, wie auch die Russische Revolution als eine Machenschaft jüdischer Verschwörer angesehen wurde. Obwohl die jüdischen Gemeinschaften Mittel- und Osteuropas in der Zwischenkriegszeit den Kommunismus keineswegs unterstützten, gab das Feindbild einer »jüdisch-bolschewistischen Allianz« dem Nationalgefühl einen wesentlichen Auftrieb.

Die Folgen waren verheerend. Zwischen 1917 und 1920 führte der Kampf um die ukrainische Unabhängigkeit zum Massenmord an den dortigen Juden. Die Vorstellung einer »jüdisch-bolschewistischen Allianz« spielte auch eine wesentliche Rolle beim weißen Terror in Ungarn 1920, der alles zerstörte, was von der ungarisch-jüdischen Symbiose unter der Herrschaft der Habsburger bis 1914 übrig geblieben war. Auch im Polen und Rumänien der Zwischenkriegszeit war der Kampf gegen den »jüdischen Kommunismus« ein durchgängiges Element des Nationalismus. Und in Deutschland wurde er bekanntlich zu einem der wichtigsten Propagandawerkzeuge der Rechten und insbesondere der Nationalsozialisten auf ihrem Weg zur Macht. Hitlers Ideologie und der Holocaust sind ohne den Mythos von der »jüdisch-bolschewistischen Weltverschwörung« kaum vorstellbar, ebensowenig der Kollaborationswille so zahlreicher Litauer, Esten, Ukrainer, Rumänen, Ungarn, Slowaken, Kroaten und anderer bei der »Endlösung«.

In Sowjetrußland, der Heimat des Bolschewismus, war die Situation anders. Die Sowjetregierung führte in den zwanziger Jahren eine – später auf halbem Wege eingestellte – Kampagne gegen den Antisemitismus, und selbst Stalins Terrorregime der dreißiger Jahre ließ offenen Antisemitismus ebensowenig zu wie andere »Abweichungen« von der offiziellen marxistisch-leninistischen Ideologie. Stalins Umschwenken auf einen großrussischen Chauvinismus in den vierziger Jahren brachte dann aber die tief in der russischen nationalen Vergangenheit verankerten antisemitischen Ressentiments wieder an die Oberfläche; sie brachen sich Bahn in der Kampagne gegen die »entwurzelten Kosmopoliten« und in der kaum verschleierten antijüdischen Paranoia des »Ärztekomplotts«[2].

Bis zu Gorbatschows Machtübernahme Mitte der achtziger Jahre blieben Stalins Nachfolger dieser politischen Kursänderung mehr oder weniger treu; freilich versteckten sie sie häufig unter dem gesellschaftsfähigeren Deckmantel des Antizionismus. Auch in Osteuropa trug der Antizionismus dazu bei, daß der alte Antisemitismus sowohl als von oben verordnete Politik als auch in Gestalt des populären, von unten kommenden Ressentiments gegen die Juden weiterlebte. So wurden das mörderische Erbe der Naziokkupation und die viel ältere Tradition religiös und nationalistisch motivierter Feindschaft gegen die Juden niemals wirklich überwunden.

Trotzdem erfuhren einige Aspekte der »Judenfrage« nach 1945 eine deutliche Veränderung. Am Vorabend des Holocaust lebten 8,1 Millionen Juden – nicht weniger als 49 Prozent der jüdischen Weltbevölkerung – in Osteuropa, der UdSSR und auf dem Balkan. Heute beträgt dieser Anteil in Osteuropa, selbst wenn wir den europäischen Teil Rußlands und die Ukraine miteinbeziehen, nicht mehr als 10 Prozent. Als Land mit der größten Zahl von Juden in der Diaspora hat Nordamerika Osteuropa den Rang abgelaufen, und Israel hat die Rolle des geopolitischen Zentrums übernommen. Die jüdische Bevölkerung in Mittel- und Osteuropa (die Ex-Sowjetunion ausgenommen) ist nur noch ein Schatten ihrer selbst, lediglich in Ungarn erreicht sie noch die Zahl von 100 000. Die großen jüdischen Gemeinschaften der Vorkriegszeit in Polen, Rumänien, Deutschland, der Tschechoslowakei und Österreich, ganz zu schweigen von jenen auf dem Balkan und in den baltischen Ländern, sind alle von Hitler ausgelöscht worden, und die Überlebenden emigrierten aus den stalinistischen Nachfolgeregimen.

Mit dem Verschwinden der jüdischen Gemeinschaften wurde auch der »Judenfrage« jede »reale« Grundlage in Mittel- und Osteuropa entzogen: Die Frage des sozioökonomischen Wettbewerbs, die Probleme der kulturellen Assimilierung und der Modernisierung stellten sich nicht mehr; für Konflikte zwischen Mehrheit und Minderheiten oder für religiöse Differenzen gab es keine Protagonisten mehr. Die Juden bildeten kein wesentliches Element mehr im Kampf rivalisierender nationaler Bewegungen, keinen Faktor in der kapitalistischen Modernisierung, in der städtischen Ökonomie oder in der Regenerierung der nationalen Kultur. Es gab auch keine größeren Agglomerationen orthodoxer Juden mehr, die noch in ihrer osteuropäischen Gettotradition zusammenlebten, und damit büßte die Unterstellung eines jüdischen Separatismus ihre Glaubwürdigkeit ein.

Nur in einer Hinsicht gab es vielleicht noch einen »objektiven« Grund für Antisemitismus im Nachkriegs-Osteuropa: die herausragende Rolle, die dort einige Juden bei der Einführung des Kommunismus sowjetischer Prägung spielten. Das war und ist ein besonders umstrittenes Thema in Polen, in gewissem Maße auch im heutigen Rumänien und, in geringerem Maße, in Ungarn und der Slowakei. Eine heftige Wiederbelebung erfährt es heute auch von russischen Antisemiten, die die Juden *en bloc* rückwirkend anklagen, einen »Genozid« am russischen Volk verübt zu haben, beginnend mit der bolschewistischen Revolution von 1917.

Aber ganz gleich, ob die »Judenfrage« eine »objektive« Basis hat oder nicht, mit dem Zusammenbruch der kommunistischen Regime ist sie zurückgekehrt und zum festen Bestandteil der bohrenden, die heutigen postkommunistischen Gesellschaften bedrängenden Fragen nach der nationalen Identität geworden – nach dem, was denn das Polentum, Tschechentum oder Ungarntum wirklich ausmacht. Wir sind heute Zeugen der blutigen Auswirkungen dieser Streitfragen im ehemaligen Jugoslawien, morgen vielleicht in Moldawien, in der Ukraine, Ungarn, Rumänien oder den Balkanländern. Tschechen und Slowaken mögen sich zwar zum Sturz des Kommunismus verbündet haben, danach aber und trotz der engen sprachlichen Verwandtschaft ist in der Slowakei ein militanter Separatismus wiederauferstanden, und auch das jüdische Feindbild wurde wieder hervorgeholt. Der wachsende Antisemitismus in der heutigen Slowakei ist Bestandteil eines paranoiden Syndroms, zu dem auch antitschechische Ressentiments, Feindseligkeit gegen die ungarische Minderheit und die Zigeuner sowie ein ungetrübter Antikommunismus gehören, wie er von den slowakischen Exilheimkehrern mitgebracht wurde.

Die Tschechen können bei der (Wieder-)Herstellung ihrer nationalen Identität zumindest auf die funktionierende liberale Demokratie der Zwischenkriegszeit zurückblicken, die der Eroberung durch die Nazis und der späteren kommunistischen Machtergreifung vorausging. Die slowakischen Nationalisten hingegen schauen in ihrem Traum von der Souveränität voller Bewunderung zurück auf Monsignore Josef Tiso; er war der Präsident des einzigen unabhängigen slowakischen Staates in der jüngeren Geschichte, kollaborierte mit den Nazis und war mitverantwortlich für den Völkermord an den slowakischen Juden. Wen wundert es, daß mit Tisos Rehabilitierung die antisemitischen Wandparolen in Bratislava und anderen slowakischen Städten sprunghaft zugenommen haben? (Doch auch bei den Tschechen regt sich rassistische Intoleranz. In Böhmen und Mähren manifestiert sich der wachsende Fremdenhaß in Ausschreitungen gegen Zigeuner und Gastarbeiter und in den allenthalben aus dem Boden hervorschießenden Banden von Skinheads und Neonazis.)

Wesentlich schlimmer ist die Lage in Kroatien, wo der konservative, nationalistische Präsident Franjo Tudjman sich als Experte für Geschichtsrevision erwiesen hat. In einem 1989 von ihm publizierten Buch reduziert Tudjman die Zahl der jüdischen Opfer des Holocaust auf eine Million und beschuldigt die Juden, »die Initiative ergriffen zu haben, nicht nur einzelne Grausamkeiten vorzubereiten und zu provozieren, sondern auch Massenmorde an Nichtjuden, Kommunisten, Partisanen und Serben verübt zu haben.« Nach Tudjman waren Juden an der Liquidierung von Zigeunern im berüchtigten Lager von Jasenovac beteiligt, während in Wirklichkeit das Gegenteil der Fall war: Tausende von Serben und unschuldigen Juden wurden von den kroatischen Ustascha brutal ermordet. In diesem Buch, das den passenden Titel »Wüsten der geschichtlichen Wirklichkeit« trägt, bezeichnet der Autor Israel als einen »Judäo-Nazi«-Staat.

Die 2000 Juden in Kroatien haben Glück, daß sich Tudjmans Popularität nicht seinem Antisemitismus verdankt, sondern Ausdruck eines legitimen Protestes gegen die serbische Vorherrschaft ist und in der alten Tradition des Strebens nach einem unabhängigen Staat Kroatien steht. Es sei auch darauf hingewiesen, daß sich im Bürgerkrieg serbische und kroatische Juden ihren jeweiligen Gemeinden angeschlossen haben, ohne daß sie bisher als Juden hätten leiden müssen. Niemand kann jedoch für die Zukunft garantieren, daß es dabei bleibt, weder in Kroatien noch in Serbien oder in Bosnien-Herzegowina. Die Schrecken der »ethnischen Säuberungen« im ehemaligen Jugoslawien, insbesondere die Maßnahmen der radikalen serbischen Nationalisten gegen die Kroaten und Moslems, haben im übrigen gezeigt, daß aus den Erfahrungen der Nazizeit bemerkenswert wenig gelernt worden ist.

In Polen, Ungarn und Rumänien haben die Wahlen von 1990 gezeigt, daß der Antisemitismus immer noch ein Faktor ist, den man in der Öffentlichkeit wirkungsvoll einsetzen kann. In Ungarn war die Allianz der Freien Demokraten (die von den jüdischen Wählern, neben der sozialistischen Partei, favorisiert wird) Angriffsziel einiger Anhänger des die Regierungskoalition beherrschenden Demokratischen Forums. Einer seiner Vizepräsidenten, der Schriftsteller Istvan Csurka, hat vor kurzem unverhohlen von einer »jüdisch-zionistischen Verschwörung« gesprochen, die Ungarn bedrohe; und die jüdischen Kommunisten seien es gewesen, die die Selbstachtung des ungarischen Volkes zerstört hätten. Dies war kein Einzelfall – obgleich andererseits der Premierminister József Antall den Antisemitismus nachdrücklich verurteilte, seine Regierung (wie auch die Regierungen einiger anderer osteuropäischer Staaten) enge Beziehungen zu Israel knüpfte und das kulturelle Leben der Juden in Ungarn eine Renaissance erfährt. Außerdem prangert die katholische Kirche in Ungarn, wenn auch erst nach einigem Zaudern, den Antisemitismus offener an als in irgendeinem anderen osteuropäischen Land, ebenso wie viele führende Schriftsteller und Intellektuelle des Landes gegen ihn protestiert haben.

In Rumänien ist die Situation ganz anders. Dort ist seit dem Staatsstreich vom Dezember 1989 ein ständiges Ansteigen von Chauvinismus und Antisemitismus zu beobachten, obwohl es nur noch 18 000 Juden gibt. Die nationalistische Oppositions-Zeitung *Romania Mare*, deren Auflage bei über einer halben Million liegt, bringt regelmäßig antisemitische Artikel. Im April 1991 behauptete der Herausgeber, daß zu viele Juden in Rumänien Schlüsselpositionen innehätten: »An der Spitze von Fernsehen und Radio stehen nur Juden, und im Parlament wimmelt es nur so von ihnen. Es ist nicht ihre Schuld – sie haben von jeher dominiert –, aber könnten sie uns nicht eine kleine Atempause gönnen, statt weiter auf uns herumzutrampeln, wie sie es seit 1947 tun?«

Dieser Vorwurf wurde von einer Reihe anderer Zeitungen aufgegriffen, die die Juden häufig beschuldigen, daß sie den Kommunismus nach Rumänien importiert hätten. Einige Mitglieder des »Komitees zur nationalen Rettung«, darunter der ehemalige Ministerpräsident Petre Roman, wurden wegen ihrer jüdischen Herkunft angegriffen. Die Situation verschärfte sich, als das rumänische Parlament im April 1991 eine Schweigeminute für den antisemitischen Diktator und Hitlers Verbündeten, Marschall Ion Antonescu, einlegte. Der exkommunistische Präsident Ion Iliescu distanzierte sich zwar davon, warf aber gleichzeitig jenen, die den Antisemitismus in Rumänien verurteilen, vor, die Situation zu übertreiben und den Ruf des Landes zu schädigen. So halten die Schwäche der Regierung, die mangelnde demokratische Tradition, die materielle Not und der Zorn über die schleppenden Reformen den Antisemitismus als Ventil für die Enttäuschungen und die Unzufriedenheit des Volkes am Leben.

Noch mehr gilt dies für Polen. Jüngsten Untersuchungen zufolge zeigen etwa 30 Prozent der Bevölkerung antisemitische Tendenzen – und das in einem Land, von dessen fast 40 Millionen Einwohnern maximal 10 000 Juden sind. Dies hat zu solchen Absurditäten geführt wie der grotesken Flüsterkampagne von 1990 gegen den damaligen Ministerpräsidenten Tadeusz Mazowiecki, einen Katholiken, den man als »Kryptojuden« enttarnen wollte. (Dieses Gerücht wurde von Anhängern des konkurrierenden Kandidaten, Lech Walesa, verbreitet.) Die Reaktion der katholischen Kirche und anderer polnischer Institutionen war irritierend unangemessen – ein prominenter polnischer Bischof »bestätigte« in der Öffentlichkeit, daß im Stammbaum Mazowieckis nicht ein einziger Tropfen jüdischen Blutes zu finden sei. Es erstaunt von daher nicht besonders, daß Ende 1990 jüdische Gebäude in Warschau und anderswo mit Hakenkreuzen beschmiert wurden und Slogans wie »Nur ein toter Jude ist ein guter Jude« auf dem *Umschlagplatz* auftauchten, dem Platz, von dem im Sommer 1942 300 000 Warschauer Juden ins Todeslager Treblinka abtransportiert wurden.

Am Beispiel Polen bewahrheitet sich vielleicht am spektakulärsten, daß Antisemitismus auch ohne die Präsenz von Juden gedeihen kann. Polen ist jedoch nicht der einzige Fall. Egal, ob wir es mit der Schändung jüdischer Friedhöfe, mit Wandparolen, pseudointellektuellen Theorien von einer »jüdischen Weltverschwörung« oder dem Phantasma »getarnter« Juden in der Regierung zu tun haben, diese Spielart des Antisemitismus läßt sich heute überall in Ostmitteleuropa feststellen. Sie muß sogar zur Legitimation der in einigen dieser Länder getroffenen Maßnahmen gegen die Zigeuner herhalten, die heute die Hauptopfer rassistischer Vorurteile und sozialer Schikanen sind. Denn wer, wenn nicht die Juden mit ihrer hinlänglich bekannten Weltverschwörung, könnte hinter dem Zustrom dieses unerwünschten Volkes stehen?

Ähnliches spielt sich auch im Westen und in der Mitte Europas ab, wo die Furcht, von nichtassimilierbaren fremden Kulturen überrannt zu werden, der radikalen Rechten neuen Auftrieb gegeben hat. In Frankreich, Belgien, Deutschland und Österreich verknüpft die neue Rechte die imaginäre »jüdische Frage« mit den realen Immigrationsproblemen. Für die eingefleischten Rassisten in Westeuropa ist der Antisemitismus ohnehin ein Grundpfeiler ihrer Ideologie, und es fällt ihnen nicht schwer, die vermeintliche Bedrohung der weißen europäischen Rasse als Teil einer teuflischen jüdischen Verschwörung gegen die »arische« Bevölkerung darzustellen.

Für jegliche Einschätzung des osteuropäischen Antisemitismus ist die Situation in der Mitte Europas besonders relevant, denn hier, und vor allem in Deutschland und Österreich, wurde der Antisemitismus zum ersten Mal zur Pseudowissenschaft der »biologischen Politik« erhoben (besser: degradiert), und hier vermischten sich die in den »Protokollen der Weisen von Zion« enthaltenen Verschwörungstheorien mit der nationalen Demütigung nach dem Ersten Weltkrieg, mit Massenarbeitslosigkeit und der Angst des Mittelstandes vor dem Kommunismus zu dem explosivsten antijüdischen Cocktail aller Zeiten: zu Hitlers nationalsozialistischer Bewegung. Historisch gesehen liegt hier seit 1880 das geopolitische Zentrum, aus dem die antijüdischen Strömungen anderswo auf dem Kontinent gewöhnlich ihre Inspiration und Kraft bezogen haben.

Könnte sich dieses Muster heute, da der ökonomische und politische Einfluß Deutschlands im Osten wieder einmal deutlich spürbar ist, wiederholen? Gewiß kann niemand leugnen, daß die deutsche Vereinigung ein epochales Ereignis der Nachkriegsgeschichte Europas darstellt; mit ihr wurde die einst scheinbar unüberbrückbare Kluft zwischen Ost und West aus der Welt geschafft. Neben all den positiven Aspekten dieser Entwicklung ist in Deutschland aber auch der Fremdenhaß enorm eskaliert. Seit dem Winter 1991 wächst die Gewalt, Gastarbeiter werden immer häufiger von Neonazis und Skinheads in Schnürstiefeln attackiert, und die Menge feuert die Schlägertrupps an, wenn sie Asylantenheime angreifen und in Brand setzen. Die Passivität der Verantwortlichen in Regierung und Behörden angesichts dieser Minipogrome ist ebenso kläglich wie ihr Hang, das liberale Asylrecht dafür verantwortlich zu machen, statt sich ernsthaft mit den rassistischen Einstellungen in der deutschen Bevölkerung auseinanderzusetzen.

Deutschland mußte sehr schnell an die 400 000 Volksdeutsche aus der Sowjetunion und Osteuropa aufnehmen und hat die weitaus größte Zahl von Asylbewerbern innerhalb der EG; gleichzeitig hat das Land die hohen Kosten für die Sanierung der darniederliegenden Wirtschaft der ehemaligen DDR zu tragen. Es gibt also objektive Gründe für Unzufriedenheit. Hinter der Ausländerfeindlichkeit steckt handfester Rassismus, wie ultrarechte Gruppierungen mit ihrer Wahlkampagne unter dem Slogan »Deutschland den Deutschen« bewiesen haben. Im Stadtrat von Bremen gewann eine dieser Gruppen, die *Deutsche Volksunion*, 6,2 Prozent der Stimmen und konnte diesen Erfolg vor kurzem in Schleswig-Holstein wiederholen. Die rechtsradikalen *Republikaner* erzielten in Baden-Württemberg mit 11 Prozent sogar ein noch besseres Resultat.

Die deutsche Regierung hat die Bedeutung der extremistischen Protestwähler und der neonazistischen Aktivitäten zumeist konsequent heruntergespielt und verschließt vor der wahren Brisanz dieser Phänomene die Augen: Millionen von Deutschen lehnen die Idee einer multiethnischen oder multikulturellen Gesellschaft immer vehementer ab. Die Regierung scheint auch nicht imstande, etwas für die *lost generation* der neunziger Jahre zu tun, am wenigsten in Ostdeutschland, wo nach dem Zusammenbruch der industriellen und wirtschaftlichen Infrastruktur tiefer Zynismus und Hoffnungslosigkeit herrschen. Soziale Not, Identitäts- und Orientierungsverlust bilden den Nährboden für den wachsenden Neonazismus.

Allerdings wird in Deutschland öffentlich geäußerter Antisemitismus in den meisten Fällen verurteilt. Dies mag mit ein Grund dafür sein, warum Befragungen zufolge in Deutschland die Politiker und die Eliten insgesamt den Juden und dem Staat Israel gegenüber positiver eingestellt sind als in Österreich. Allerdings besteht zwischen den Einstellungen der deutschen Elite und denen in der Bevölkerung eine deutliche Diskrepanz. Eine unmittelbar nach der deutschen Vereinigung durchgeführte, Ost und West erfassende Untersuchung etwa zeigte, daß 58 Prozent der Bevölkerung dachten, daß »es Zeit für die Deutschen ist, den Holocaust hinter sich zu lassen«; 52 Prozent meinten, Israel »sollte wie jeder andere Staat behandelt werden«; 39 Prozent meinten, daß »die Juden den Holocaust zu ihrem Vorteil nutzen«; und ein ähnlich hoher Prozentsatz glaubte, daß »die Juden nach wie vor zuviel Einfluß auf das Weltgeschehen ausüben«. Interessanterweise sind selbstgerechte und zynische Einstellungen unter den Westdeutschen weiter verbreitet als unter den Ostdeutschen, zumindest in bezug auf den Holocaust.

In Österreich konnte die radikale Rechte noch größere Gewinne verzeichnen als in Deutschland. Im November 1991 erzielte Jörg Haiders

Freiheitliche Partei in Wien mit einer ausländerfeindlichen Plattform 23 Prozent der Stimmen. Anders als der wohlbeleibte Veteran der Waffen-SS Franz Schönhuber repräsentiert der charismatische, jungenhaft wirkende 41jährige Jörg Haider die neue Welle eines yuppi-gestylten populistischen Chauvinismus. Öffentlich hält sich Haider auf Distanz zu den Neonazis, ein Teil des nationalsozialistischen Gedankenguts ist freilich in seine Partei eingedrungen, und einer seiner engsten Mitarbeiter war Herausgeber einer Zeitschrift, die den Holocaust als »Lüge ohne Ende« bezeichnete. Haider selbst hatte sich lobend über die »ordentliche Beschäftigungspolitik« des Dritten Reiches geäußert und die im Dienste der Wehrmacht gefallenen österreichischen Soldaten gerühmt. Wenngleich Juden im allgemeinen nicht die Zielscheibe seiner Wahlpropaganda darstellen, besteht keinen Zweifel darüber, daß es in seiner Partei einen harten Kern von unverbesserlichen Antisemiten gibt. Angesichts des immer noch bemerkenswert ausgeprägten Antisemitismus in diesem Land – er übertrifft nicht selten den osteuropäischen – würde ein geschickt artikulierter populistischer Antisemitismus wahrscheinlich kein Hindernis für die Wählbarkeit oder Popularität eines Politikers darstellen.

In Mittel- und in Osteuropa war der Antisemitismus seit 1945 weitgehend ein Phänomen »ohne Juden«, häufig vage gegen die Phantasmen eines verdeckten Einflusses und der Macht des »Weltjudentums« gerichtet. Wie gefährlich ist der Antisemitismus heute wirklich? In Deutschland wie in Österreich, in Ungarn, Polen, in der Tschechoslowakei und Rußland werden Juden im allgemeinen weniger diskriminiert als andere Gruppen – in Deutschland z. B. stellen Türken oder Zigeuner, ganz allgemein Gastarbeiter und Asylbewerber das Hauptziel des Rassismus dar. So scheint es keinen unmittelbaren Anlaß zu der Befürchtung zu geben, daß Deutschland für seine osteuropäischen Nachbarn abermals zum geopolitischen Zentrum, zum Anstifter oder Vorbild des Antisemitismus würde. Aber es scheint einen Parallelfall darzustellen, der neben einigen Gemeinsamkeiten mit Osteuropa auch eigenständige Züge aufweist.

Die Geschichte des Antisemitismus in Osteuropa reicht weit zurück, weit vor den Aufstieg des modernen Nationalismus. Ich habe nicht die uralte Feindschaft erörtert, die das Christentum gegenüber dem Judentum hegte und aus der sich der traditionelle Antisemitismus speist, wie er heute noch in Polen und in der Slowakei existiert. Ebensowenig habe ich den hartnäckigen Glauben an den Ritualmord erwähnt, der sich noch immer unter der für Aberglauben anfälligen Landbevölkerung in Teilen Osteuropas hält, oder die Relikte des bäuerlichen Antisemitismus, der seine Wurzeln gleichermaßen in den religiösen wie in den nationalen Empfindungen in Ungarn, Rumänien, der Slowakei, Polen und der

Ukraine hat. Der bäuerliche volkstümliche Antisemitismus bediente sich von jeher des traditionellen Bildes vom Juden als Geldverleiher, Händler und ausbeuterischen Kapitalisten. Der Übergang zum freien Markt und zu einer auf Wettbewerb beruhenden Wirtschaft in Osteuropa mit den daraus resultierenden ernsten ökonomischen Verwerfungen verhelfen dieser älteren Spielart des Antisemitismus, die ihrem Wesen nach antikapitalistisch ist und dem Unternehmergeist mißtraut, heute zu einer Renaissance.

Im allgemeinen dürften aber die lange unterdrückten Spielarten des nationalistischen und politischen Antisemitismus für die postkommunistische Ära von unmittelbarerer Bedeutung sein. Es wäre ein Fehler, die Gefahr zu überzeichnen: Was vom jüdischen Leben erhalten ist, hat mit dem Fall des Kommunismus in vieler Hinsicht eine dramatische Renaissance erfahren, und mehr als die Juden werden andere gehaßt (wenn dies denn ein Trost sein kann). Es wäre aber ein noch größerer Fehler, die Gefahr zu verkennen, schon deshalb, weil der Antisemitismus heute wieder offener artikuliert wird und die Juden, insbesondere in der ehemaligen Sowjetunion, sich verunsichert fühlen.

Der populäre Antisemitismus stellt heute nirgendwo mehr in Osteuropa eine Regierungspolitik dar (maskiert als Propaganda gegen Israel, den Zionismus oder Judaismus); er ist vielmehr ein spontanes, oft unvorhersehbares Ressentiment mit dem Grundtenor, daß die Juden an allem schuld sind, was schief geht. Wie winzig der Anteil der Juden an der Bevölkerung in Mittel- und Osteuropa auch sein mag, man kann anscheinend ohne den *Iudaeus ex machina* nicht auskommen. Gäbe es ihn nicht, die Antisemiten müßten ihn erfinden, und das tun sie offenbar auch.

Aus dem Englischen von Andrea Marenzeller

Anmerkungen

1 Vgl. hierzu und zum folgenden Robert Wistrich, Der antisemitische Wahn. Von Hitler bis zum Heiligen Krieg gegen Israel, München 1987; ebenso: Antisemitism. The Longest Hatred, London 1992 (d. Red.).

2 Zur Anti-Kosmopolitismus-Kampagne von 1949-1953 und zum »Ärztekomplott« vgl. Der antisemitische Wahn, a.a.O., S. 349 f. (d. Red.).

Jacqueline Hénard
Von Zigeunern und Menschen

Der Pariser Platz hat schon machtvollere Demonstrationen erlebt. Fünfzig Menschen stehen an diesem grauen Spätsommertag vor dem Brandenburger Tor. Funktionäre, Überlebende, verirrte Touristen und ein Mann von der Evangelischen Kirche. Es geht um ein Denkmal und um die historische Wahrheit. Wenig spricht dafür, daß ausgerechnet jetzt das Grüppchen vom Pariser Platz Gehör findet mit seiner Beschwerde. Ihm geht es um die Würde der Zigeuner. In Berlin soll ein nationales Holocaust-Mahnmal errichtet werden. Gewidmet wird es, so sieht es im Moment aus, einzig den ermordeten Juden. Die Jüdische Gemeinde hat nichts dagegen. Die Zigeuner jedoch, deren Schicksal im Nationalsozialismus von denselben Gesetzen bestimmt war wie das der Juden, finden sich ungern wieder in vertrauter Position: ausgegrenzt.

Die Zigeuner sind das unbeliebteste Volk Europas. Sie haben keine Heimat und keine Lobby. Ihre Zahl macht sie zur größten ethnischen Minderheit des Kontinents. Mit sechs bis acht Millionen Menschen ist ihre Gruppe größer als manches staatsbildende Volk. Nach der Dezimierung der Juden, der Vertreibung und Rückwanderung der Volksdeutschen sind sie das einzige europäische Volk. Politischen Einfluß haben sie nie gewonnen. Nur eine Handvoll Zigeuner in ganz Europa – Nicolae Gheorghe in Rumänien, Santino Spinelli in Italien – haben den Sprung ins akademische Bürgertum geschafft und ihre zigeunerische Identität behalten. Die nichtzigeunerischen Fürsprecher – Grattan Puxon, Jean-Pierre Liégois, Tilman Zülch oder Mirella Karpati – sind weitgehend unbekannt und weitgehend wirkungslos geblieben. Niemand fühlt sich als Rassist, weil er keine Zigeuner mag.

Salonfähig sind sie bis heute nur als Sofabild – glutäugig die Frau, keck der Zigeunerjunge, beide mit offener Bluse. Zigeuner sind lüstern, diebisch und arbeitsscheu. Das Klischee ist ihr Schicksal. Die Verachtung unterliegt weder innerer noch äußerer Zensur. Eine angesehene Berliner Zeitung schrieb vor kurzem in einem Geburtstagsartikel über die Altskandalnudel Lotti Huber, daß sie als Jüdin im Konzentrationslager »zwischen Diebinnen, Zigeunerinnen und Prostituierten« leben mußte. Gauner, Huren, Zigeuner – alles ein Pack. Weder dem Autor, einem gebildeten jungen Menschen, noch dem Gegenleser, noch der Redaktionskonferenz am nächsten Morgen ist irgendeine Peinlichkeit aufgefallen. Leserbriefe hat es auch nicht gegeben.

Gegen Zigeuner sind Infamien zulässig, die keine andere Randgruppe ertragen muß. An der Universität Mainz sind 950 Verbrechensmeldungen in Lokalzeitungen auf ungenierten Antitsiganismus untersucht worden. Zigeuner werden in den Meldungen regelmäßig ethnisch identifiziert oder unmißverständlich umschrieben (»Südländerin in bunten Röcken«). Nie meldet sich der Pressereferent irgendeiner Botschaft mit einem Protestbrief. Indien hatte zeitweilig eine Patenschaft übernommen, macht aber kaum Gebrauch davon. So unterstellen die Meldungen häufig und unwidersprochen einen unmenschlichen Hang zur Kriminalität. Zigeunerkinder »fallen Passanten paarweise an« – wie die Hunde. Man erinnert sich an die Chronik eines rheinischen Fürstentums, die in einem Jahr unter »erlegtem Wild« auch eine Zigeunerin mit ihrem Säugling aufführt.

Die Hälfte der Meldungen widerspricht den einfachsten journalistischen Regeln. Sind Zigeuner involviert, wird leichthin von »Tätern« gesprochen, wo »Verdächtige« gemeint sind. So wird tagtäglich über eine der meistgelesenen Rubriken, die Polizeimeldungen, das Bild vom asozialen, ab- und andersartigen Wesen der Zigeuner gepflegt. Der Glaube an ihre magischen Tricks setzt sich fort in abergläubischer Abwehr. In den Fernsehnachrichten war vor kurzem ein spöttischer Bericht über die Selbstverteidigung eines norddeutschen Dorfes gegen vermeintliche Zigeunerbanden zu sehen. Die Einheimischen hatten sich alter Zaubermittel entsonnen: umgedrehte Reisigbesen vor den Türen, aufgeklappte Scheren unter den Fußabtretern. Und siehe da, niemand klagte mehr über mysteriöses Verschwinden von Gegenständen.

Die Meldungen in den Lokalzeitungen sind fern von jeder Ironie. Hintergründiges Gewicht bekommen sie durch die Tatsache, daß sie in der Redaktion meist nur sprachlich geglättet werden. Die Nachricht selbst stammt aus dem Polizeibericht und spricht für ein tief verwurzeltes Feindbild, wie es Gustav Radbruch in seiner »Geschichte des Verbrechens«[1] zuerst im 16. Jahrhundert konstatierte: »Jeden Zigeuner sah man von vornherein als Verbrecher an und hielt es nicht einmal für nötig, ein ordentliches Gerichtsverfahren durchzuführen.« In einem besonders spektakulären Fall in Ungarn waren 1782 fast 200 Zigeuner des Kannibalismus angeklagt; erst als schon achtzehn Frauen geköpft, fünfzehn Männer gehängt, sechs ans Rad geflochten und zwei geviertelt waren, bemerkte man den Irrtum – die vermeintlich Aufgegessenen waren quicklebendig. Der Sozialdemokrat Radbruch, zwischen 1921 und 1923 zweimal kurz

Justizminister, verbindet in einem Kapitel die Abneigung des Technokraten für derartige Regelverstöße mit unverhohlenem Rassismus (»geleitet von ererbten Instinkten, beherrscht von ihren Trieben« und »verschlagener List ihrer Rasse«) und verblüffend modernen Einsichten über die gescheiterten Versuche, Zigeuner zu einem Leben wie alle anderen zu zwingen: »Wenn überhaupt ernsthaft gewollt, scheiterten (sie) wohl auch an der allgemeinen Einstellung des Volks gegen die Zigeuner.«

In der Bundesrepublik gibt es seit dem Ende der siebziger Jahre eine Bürgerrechtsbewegung für Zigeuner. Entstanden ist sie unter der Ägide der »Gesellschaft für bedrohte Völker«. Viele Mitarbeiter hatten ihren geistigen Rückhalt ursprünglich in der linken bis linksextremen Szene (KBW). Am Anfang mag ihr Impetus aus einer Art systematischer Besserwisserei gekommen sein; er hat sich bei einigen Fürsprechern der Zigeuner bis heute als Attitüde gehalten. Inzwischen sind die selbststilisierten Helden der Entrechteten aber rar. Die Arbeit mit Zigeunern ist nervenaufreibend, wie mancher von ihnen festgestellt hat. Ein Volk, das seit Jahrhunderten verfolgt wird und dennoch überlebt hat, muß besondere Selbstverteidigungsmechanismen entwickeln. Einer ist die Verachtung und das Mißtrauen gegen die »Bauern«, Gadsche, wie Zigeuner alle anderen Völker nennen. Als Instrumente für den Kampf gegen die etablierte Gesellschaftsordnung lassen sich die Zigeuner nicht leicht mißbrauchen. Politisch hat die Bewegung manches erreicht; Wiedergutmachungszahlungen an die Überlebenden der Konzentrationslager, die Gründung des Zentralrats deutscher Sinti und Roma unter Leitung des Sinto Romani Rose, die Einrichtung eines Dokumentations- und Kulturzentrums. Äußerlich gibt es, wenn auch mit bemerkenswerter Zeitverzögerung, viele Parallelen zu Forderungen und Institutionen der Juden in Deutschland. In der Jüdischen Gemeinde von Berlin erinnert man sich übrigens noch, daß Romani Rose in den sechziger Jahren zum Judentum übertreten wollte.

In der breiten Öffentlichkeit hat die Bürgerrechtsbewegung weniger Sympathie als eine einzigartige semantische Verwirrung erreicht. Bei welchem Namen soll man die Zigeuner nun nennen? Sinti? Roma? Warum eigentlich nicht Zigeuner? In rührend naivem Elan hatten die deutschen Bürgerrechtler seit Ende der siebziger Jahre versucht, mit Hilfe eines Namenswechsels die Fundamente für eine neue, unvoreingenommene Begegnung von Mehrheit und Minderheit zu schaffen. Der Begriff »Zigeuner« sollte aus der Öffentlichkeit verschwinden und mit ihm alle Vorurteile und Erinnerungen an das alte Schimpfwort. In Radio, Zeitungen und Fernsehen war diese Initiative insofern erfolgreich, als dort in der Regel nur noch von »Sinti und Roma« die Rede ist. Allein, es ist ein Akt der hohlen Courtoisie.

Es bedarf außergewöhnlichen Interesses an den inneren Gesetzen dieser Bevölkerungsgruppe, um den Doppelnamen zu verstehen. Von den 65 000 bis 70 000 Zigeunern in der Bundesrepublik bezeichnen sich zwei Drittel als Sinti. Sie leiten ihren Namen von der indischen Urheimat ihres Stammes ab. Die Berliner Sinti schreiben sich seit neuestem geziert »Cinti«. Die Sinti sind in der ersten, nach einer Chronik aus dem 15. Jahrhundert rund 14 000 Menschen umfassenden Wanderungswelle von Griechenland nach Mittel- und Westeuropa vorgedrungen. Die Roma folgten Ende des 19. Jahrhunderts, als die Aufhebung der Sklaverei im rumänischen Regat 200 000 Zigeuner vor die Wahl stellte, einen neuen Platz auf der Welt zu finden. Zu den Roma (Eigenname, bedeutet »freier Mensch«) haben die Sinti ein ähnlich arrogantes Verhältnis wie die West- zu den Ostdeutschen. Die Sinti halten die Roma, grob gesprochen, für ein primitives Balkanvolk und versuchen sie, nach dem Empfinden der Roma, nach außen mundtot zu machen. In den Leitungsgremien des Zentralrats der Sinti und Roma sitzt, wie die Rom-Union Berlin immer wieder klagt, nicht ein Rom.

Die Ethnologen bleiben mit guten Argumenten beim alten Sammelnamen. Er umfasse alle Gruppen und Eigenbezeichnungen, Kalderasch, Lowara, Sinti, Roma, Xoraxanè und so weiter. Einen anderen Überbegriff gebe es nicht. Sein Ursprung ist unklar. Wissenschaftlich unbewiesen, aber auch unwiderlegt sind zwei mögliche Ableitungen. »Zigeuner« wie auch *cygan* (polnisch), *tsigane* (französisch) oder *acigan* (bulgarisch) könnten sich vom altpersischen Wort für Schmied, *asinkar*, herleiten oder von der griechischen Bezeichnung für die Unberührbaren, *athinganoi*. Die *gypsies* (englisch), *gifti* (albanisch), *egyptiers* (niederländisch) und ähnliche Sammelnamen in anderen Spachen werden sowohl von einem längeren Aufenthalt in einer »Klein-Ägypten« genannten Region des Peloponnes hergeleitet wie von einer Geschichte, die die Zigeuner bei ihrer Ankunft in Europa vor sechshundert Jahren angeblich selbst erzählt hätten. Sie seien reuige Pilger, zum Herumreisen verurteilt, weil ihre Vorfahren die Heilige Familie auf der Flucht nach Ägypten nicht beherbergt hätten.

Die Stadtchronik von Straßburg verbindet beide Erklärungen in ihrem Bericht über die Ankunft der ersten Zigeuner 1418: »Sie sagten es mussten alle 7 jahr ein rott ausziehen und buss thun, dieweil sie Unser Liebe Frau nicht haben beherbergen wollen; sie waren aus Epiro, der gemein man nandts aus Egipten«. Ines Köhler-Zilch hat in einer Studie für das Dokumentations- und Kulturzentrum Deutscher Sinti und Roma vor kurzem belegt, wie die Büßer-Mär aus den Stadtchroniken in die Kirchenliteratur wanderte, auf Zwischenstationen über eine Barockdissertation und Kuriositätenbücher in Lexika gelangt und schließlich zum festen Bestandteil tsiganologischer Veröffentlichungen geworden ist.[2] Andreas

Freudenberg, der auch zur neuen Gilde der Zigeunerwissenschaftler zählt, hat vor kurzem dargestellt[3], wie und auf welche Vorstellungswelt die Nachhut der Völkerwanderungen bei ihrer Ankunft in Mitteleuropa prallte. Die Vorurteile, mit denen die Zigeuner heute leben, lagen im Rohzustand schon vor ihrer Ankunft bereit. Den letzten freien Platz im Innern der spätmittelalterlichen Gesellschaft hatten die Juden eingenommen. Sie konnten vom Getto aus zumindest an der Formung der Geldwirtschaft teilnehmen und die städtische Kultur mitausbilden. Für die Zigeuner, die jeweils in Gruppen von dreißig bis dreihundert Personen ankamen, war nur noch vor den Toren der Städte Platz. Ihre Handwerke wurden von den Zünften ausgeübt und behütet. Die Zigeuner konnten singen, schaustellen, auf den Dörfern hausieren und außerhalb der Städte auch als ambulante Handwerker ihr Auskommen finden. Die Ausgrenzung der Sinti, resümiert Freudenberg, hängt mit der Geschichte des Handwerks zusammen, das sie zur Festlegung seines Monopols wieder und wieder als Pfuscher und ehrlose Gesellen disqualifizieren mußte.

Die Tsiganologie ist ein Wissenschaftszweig mit unseriöser Tradition. Einer schrieb vom andern ab, manches so oft, daß es am Ende wie eine Tatsache schien. Kirsten Martins-Heuß, früh verstorbene Neuerin, charakterisierte diese Disziplin 1983 als die »mehr oder minder kunstvoll gehandhabte Technik des Plagiats«. Von Anfang an verband sich in der deutschen Zigeunerwissenschaft ein übernommenes Bild vom sorgenfreien, wanderlustigen Wesen – mehr Spiegel der bürgerlichen Enge im Leben der Forscher denn der Zigeunerwirklichkeit – mit einer besonderen Scheu vor ihrem Forschungsgegenstand. Diese Distanz gilt noch für die verdienstvollsten Forscher, z. B. den Sprachwissenschaftler August Friedrich Pott. Er hatte in seinem zweibändigen Werk über »Die Zigeuner in Europa und Asien«[4] nachgewiesen, daß die Sprache der Zigeuner, Romanés, kein Gaunerkauderwelsch ist, sondern eine eigene, mit dem Sanskrit verwandte Sprache, die das Volk über die Jahrhunderte der Wanderschaft erhalten hatte. Die Erkenntnis ist in der Studierstube gewachsen. Pott soll nur einmal in der Nähe von London mit lebenden Zigeunern gesprochen haben, überliefert der englische Zigeunerkenner Francis Groome, im festen Glauben, daß es in seiner Heimatstadt Halle keine gebe. Groome hatte Pott in Halle besucht. Nachdem Groome sich von Pott verabschiedet hatte, traf er gleich an der Straßenecke eine pfeifenrauchende Zigeunerin mit Kindern.

In der Nazizeit diente die Tsiganologie treu der Vernichtungsstrategie. Anerkannte Tsiganologen des Dritten Reichs wirkten in der Bundesrepublik bis in die siebziger Jahre weiter, besonders prominent war der ehemalige Landauer Amtsarzt Hermann Arnold. Er war bis 1976 Mitglied des

Sachverständigenrates für Zigeunerfragen beim Bundesministerium für Jugend, Familie und Gesundheit. Ähnlich ungebrochene akademische Karrieren sind auch in anderen Ländern zu finden. Der österreichische Orientalist Johann Knobloch hatte 1943 im Zigeunersammellager Lackenbach für seine Doktorarbeit über Romani-Texte geforscht. Von Lackenbach wurden die Zigeuner, wenn sie nicht an Fleckentyphus gestorben waren, nach Lodz und Auschwitz-Birkenau deportiert. Im Vorwort zur Neuauflage in den »Burgenländischen Forschungen« 1953 dankte er ohne jeden Zynismus »den braunen Kindern dieses sorglosen Völkchens«, die ihn hoffentlich »nicht vergessen haben«. In der Tschechoslowakei schließlich sind noch lange nach Kriegsende rassenbiologische Untersuchungen an Zigeunern fortgesetzt worden.

Die Wahrheit über den Holocaust an Zigeunern hat sich vor diesem Hintergrund entsprechend schwer durchgesetzt. Erwähnt man ihn in Zeitungsartikeln als Tatsache, kommen mit Sicherheit Briefe von ungläubigen Lesern, oft Ärzten, die angeblich seit Jahren unermüdlich, aber erfolglos Beweise für dieses »Gerücht« suchen. Allerdings muß man einräumen, daß die Forschung erst jetzt beginnt, sich mit den Wurzeln und Folgen ernsthaft auseinanderzusetzen. Die Zigeunerforscher, sagt der Sinto Reinhold Lagrene, haben immer wieder den Fehler gemacht, daß sie das, was sie bei den ihnen bekannten Sinti und Roma fanden, auf das gesamte Volk übertrugen. Die deutschen Sinti seien nach ihren Erfahrungen zudem sehr zurückhaltend mit Auskünften über sich selbst. In jüngster Zeit entwickelt sich die Forschung auf zwei Gleisen weiter. Einmal am Dokumentationszentrum in Heidelberg, wo die Fluktuation beim wissenschaftlichen Personal allerdings gegen die Arbeitsbedingungen spricht. Zum andern, langsam, im Schlepptau der Vorurteils- und Antisemitismus-Forschung.

Zu den vermeintlichen Sicherheiten über das besondere Wesen der Zigeuner, die jetzt in Frage gestellt werden, zählt ihr Nomadismus, ihr angeborener Wandertrieb. Belege sind schwerer zu finden als Gegenbeweise. Manche Dienstleistungsmetiers zwingen zur Unstetigkeit. Unter den französischen Zigeunern nomadisieren nur dreißig Prozent, und sie sprechen in der Regel Dialekt; ihre Wanderungen beschränken sich meist auf einen kleinen Umkreis. Elias Canetti berichtet aus seiner Kindheit im bulgarischen Rustschuk, daß einmal in der Woche eine Zigeunerfamilie auf den Hof des Großvaters kam und zu Essen bekam. Es war immer dieselbe Familie. Das ungarische Innenministerium stellte 1893 fest, daß gerade drei Prozent der Zigeuner in Siebenbürgen ohne festen Wohnsitz waren. Bei ähnlichen Untersuchungen ist Anfang des 20. Jahrhunderts in Deutschland ein Adreßbuch sämtlicher Zigeuner zusammengestellt worden, das so zuverlässig war, daß es ein paar Jahrzehnte später noch zur Vorbereitung der Internierungen und Deportationen verwendet wurde.

Eine große, auffällige Wanderbewegung ist auch bei den Zigeunern immer Zeichen wesentlicher politischer Kräfteverschiebungen und Modernisierung der Wirtschaftsstrukturen gewesen. Vom Auslöser ihres ersten Aufbruchs aus Indien weiß man nichts. Die erste Ost-West-Welle auf dem europäischen Kontinent wurde durch die Ankunft der Türken auf dem Balkan in Bewegung gesetzt. Die zweite kam in der Folge der politisch-wirtschaftlichen Modernisierungen in Rumänien Mitte des 19. Jahrhunderts. Ein Teil der Zigeuner, die damals nach Rußland gegangen waren, machten sich zwei Generationen später, in der Krise kurz vor der Revolution, gen Westen auf. Die zuletzt Angekommenen sind immer am wenigsten verwurzelt. Sie hängen lose am untersten Rand der Gesellschaft und müssen, wenn die Abstiegsmöglichkeiten erschöpft sind, wählen zwischen Verbrechen, Hunger und Aufbruch. Die dritte Welle rollt in diesen Monaten. Die Abwehrreaktionen reichen bis zum Pogrom von Rostock-Lichtenhagen, wo jugendliche Randalierer im August 1992 unter dem Applaus der »normalen« Bevölkerung ein Asylbewerberheim anzündeten.

Die Heftigkeit der Abwehrversuche verrät nicht nur alte Vorurteile und ein verständliches Unverständnis für andere Hygienetraditionen: Zigeuner halten die Benutzung von Toiletten neben Wasserhähnen (Trinkwasserquellen) und nahe am Wohnraum für gesundheitsgefährdend und ziehen sich darum, räumlich nach Geschlechtern getrennt, lieber in die Büsche zurück – und seien es die kommunalen Grünanlagen einer Plattenbausiedlung. Die Ablehnung verrät vor allem die Ahnung von Verheerungen, gegen die noch kein Mittel gefunden worden ist: die schwelenden und die entzündeten Konflikte im Osten, der Krieg im ehemaligen Jugoslawien und der Zerfall einer Wirtschaftsordnung, die, so schlecht sie gewesen sein mag, doch immer noch für jedermanns tägliches Brot gesorgt hatte. Wenn in der slowakischen Zigeunerkolonie Letanovce – einem Slum, der südamerikanischen Favellas in nichts nachsteht – nach dem zaghaften Beginn der Wirtschaftsreformen heute von 900 Einwohnern gerade noch einer Arbeit hat, ist die Perspektive eindeutig. Und Letanovce ist nur eine von vielen derartigen Siedlungen.

Für die nachkommunistischen Gesellschaften, die sich mit nationalistischer Logik gegen das Chaos zu festigen suchen, sind die Zigeuner auf allen Ebenen die billigste Zielscheibe. Zeitungen diskutieren ernsthaft Vorschläge, die Zigeuner in besondere Reservate zu verfrachten. Die Berichte über die Selbstinthronisierung des rumänischen Bullibascha Ion Cioba zum Zigeunerkönig sind gleich in mehrfacher Hinsicht charakteristisch. Cioba ist unter den zwei bis drei Millionen Zigeunern Rumäniens keineswegs unumstritten – kaum ein Wort darüber. Die genüßlich beschriebene kiloschwere Goldkrone – indirekter Beweis für den notorisch diebischen Lebenswandel und Bestätigung des alten Glaubens vom ungeheuren Reichtum der Zigeuner. Kein Anlaß, auf die Besonderheiten der Sozialstruktur bei den rumänischen Zigeunern mit ihren teilweise feudalen Abhängigkeitsverhältnissen einzugehen.

Die Obrigkeiten sind auch nicht auf Gerechtigkeit oder Abbau von Vorurteilen aus. Der Generalstaatsanwalt der Tschechoslowakei hebt in seinem jährlichen Verbrechensbericht vor dem Parlament die Kriminalität der Zigeuner gesondert hervor. In den Kommunen halbieren ihnen die Bürgermeister zur Zufriedenheit der andern Arbeitslosengeld und andere Sozialleistungen. Wenn sie sich beschweren wollten, müßten sie erst einmal eine Instanz finden, die ihre Beschwerde annimmt. Bei den Pogromen in Rumänien hat die Dorfpolizei in der Regel ruhig zugeschaut, wenn die Zigeunersiedlungen in Brand gesteckt wurden, und der Dorfpriester ließ die Kirchenglocken läuten. Wenn man sie von weitem sieht, so geht ein alter Balkanwitz, weiß man nicht, ob es ein Zigeuner ist oder ein Mensch.

Was nun? Europa hat noch nie gewußt, wie seiner Zigeuner Herr werden. In ruhigen Zeiten sind mehr oder weniger rabiate Assimilations- und Integrationsprogramme versucht worden: Trennung der Frauen, Männer und Kinder; Verbot von Ehen unter Zigeunern; Verbot des Nomadisierens; Verbot ihrer Sprache. Als neue Variante wurde in der kommunistischen Slowakei versucht, sie von ihrem bedrohlich wirkenden Kinderreichtum freizukaufen. Zigeunerinnen bekamen einen Betrag, der drei Monatsgehältern entsprach, wenn sie sich sterilisieren ließen. In allen Staaten des Ostblocks ist nach und nach das Nomadisieren verboten worden. Die Zigeuner wurden – mit einem Erfolg, der sich inzwischen gegen sie gedreht hat – in die unterste Schicht des Industrieproletariats eingegliedert. Vor der nächsten Stufe der wirtschaftlichen Entwicklung, der technologischen Revolution, sind sie, die kaum lesen und schreiben können, hilflos. Gelegentlich treten Sprecher auf politischen Veranstaltungen auf und bieten mit rührendem Pathos die Mitwirkung der Zigeuner im wirtschaftlichen Umgestaltungsprozeß an. Sie könnten schließlich Körbe flechten, Kessel flicken und seien so tüchtig wie alle andern auch. Allein, der Rückweg in die traditionellen Handwerke wird immer schwieriger. Es nutzt nichts, ein geschickter Kesselschmied zu sein, wenn den Bauern überall das Schnapsbrennen verboten wird.

Es ist absehbar, daß sich die wirtschaftlichen Verhältnisse im Osten und mit ihnen die Lage der Zigeuner weiter verschlechtern werden. Schärfere Grenzkontrollen werden sie nicht vom Zug nach Westen abhalten können. Wer wenig hat, hat wenig zu verlieren. Den Zigeunern Westeuropas kommt der neue Zug nicht zupaß. Untereinander sind die Zigeuner weniger eins, als die andern glauben wollen.

Anmerkungen

1 Geschichte des Verbrechens. Versuch einer historischen Kriminologie (zusammen mit Heinrich Gwinner), 1951, Neuauflage Frankfurt 1990.
2 In: Daniel Strauss (Hg.), Die Sinti/Roma-Erzählkunst. Tagungsbericht, Heidelberg (Selbstverlag des Zentrums) 1992.
3 Unveröffentlichte Arbeit.
4 Halle 1844/45.

Artur Szlosarek
GEDICHTE

VORLIEBE

was bedeutet für mich wirklichkeit?
ist sie zeichen, ist sie bedeutung,
die den geist des alten dichters vereinnahmt,
der ein feuer vor sich hat voll erbarmen
das feuer der robinsons, des crusoe und jeffers?

wenn zeichen, dann der sich verschlingenden
nichtigkeit, die existiert im blick
und in der verzweiflung des papageis, den ich trug
im nebel, nicht wissend, ob ich, geleimt aus dem klebrigen
muskel der erde, überhaupt lebe –

so gern mag ich das süßbitter der mandel,
daß ich wollte, es möchte diese meine
vorliebe doch ein bißchen stärker sein
als ich selbst, im dunkel der küche,
mit einer für mich reizlosen leidenschaft

die dinge einzuteilen in lebende und in tote

(ohne Titel)

sie flüstern, wiederholen zärtlich seit ewig
dieselben liebesschwüre, flüche –
verliebte, unsterblich, treu dem
augenblick, schlürfen tellurische sphäre,

die götter des schreckens, schöpfer des anfangs,
tauschen liebkosungen aus – ihre stimmen vernimmt
man im stillen dom, am fluß, am wasser
aus steinen, das schützt und entsagt –

beide bedeuten so viel, gib's zu, so gar nichts –
rouge fällt ab von den wangen mariens, es bricht des
zimmermanns gesicht, die welt ergießt sich, fließt

AUS DEM WÖRTERBUCH

deutsch *dasein* heißt sein,
bestand, existenz: ritsch
ratsch reißt die sprachliche webe,
das handtuch, in dem das gesicht
getreu den ausdruck des leids hinterläßt:
wenn du schwitzt, existiert keine träne,
das holz würgt an einem schiefer, die sonne
läßt steine fallen auf dem weg,

erwählt bist du dazu, um zu helfen
sinn zu bauen, ewigkeit und ruhm:
errichte also dome, summe hymnen,
entkleide madonnen und sauge an gräsern,

und wenn das bedrängte herz zu beruhigen du
weißt, so magst du schlafen, mein jakob,
inmitten von krüppeln, hysterikern und symbolen,
unter den schwärenden sternen des himmels,

den schlaf der allein und so sehr gerecht

INS GEDÄCHTNIS

sag – vortrefflich, ausgezeichnet –
füg hinzu, was wird von der erde bleiben,
nach der kurzen begeisterung über sie:
der krebsgang auf dem steinernen grund
des flusses, dessen name verändert,
die luft nach dem verschwinden der ammer,
ein segel klebrig vom samen des zephyrs,
ein gehänge vom hals der nofretete?

der holocaust vielleicht? der herzbaum,
die gerste genährt vom tierblut,
der staub der rippe, aus der eva
gebildet, ein akt von ihr aus rauch?

versucht von der hymne, läßt du immer wieder
dich nähren von neuen phantomen, nicht wahr?

(ohne Titel)

jeden augenblick beginnst du von vorn: vielleicht
hörst du nicht wie paradiesvogelstimmen die ohren
dir und die luft picken, aber sie sind, existieren
immer, wie du

jeden augenblick beginnst du von vorn: vielleicht
spürst du nicht, wie pflanzenatem alles durchdringt,
wie in der schweren süße der blumen die schatten
von insekten wandern

jeden augenblick beginnst du von vorn: vielleicht
denkst du nicht mehr an dieses röhren von tieren,
den geschmack der quellen, der dir bestimmten person, noch
wie am ufer du dir die füße kühlst

jeden augenblick beginnst du von vorn: vielleicht
weißt du auch, daß du so, so viel in dir trägst,
und dann, da die hand du ausstreckst, wirst im augenblick:
wird ein wermutstern,

rollt ein angebissener apfel

Aus dem Polnischen von Alois Woldan

Susanne Marten
Das Erdbeben

Es war ein hohes Singen, ein feiner kristalliner Ton wie von Sternen.

Zuerst sirrten die kleinen Kosmetikflaschen auf dem Schränkchen neben dem Bett, schlug leise Glas aufeinander, gleichförmiges Ticken auf langsamen Reisen.

Annabelle, raunt jemand ins Ohr, Annabelle.

Gebrüll!
Aus dem Tiefsten des Raumes rumort es, daß alles davon wegspritzt, nach außen drängt alles an die äußersten Ränder des rasenden Wirbels. Der massive Kleiderschrank fährt, Spiel von Papier, in die Wand, wo ein Riß sofort durchs Mauerwerk geht.
Das Bett hebt sich. Zu überrascht ist Annabels Leib, um gleich schon mitzuschwingen mit der aufgebrachten Fahrt, Schlaf hält ihn fest noch in jener Welt, die sicher hätte sein können, und ohne Erregung, und die jetzt untergeht.
Nun ist es zu spät. Annabel ist wach. Die Augen hält sie geschlossen, eine einzige Finsternis alles. Also sind sie zurückgekehrt.

Mais je veux si fort, Annabelle. Je veux t'aimer...

Aber diesmal wollen sie nicht hören. Diesmal geben sie nicht nach, nein, wieder kommen sie mit gigantischen Gerüsten und Gebläsen, mit Bohrern und gewaltigen Hämmern und geben keine Ruhe, keine Ruhe, wenn Annabel sich in ihr Kissen zurücklegt.
Aber jetzt ist doch Nacht? Kommen sie neuerdings nachts? Annabel öffnete die Augen. Sie könnte aufstehen und nachsehen, ob der große orangefarbene Lastwagen vor dem Fenster stünde, aus dem sie ihre Meißel ausladen und die unförmigen Saugschläuche herauswälzen. Durch die Ritzen der Fensterläden zeichneten wie immer die Laternen ihr rötliches Netz. Das war wirklich nicht gut bedacht, solch große Spalten zwischen

den Sparren: wenn Sturm aufkäme? Oder zur Unzeit ein heftiger Sonnenstrahl oder manchmal ein Tier, sogar ein kleinerer Vogel. Von dort unten irgendwo kam ein vages Geflatter und fuhr mit seiner Vibration in alle Fugen. Wahrscheinlich brachen sie eben auf.

Man wußte niemals, wann sie kamen. Annabel tastete nach ihrem Kopfhörer, Lärmschutz mit höchstem Schallabdichtungsfaktor, geeignet laut Prospekt bis hinein in den Flughafenbereich; hermetisch allerdings nicht, so hatte man ihr erklärt, weil auch an den Preßluftmaschinen ein Mensch den andern hören muß. Oh ja, sie hatte auf alles die rechte Antwort parat, findig und ausgeklügelt und auf alles vorbereitet – hier, wo alle immer durch die Flure geklackert kamen, Tag und Nacht.

Die liefen hier nicht, die hier klackerten. Mit ihren Hacken hackten sie über das Parkett, als ob dies im Grunde nicht ein ruhiger Ort wäre. Als ob dies hier nicht ein Hotel wäre, ein Sanatorium sagten manche, wo Annabel sich würde ausruhen können.

Sie waren Fremde. Obendrein sprachen sie verschiedene fremde Sprachen, im Speisesaal schwirrten sie mit ihren Sprachen umher, und hier oben klackerten sie weiter, man kennt ja diese Absätze, über das Parkett.

Waren sie jetzt alle zu Bett gegangen? Ehe sich Annabel dem Schlaf überließ, mußte sie sich vergewissern; ehe man sich der Sinne begab und also jedes Geräusch direkt würde in die Wahrnehmung hineinfallen müssen. Annabel saß steil auf ihrer Matratze und horchte. Da. – Nein; doch: ein Zischeln... Über dem Hof die Laternen vielleicht, wenn der Strom durch die höllisch engen Leuchtfäden streicht.

Annabel stülpte den Kopfhörer über.

Mais reste chez moi, Annabelle, je t'en pris! War der eine also wieder hereingeschlüpft.

Das war der Franzose. Man hörte ihn niemals klackern, wahrscheinlich trug er weiche Schuhe, und wahrscheinlich war er immer später dran als die andern. Er stahl sich über die schweigsamste Schwelle der Nacht, und dann war er mitten drin.

Annabel riß den Kopfhörer herunter und grub die festverklebte Watte aus den Ohren: Was war? Stimmen, die Stimme? Fernes hochgespanntes Summen. Gläserzittern. Ob das wieder diese Leute waren, aus Vicenza, wie sie sagten, mit ihrem ewigen Wein?

In den Ritzen der Tür hatte Annabel ein geräuschisolierendes Band angebracht. In solchen Dingen war sie patent, sie wußte sich geradewegs zu arrangieren, hatte sich schließlich zeitlebens arrangiert. Bis alle zu Ende geklackert haben. Und unbedingt ist abzuwarten, bis auch die Nachttischlampen ausgeknipst sind. Besonders ganz hinten links bei den Holländern, denn solange noch Licht brennt, kann es dort zu plötzlichen Ausbrüchen von unverständlicher Heiterkeit kommen. Wenn alles gelöscht ist, läßt Annabel sich sinken, zurück in die Kissen. Jetzt hört sie nur noch ruhiges Atmen in großen Zügen.

Er hat sie etwas gefragt, wahrscheinlich, ob sie französisch spreche. Sie hat ja gesagt. Ohne genaue Überlegung, einfach »ja«.

Wenn sie eingeschlafen ist, wartet Annabel noch ein Weilchen weiter. Manchmal benutzt jemand im Bad ihren Wasserhahn. Manchmal kann sie hören, wie in den Schubladen geraschelt wird.

Natürlich ist sie tagsüber erst recht freundlich gewesen. Auch wenn sie genau weiß, was gespielt wird, läßt Annabel sich niemals etwas anmerken. Die Andern, die treiben es ja so weit, ein Spalt würde sich auftun und sie würden im Erdboden versinken, wenn man sie kompromittieren würde mit ihrem eigenen Unwesen. Dann ist für Annabel die Gelegenheit gekommen, charmant zu sein. Und alle haben es bemerkt! Man hat es förmlich knistern hören, Atemverschlagen, verblüfft wissendes.

Gezeigt, wie sie wirklich ist; Kraft kostet das, wo sie doch kaum Schlaf bekommen hatte: All die Träume, die sie hat auslassen müssen. Die mußten nun umherirren auf einem Geisterschiff, blähten ihren Kopf, ziellose Segel. Es war ihre eigene Stimme, die nach innen schallte, Folge irgendeines Unterdrucks im Gehör. Wie das Echo aus der Muschel schallten ihre eigenen Worte in sie zurück. Wie hohle Muscheln hatten die zwei Halbkugeln des Lärmschutzkopfhörers gerade zuvor noch über ihren Ohren gesessen. Ein Meisterstück, wie sie dennoch parliert hatte wie jede! Weitläufiger sogar als jede!

Es lag förmlich in der Luft, man hatte es dem Direktor ja ansehen können, der das Galafrühstück gegeben hat, wie der straff in der Haltung war, reinster Stolz, sonntäglich dastand und zum Schein Hände um Hände schüttelte. Die lang andauernden Renovierungarbeiten waren nunmehr abgeschlossen und das Etablissement konnte offiziell eröffnet werden. Augen hatte er gehabt, ringsum, Verwunderung für den aparten Gast. Annabel war höchstens auf den ersten Blick unscheinbar. Doch nun war es soweit. Alles war bereit. Der Direktor verkündete es in verschiedenen Worten, ein Paukenschlag. Auch die Kellner, die sonst so schnell waren und so schnell getäuscht, die aufmerksam und flink über den Gedecken sind und so unbedacht mit den Ahnungen der Gäste – alle haben sie es sehen müssen, wie sie da in der Mitte stand, und wenn sie gerade nicht hinhörte, mag manches Wort gefallen sein. Man tuschelt sich manches zu. Und wie sie es dann schließlich herausgejubelt hat: oui un peu, je parle un peu, bis an die Schwelle des Übermuts!

Sie kann es selbst noch ganz deutlich hören. Der eigentümliche Nachhall hat ihr Gehör neuerdings in sich selbst zurückgebracht. Nein, sie litt unter keiner anhaltenden Betäubung, die Warnungen der Verkäufer waren unbegründet gewesen, im Gegenteil, die eigenen Laute waren gleichsam heimgekehrt an ihren Platz, in die Kuppeln des Kopfhörers. Es hieß, die Kapelle sei eine besondere Pracht. Man hatte sie im Verlauf der Umbauarbeiten völlig überraschend unter der Belétage des Seitentraktes entdeckt. Sie mußte jetzt noch wiederhergestellt werden, ein Kleinod, für das jeder Aufwand lohnte. Barock, war zu mutmaßen.
Annabel war eine verständige Frau, immer noch reizend und für allerlei zu haben. Barock. Eine wahre Perle, sie konnte es hören.

Jetzt atmen sie alle, jeder in einem anderen Rhythmus. Dies ganze sich verwirrende Konzert aus Schnaufen, Stoßen und Schweben. In der Luft zittert unaufhörlich ein Stampfen, ein nicht zu beruhigender Ballen dehnt sich und zieht sich zusammen mit ohrenbetäubender Wucht, Annabels Herz auf den Brettern des Etagenflurs. Die gekalkten Wände hallen wider von dem derben Akt, es schwang das schiere Parkett. Sämtliche Fundamente bestanden aus Stubensandstein mit hohem kapillaren Wasseraufnahmevermögen.
Es war wahrscheinlich so, daß die Böden unter den Dielen überhaupt hohl waren. Bei der Renovierung war vermodertes Mauerwerk zu Tage getreten. Die Grundmauern befanden sich mangels Drainage in einem dauernden Feuchtezustand und zogen mit der Feuchtigkeit auch die darin befindlichen Salze auf, was zu Sprengungen des Steingefüges führte und dessen Tragfähigkeit minderte. Anläßlich der feierlichen Eröffnung hatte man die mühseligen Schritte bis zur Wiederherstellung noch einmal rekonstruiert, Statiker, Architekten, Schreiner waren zu beauftragen gewesen, für alles hatte man ein Ohr gehabt. Die Holzschwellen im Fachwerkbereich waren morsch gewesen durch Trockenfäule und Pilzbefall. Der Direktor hatte Hände geschüttelt, Schlüssel waren übergeben worden. Man versprach ein offenes Haus. Alles prunkte im frischesten weißen Anstrich.

Mittags hatte Annabel sich hingelegt. Da hatten ihre Augen sich schon ausgewachsen gehabt, dicke Schwämme konnten Augen sein in ihrer Übermüdung und man wußte nicht, was sie aufnahmen oder vielmehr selber ausschwitzten, was solche Augen eigenmächtig hineinsahen in die Welt, wenn der Schlaf seine eigenen Bilder nicht hatte ausbreiten dürfen ins Dunkle.

Und man mußte durchaus nicht alles mitansehen wollen. Noch während sie das zweite oder dritte Glas Sekt in der Hand gehalten hatte, das man ihr mit besonderer Aufmerksamkeit gereicht hatte, hatten die anwesenden Damen in ihren aufgetakelten Roben begonnen, tückisch, sich zu geschlossenen Kreisen zu formieren, ganz deutlich, wenn auch unsichtbar: Kreise über die gesamten Intarsien des Parketts, scheinbar lose Schrittfolgen, als könne man Annabel täuschen. Klack! Klack! Annabel hatte genau hingehört. Nein, es waren nicht die da hinten mit ihren Gläsern. Es war genau dasselbe Stoßen und Rammen, das sie schon vor dem Morgengrauen hatte hochfahren lassen. Sie wollen die verborgenen Fresken freilegen, sie entfernen den Stuck, der vom Hausschwamm befallen ist. Hervorragende Gemälde von Bedeutung sollen darunter schlummern.

Es kann nicht ausbleiben, daß die Decke dünner wird. Wenn sie nur nicht mit ihren Schlagbohrern zu dicht in die Mauer fuhren, und sie zusammenbrach.

Unablässig machen sie sich zu schaffen. Das Kapellengewölbe befand sich genau unter Annabels Zimmer, von unten die Decke hinauf. Sie war hochgeschreckt, bevor sie den Traum hatte einfangen können. Mit Schrägspießen hatte der gesamte Dachstuhl im Traufbereich gehalten werden müssen. Umfangreiche Abfangkonstruktionen sind nötig. Die Salzanteile setzen sich hauptsächlich aus Sulfat, Hydrogenkarbonat und Chlorid zusammen, andere Bereiche zeigen Thenarditausblühungen. Sie sind bald durch. Es ist nicht auf die leichte Schulter zu nehmen.

Annabelle...

Etwas ist mit seinem Ohr. Er neigt sich zu der Dame mit dem verrückten roten Haar, um sie lächeln zu hören, und schiebt die linke Seite seines Kopfes ein wenig nach vorne. Am rechten Ohr scheint deutlich eine Mißbildung zu sein, es sieht irregulär aus, was es auch ist, etwas fehlt, oder etwas ist zuviel. Er neigt sich schräg nach vorne, wenn sie lacht, wahrscheinlich ist er taub dort.

Für vier, fünf Minuten mag Annabel eingenickt sein. Sie war kaum erfrischt, dennoch war sie ganz klar. Klarer denn je: es heißt hellhörig sein, damit alle Saiten einer Feierlichkeit auch zum Schwingen kommen; eine gespannte Saite, so hatte sie vor dem Spiegel gestanden und sich für den abendlichen Teil des Festes angekleidet. Sie trug das grüne Kleid, ein kühnes Grün und sanft glänzend. Es raschelte beim Gehen, bei jedem Schritt spannte sich der Stoff um die Hüften. Falten warfen sich von allen Seiten auf, diskretes Gelächter. Oui, un peu, un tout petit peu!

Sie mochten tanzen jetzt da unten. Auch sie würde tanzen, gleich. Sie mußte nur ein klein wenig ruhen, nur ausruhen von all dem Abschreiten in der Menge, wo sie eben noch hindurchgewippt war, und hinter ihr drein wisperte der plissierte Rock. Im Getuschel von Taft verbargen sie ihre Stimmen, in jedem Schritt. Wo sie vorbeistreifte, erhoben sich fremde Sprachen.
Annabel schloß die Augen. Es war ganz still. Sie waren beim Ball, sie würden noch lange nicht beginnen zu klackern. Hin und wieder kleine Seufzer in den Wänden. Das Holzwerk war von Myzelsträngen durchwuchert.
Die, mit der er tanzte, hatte lohendes rotes Haar. Annabels grünes Kleid, und das rote Haar.
Wenn er schliefe, ich glaube, er würde schnarchen. Immer wieder käme dieses Geröchel, eines heilloser als das andere. Wenn man dachte, nun wäre alles zur Ruhe gekommen ein für allemal in den Labyrinthen von Nase, Kehle und Gaumensegel, dann gerade erhöbe sich ein besonders gewaltiger abgrundtiefer Laut.

Auf riß es. Die Möbel sprangen! Alles wütend im Kreis.
Es mußte ein Erdbeben sein. Nichts anderes, was mitten in der Nacht das Schweigen in solchen Schwällen von den Wänden riß. Glas stieß ineinander. Schwere Gewichte, Sprengungen, Schrägsprieße. Schiffe, die fallen, verborgene Kathedralen ...

Annabel springt auf. Man muß sich schützen! Annabel läßt nicht mit sich Schlitten fahren, mit ihr nicht. Gesteinsbrocken können jederzeit beginnen zu stürzen. Die Stahlträger der Deckenkonstruktion lagen auf 11,5 cm dünnen Außenwänden auf und waren nicht tragfähig. Annabel kämpft sich zur Tür, zum Flur hinaus! – nein: nicht durch die Tür, schlau, wie sie ist. Man weiß, wie das endet: Die Beben reißen die Kabel aus den Netzen, und Feuer bricht aus. Rot würde es lohen, das Parkett würde sich auftun. Die Flure wären das erste, das barst, all das schallende Parkett, offenes Haus.
Annabel taumelte gegen die Wand. Sie klammerte sich aufs Bett, daß zugleich über ihr zusammenzuschlagen schien.
Aber warte vielleicht: Es konnte doch gar kein Erdbeben sein, in Mit-

teleuropa gibt es keine Erbeben. In ruhigen Gegenden sind wir. Festungen sind die Häuser.

Sie stecken die Köpfe zusammen. Alle waren verstummt. Stumm endlich die immerzu regsamen Stimmen, und die Köpfe trug man prompt auch nicht mehr hoch.

Sie versuchen dies eine Wort in der Morgenzeitung zu entziffern: Erdbebenkatastrophe. Soviel war jedenfalls zu verstehen. Annabel versucht zwischen ihren nunmehr eingesunkenen Schultern hindurch einen Blick zu erhaschen, ob es möglich wäre, ob es tatsächlich so da geschrieben stehen könnte: Erdbeben auf Solitude – Das herrschaftliche Gebäude, gerade erst in neuem Glanze wiedereröffnet, vollständig eingestürzt – Tote, Verletzte, glücklich Errettete. Sie konnte es sehen, wenn sie sich nur konzentrierte: Bilder von weißen Trümmern, wenn sie die Augen schloß, und also war es wahr.

Annabel zögert nicht. Draußen hat sich Lärm erhoben. In den Fluren Geklacker, rascheres Atmen.

Kichern sogar, Hantieren mit Schlüsseln. Konnten sie ihre Tanzerei wahrhaftig auch im Ernst nicht lassen? Wundern würden sie sich.

Annabel öffnet das Fenster und schwingt sich auf das Sims. Sie ist immer mutig gewesen. Auf ihre bescheidene Art. All diese armen Kreaturen, die drinnen geblieben sind und nun in den Fluren und ihren Feuern verderben. Sie aber befreit sich, sie gehört zu den Glücklichen. Sie ist überhaupt die einzige Glückliche. Eine winzige, genaue Schrittfolge, ein allerweichester Schuh. Es wird ganz still. Gestirne heben an zu singen. Sie fällt wie eine Feder, leicht und leise, eine vagabundierende Schneeflocke, abwärts aus purem Mutwillen, Blütenblatt, ein geduldiger Wind.

Die Erde, die bebt, ist niemals an Ort und Stelle. Sie ist mal da, mal ist sie dort. Und so, nicht wahr, ist ein Aufprall nicht zu fürchten.

Je suis là, Annabelle, je reste toujours.

Susanne Marten
Virtuosen

Das Lokal ist das Kuznica, eine Legende. Der Herr Weißgeber sitzt am selben Tisch, wo er immer sitzt, im Rücken den getäfelten Holzpfeiler, dabei aber ganz in der Mitte des Saales. Alles ist von goldfarbenem Holz, und auch der Wein vom Herrn Weißgeber ist golden – goldgrün, wie es für Meßwein gehört. Wie immer hat der Herr Weißgeber den Zeitungshalter mit der linken Hand am Griff, die Rechte mit der Zeitung hat er aber sinken lassen. Ist es womöglich doch nicht wahr, daß nichts von allem hierherum ihn betrifft?

Drüben in der Fensternische, wo die Fremden gewöhnlich gern hingehen, sitzen, über Eck, ein Mann und eine Frau beisammen. Den Mann kann der Herr Weißgeber ja nur von hinten sehen, aber die Frau?

Eine junge Frau mit einem Gesicht, das so zart geschnitten ist, daß es wahrscheinlich immer so blaß wie Marmor sein muß; für den Herrn Weißgeber ist jede Frau mit einem solchen Gesicht eine junge Frau. Auch diese hier: Aber ihre Augen verstehen längst zu schauen. Traurig; traurig sehen ihre Augen aus. Allerdings weiß man nicht so recht, sie sind auf eine Art geschminkt, daß eine Trauer an ihnen den Pfiff darstellen soll. Mit Kniffen aus der Kosmetik kennt der Herr Weißgeber sich im einzelnen nicht aus. Sie ist jedenfalls makellos, der Herr Weißgeber kann nicht ausmachen, was ihr fehlt.

Was sie will – wie soll man das wissen. Man kann es auch gar nicht wissen wollen, sie allein ist ganz bei sich, und sie ist so bildschön. Niemand soll etwas wissen können, es sei denn vielleicht alles. Ihr Kinn ist, obwohl so schmal und fein, ein wenig grob geworden – weil sie es hinaufnimmt, die Unterlippe unverdrossen aufwärts, noch über den Mund. Eine Technik, jemand zu sein, die sich aufzeichnet: in den Mundwinkeln, die künstliche Grübchen sind. Was sich dazwischen spannt, ist fest vom Kinn besiegelt. Und sie beherrscht es.

Der Herr Weißgeber kann keine Geheimnisse leiden. Nur die unmerklich gewahrten. Er ist davon berührt, wie sie beharrlich leerbleibt im vollkommenen Ausdruck. Wie sie ihre Züge virtuos belebt, um Fremde zu sein für den Mann ihr gegenüber. Fremde darzustellen: soweit der Herr

Weißgeber sehen kann, wird ihr Mund es befolgen und darauf verzichten, deutlich auf einer Genauigkeit zu bestehen. Nicht erwirken, einfach nur Jenem dort vertraut sein...

Was ist die Vergeblichkeit darin, sich jemandem ganz sicher vertraut machen zu wollen? – Der Herr Weißgeber ist heute sehr müßig. Es kommt sonst kaum vor, daß er seinen Wein nicht längst ausgetrunken hat, bevor das von der Kühle Beschlagene in matten Tropfen herunterzurinnen beginnt. Ergreifen, erschöpfen, was schon ausgekostet ist. Was denn zieht ein zartes Kinn so unverhohlen hinauf? Aber ja, wo unerschrockener Vollzug ist, da muß unendliches Verführen nachkommen.

Der Herr Weißgeber zieht seine Hosenknie sorgfältig nach oben und schlägt die Beine übereinander, mit Bedacht: es geht auch nicht mehr alles so wie eh und je. Er hätte vielleicht die hellgrauen Socken gerne höher hinaufgezogen – die Beine sehen direkt elfenbein aus. Es geht ja auch nicht an, immerzu hier sitzen und nichts bewegen.

Stolz und gerade ist der Rücken des jungen Mannes. Seine Ellenbogen bewegen sich wendig hin und her, als begleiteten sie eine sportliche Rede. Es ist aber ganz still; das kann man bis zu Herrn Weißgebers Platz deutlich hören. Die Schultern des Mannes ziehen nach vorne, gegen das blonde Holz des Tisches ist der Mann wie zu einem Kind geneigt. In seinem kräftigen Nacken schimmert bleicher Ansatz von gutgeschnittenem dunklen Haar. Sein Gesicht sieht der Herr Weißgeber nicht, oder was davon zu erwarten ist.

Den Herrn Weißgeber bringt an sich nichts aus der Fassung. Es ist aber schon sehr plötzlich gekommen und, während er sich einfach so für sich hinübergelehnt hat, epochal: Die Frau am Fenster trinkt. Sie bewegt dabei den Kopf kein Stück, jenes elementare Gewächs. Der Mann dreht den Stiel seines Weinglases zwischen den Fingern der linken Hand. Der Meßwein schmeckt hier schlicht und rein wie das klarste Wasser; die höchste Kunst von Anbau und Ausbau – ein vollendetes Ergebnis. Aber wenn er nicht mehr recht kalt ist, ist er nicht mehr gespannt und verschlossen genug, er beginnt dann gelb zu werden. Der Herr Weißgeber hat heute die Hand nicht nach oben gebracht, um sich das vertraute Pensum zu bestellen, sein Arm liegt nachgerade mühselig auf dem Tisch, zwei Finger der Rechten streichen die Kante der Zeitung. Man müßte...

Sie beginnt zu lächeln; gewiß! – es ist ein Lächeln, ein bedeutendes: daß sie das Kinn noch unsäglicher über die Lippen zieht. Dort birgt sie jetzt noch mehr, noch gewissenhafter. Dabei senkt sie den Kopf ein klein wenig und schlägt die Glocken – oh! sich zu versprechen! – schlägt die Augen strahlend auf. Vom Gedeck des Mannes, das zum Mahl bereitliegt, nimmt sie das Messer und streicht dem Mann damit leicht über die Finger. Sie lächelt immer unaussprechlicher, es ist nicht beschlossen, ob die dabei entstehende Grube in ihrem Kinn gründlich erscheint, oder kokett, oder weinerlich. Dabei streicht sie über die Finger des Mannes immer kräftiger, langsam und kräftig. Die rechte Hand des Mannes liegt flach hingebreitet, die Arme haben ihr heftiges Spiel aufgegeben.

Er hat ausgebreitet. Es scheint, sie schneidet. Ein arger Schmerz...? Oder eine Regung, oder ein Handstreich. Der Herr Weißgeber weiß, daß zu wissen nichts ist; nicht dahinterkommen: davorstehen, innehalten, festhalten, damit es, alles, nicht vertan sei.

Die Frau fährt fort zu streichen. Das Lächeln dauert an, und sie sieht weiter aufwärts mit unbeirrt offenem Blick. Jetzt könnte einer merken. Ihre Augen glänzen. Aber jetzt werden sie dunkel: weil Zeit verstrichen ist; weil der Augenblick schon ein Muster ist. Was hielte er noch fest, wenn sich nichts mehr bewegt?

Der Herr Weißgeber sieht, wie der Rücken des Mannes sich windet, wie seine Hand nach dem Messer der Frau hinübergreift, über ihre Linke fährt, die nach oben zuckt und in Blut ausbricht. Die Frau tut einen Schrei – vielmehr ein scharfes Einatmen. Bis zum Herrn Weißgeber ist es gerade noch zu hören, dann ist Stille.

Der Mann springt auf. Er ist eine stattliche, eine zähe Gestalt, ansprechend gekleidet für jede gute Gelegenheit. Seine Haltung, immer präzise, ist jetzt merklich geduckt, und wie ein Krieger, oder ein Käfer, drängt er mit den Armen: »Oh Gott...«

»Ach wo«, sagt sie milde, »nichts.« Sie dreht ihre Hand, als sei die ein bunter Stein, in der Luft: »Es ist nichts.«

Er ist aber schon ganz unentwegt: »Oh Gott, oh Gott! einen Arzt.« Mit der einen Hand holt er ein Taschentuch aus seiner Hosentasche hervor, mit der andern will er nach ihrem Handgelenk greifen. »Gib; zeig; laß mich mal«; dreimal greift er zu, beirrt jedoch jedesmal durch die Beispiellosigkeit seiner eigenen Tat.

Sie dreht die Hand von ihm weg, das ist peinvoll. »Laß schon«, sagt sie leichthin, »es ist doch nichts. Setz dich hin.«

»Aber ich habe...«, seine Stimme möchte sich überschlagen, »ich habe dir mit voller...«

»Gar nichts«, sagt sie bestimmt, »und ich bitte dich.«

Der Mann ergreift die Lehne seines Stuhls, walkt sie mit Händen, die porzellanweiß sind. Der Herr Weißgeber reibt die eine Faust kreisend gegen die andere Handfläche: Er kennt das – das Filigrane von schlechter Durchblutung. Wieder streckt der Mann der jungen Frau sein Taschentuch entgegen, das zwischen ineinandergeschlungenen Fingern verborgen ist. Eine unverhofft entschiedene Wendung: den hellen Stuhl reißt sie zu Boden.

Ein mutwilliges Geräusch ist von der Frau her zu hören. Oder ist es eher ein Knacken im Knie, als der Mann sich bückt, um den Stuhl aufzuheben – eifrig, wie ein Käfer oder ein Kind? Sie lacht; jetzt lacht sie richtig, lautlos, aber mit perlenden Zähnen im geöffneten Mund. Ihr Kinn entspannt sich. Der Herr Weißgeber bemerkt nun erst eigentlich, daß sie dunkel wippende Locken hat; dazwischen ihr Gesicht ist glatt, munter und ohne Kränkung.

»Ein Pflaster!«, stöhnt der Mann, vom Beugen atemlos, »man muß ein Pflaster beschaffen.«

Auf der Stirn der Frau melden kleine Falten an, daß sie streng sein könnte, haarscharf, wenn der Moment gekommen sein würde. »Genug jetzt«, sagt sie. »Wegen nichts. Immer wegen nichts.«

»Nichts!«, stöhnt der Mann.

Die Frau dreht ihre Hand ohne Aufmerksamkeit ein Stück weiter, damit das tüchtig fließende Blut seine Bahn um die Hand herum nimmt, anstatt den Tisch zu vertropfen. »Was beklagst *du* dich, und *ich* blute.« Sie sagt das so unbefangen, da sticht weder Heiterkeit besonders hervor noch Tadel.

Der Mann sieht sie gebannt an – die Hand, die Frau. Dann strafft er sich und beinah befriedigt sagt er: »Ein Pflaster.« – während er einen langen Schritt zur Theke hin unternimmt.

Der Herr Weißgeber muß es kommen gesehen haben. Zugleich war die Wirtin unterwegs mit ihrem gewohnten, blindlings federnden Schritt, um zwei Platten voller Speisen, eine in jeder Hand, zum Fenstertisch zu bringen, wo oft Paare sitzen. Die Wirtin nimmt geübt die Arme hoch, in die volle Brust rennt ihr der Mann.

»Ein Pflaster!«, schreit der Mann, »haben Sie?«

Auf der Schräge der Platten rutscht das Essen seitwärts, die braune Soße kann der Herr Weißgeber um die trägeren Knödel laufen sehen. »Hoppla«, sagt die Wirtin, »ist ja noch mal gutgegangen.«

Sie stellt die Platten ab, eine vor den leeren Platz, eine vor die junge Frau. »Knödel«, sagt diese ergeben und sieht die Wirtin mit einem Augenaufschlag an.

»Ja«, bestätigt die Wirtin, denn so muß es auch sein. Ihre Hände stemmt sie in die Hüften; »nichts passiert gottlob.«

Schon hat die Frau zum Messer, zum Messer aus dem Gedeck des Mannes, die Gabel hinzugenommen und beginnt genüßlich zu zerteilen. Die Wirtin sieht auf ihren beliebten Tisch hinunter: Die Knödel, in deren porösen Anschnitt das Fett der Soße eindringt, Schweinernes, die Gläser, noch gut halbvoll, der Korb mit dem blau-weiß-karierten Tuch und den Semmeln, die böse Hand. »Dann wünsch' ich Wohlbekomm's«, sagt sie. Auch ohne ihren Blick erkennen zu können, weiß der Herr Weißgeber sehr gut, daß der voller Appetit ist. Er persönlich findet jedoch die Knödel drüben beim Heimser mehr gelungen. Da ist doch eine gewisse Genugtuung zu verzeichnen.

»Oh dankeschön«, sagt die Frau.

»Da entlang«, weist im Gehen die Wirtin dem immer noch im Raume stehenden Mann einen Weg ins Halbdunkle hinter den Säulen.

Der Mann jedoch erreicht jetzt wieder den Tisch und faßt mit Bestimmtheit nach der Schulter der Frau. »Du bist verletzt. Das Essen ist verschüttet. Wir essen hier nicht. Schluß.«

»Das Essen ist nicht verschüttet«, sagt die Frau, schneidet, gabelt, tränkt und piekt. »Knödel, herrlich.«

Der Herr Weißgeber nimmt seine Zeitung auf. »Und mir noch einen«; er hebt das schnell geleerte Glas leicht in Richtung auf die Theke vom Kuznica. Er sieht beflissen in die Zeitung. Es scheint aber heute nichts Wirkliches drinzustehen. Zeit jetzt, denkt der Herr Weißgeber. Vertan...

»Wie du nur kannst!«, sagt da hinein der Mann. Er richtet sich auf; er ist jetzt unantastbar: Er hat keinen Appetit, das mag jeder sehen, aber dafür Geschmack.

»Was du hast«, stellt sie fest, »also wirklich.« Es sieht nicht so aus, als wird sie noch mehr sagen – sie weiß, was sie hat an den Knödeln.

Der Mann geht zur Tür. Er sieht glänzend aus, gutgewachsen, seine Arme sind jetzt locker, ausgewogen, die Schultern breit, so geht er hinaus.

Nach einem Augenblick – außer einem Luftzug von der Türe her ist im Saal keine Zeit vergangen – kommt er wieder herein. Er zwängt sich zwischen den Säulen ins Hintere des Lokals. Er nimmt seinen Mantel vom Garderobehaken und geht noch einmal hinaus.

Wo einer allzu beherzt hinlangt, da wird er die Entfernung noch einmal durchmessen müssen. Aber Wiederholen wiegt nur zum Schein Vergehen auf. Noch einmal hinaus. Oder vielleicht hat es draußen – und man weiß es von hier drinnen nicht – zu regnen angefangen: Vielleicht *mußte* er seinen Mantel wieder holen.

Die Frau hat nichts mehr gegessen. Sie ist so schlank und empfindlich, man muß ein Einsehen haben, daß sie keinesfalls zum Abend hin mehr als ein paar kleine Häppchen essen kann, Knödel zumal. Sie winkt der Wirtin. Der Herr Weißgeber pflegt Damen in dieser Geste sehr peinlich zu finden, aber sie, man kann sagen, was man will: sie kann es.

»Und der Herr hat nichts gegessen.« Die Wirtin wundert sich nicht.

»Der Herr hat nichts gegessen«, sagt die junge Frau. »Es war wunderbar.«

»Na dann zahl'n Sie's halt nicht«, sagte die Wirtin und rechnet zusammen.

»Gut«, sagt die Frau. Geschickt hantiert sie einhändig mit Börse und Geld, die Linke hat sie umwickelt, mit irgendeinem Tuch. Der Herr Weißgeber hat es nicht sehen können, wie sie's gemacht hat.

Die Frau erhebt sich; groß. Eigentlich ist sie ja kleiner, als vom Sitzen her zu rechnen war. Doch trägt sie ihre charmanten buntgemusterten Kleider wie Banner – trotz des Rüschigen und hinreißend Seidigen ist an einen Schmetterling, überhaupt an Flatterndes und Fliegendes, nicht zu denken. Sie nickt der Wirtin verbindlich zu und geht hinaus.

Der Herr Weißgeber trinkt seinen Meßwein. Das Geld zählt er direkt auf den Tisch. Den Weg ins Halbdunkle dahinten nimmt er heute nicht. Wie er zur Tür hinausgeht, da ist nicht wegzudenken, daß er auch älter geworden ist.

»Der Herr Weißgeber.«

»Was? Kennst du den Mann etwa, der da eben rausgegangen ist?«

»Ich?«, sage ich zu Bogusch, »woher denn. Wir sind doch erst seit drei Stunden in Wien.«

»Du hast aber eben ›Herr Weißgeber‹ gesagt, laut und deutlich, oder jedenfalls so ähnlich.«

»Weißgeber... Kenn ich keinen. ›Weiß‹ höchstens. Das war ein Mann, den ich mal kannte.«

»Und von dem du prompt zu träumen anfängst, sobald wir beide zusammen verreisen«, schmollt Bogusch.

»Schwarz wie ein Tartar, mit goldgelber Haut...«

»Attraktiv«, sagt Bogusch, »aber barbarisch.«

»... er war vollkommen sanftmütig...«

»Ein Freund der Frauen und Kinder«, sagt Bogusch. »Und wahrscheinlich schwerblütig, Steppe in den Augen, im Herzen wilde Rösser.«

»Ja. Er war unser Erdkundelehrer. Unwahrscheinlich weichherzig. Und etwa jede Woche bekam er einen horrenden Wutanfall.«

»Gewissenlos«, sagt Bogusch. »Und bloß, weil du nicht wußtest, wo die Tartarei liegt?«

»Die anderen Lehrer haben uns hinter vorgehaltener Hand geflüstert, daß der Herr Weiß drauf und dran gewesen war, ein begnadeter Violinvirtuose zu werden, als er bei irgendeinem Unfall einen Arm einbüßte.«

»Begabt *und* tapfer, was für ein Schicksal! Und Erdkundelehrer...«. Bogusch, ich weiß das andererseits, ist im Grunde sehr einfühlsam.

»Die anderen Kinder haben sich daraufhin den lose in der Jackentasche endenden Ärmel noch ein paarmal angesehen. Manche wundern sich nicht, die schauen und schauen. Ich habe mich allerdings für die Wutanfälle interessiert. Die waren äußerst eigenartig, ja, ganz erstaunlich. Er war ein Virtuose.«

»Mit dem Finger auf der Landkarte«, erwidert Bogusch, »köstlich.« Er trinkt einen großen Schluck von seinem Bier.

Ich schaue über die leeren Tische, zum Fenstertisch, zum Tisch am Pfeiler, auf dem eine Zeitung liegt. Damals habe ich das Wort ›Virtuose‹ gelernt. »Das war so gut wie Geigespielen, mindestens.«

»Was«, sagt Bogusch. Manchmal ergreift mich seine rasche Ungeduld. »Wien ist nett, nicht?«

Ich lächle Bogusch an; er ist ein hübscher Mann, auf komplizierte Art. Ich male mir eine Frau aus, vollkommen schön wie ein spiegelnder See, eingerahmt von dunklen Locken.

Wie die großen Geiger den Ausdruck tiefster Erregung erzeugen, müssen sie mit ihrem Instrument ganz unerhört über den Dingen stehen – oder nicht? Und wieder, und wieder: Bei jeder Aufführung dieselbe Innigkeit. Gewissenhaft den Ton treffen, der schon schwingt irgendwo.

»Sehr nett«, gebe ich Bogusch zur Antwort. »Und daß mein Getränk hier ›Meßwein‹ heißt, beflügelt die Empfindung.« Ich nehme einen angenehmen, aber fast schon gelblichen Schluck.

David Stork: Die Krönung des Ion Cioaba

1 Kloster St. Georg bei Horezu, vor der Krönung

Am 8. September 1992 ließ sich Ion Cioaba aus Sibiu im St. Georgs-Kloster bei Horezu zum internationalen König der Zigeuner krönen. Zur selben Zeit fand in der Nähe das jährliche Zigeunerfest statt. Cioaba beansprucht die Königswürde für Europa und Amerika. Dieser Anspruch ist allerdings unter den Zigeunern umstritten.

2 Ion Cioaba nach der Krönung

3-4 Zigeunerfest 1992

5 Zigeuner in einem Dorf bei Horezu

6-8 Zigeunerlager bei Alba Julia

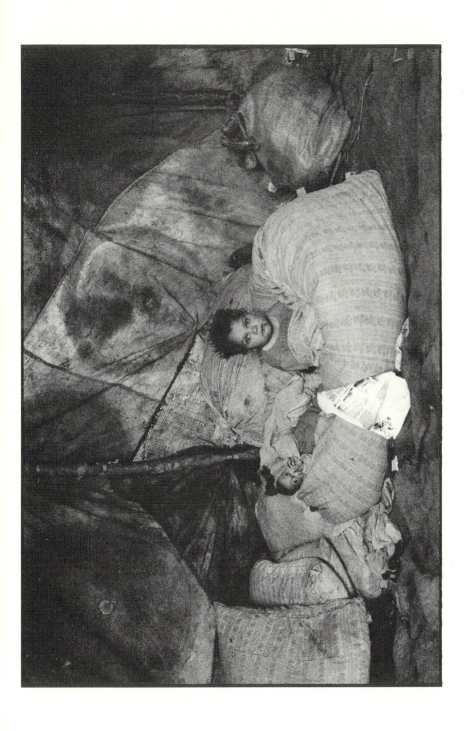

Zu den Autoren

Bert van den Brink, geb. 1964, Assistent an der Universität Utrecht, arbeitet an einer Dissertation über Liberalismus und Demokratie. Herausgeber (mit W. v. Reijen) von: Bürgergesellschaft und Demokratie, Frankfurt a.M. (Suhrkamp) 1993.

Günter Frankenberg, geb. 1945, lehrt Öffentliches Recht an der Fachhochschule Frankfurt a.M.; Mitglied des Instituts für Sozialforschung; forscht derzeit über den Wandel des Demokratieverständnisses in der Bundesrepublik Deutschland sowie über Bürgergesellschaft und soziale Rechte; 1992 Visiting Fellow des IWM. Publikationen: Der Ernst im Recht, in: *Kritische Justiz*, Heft 3, 1987; Die demokratische Frage (gemeinsam mit Ulrich Rödel und Helmut Dubiel), Frankfurt a.M. (Suhrkamp) 1989.

Jacqueline Hénard, geb. 1957 in Berlin, gehört seit 1981 zur Redaktion der *FAZ*. 1987-92 in Wien als Korrespondentin für die osteuropäischen Länder; lebt und arbeitet seit 1992 wieder in Berlin. Internationaler Publizistik-Preis 1990.

Otto Kallscheuer, geb. 1950, Philosoph, Politologe und Publizist; Herausgeber der Theorie-Reihe »Rationen« im Berliner Rotbuch Verlag; 1993 Visiting Fellow am IWM. 1991 erschien: Glaubensfragen (Frankfurter Verlagsanstalt).

Susanne Marten, geb. 1954, lebt als freie Schriftstellerin und Übersetzerin in Hamburg. Gedichte und Erzählungen in verschiedenen Verlagen. 1991 Stipendiatin für Literatur in der »Akademie Schloß Solitude« (Stuttgart).

Susan M. Okin, geb. 1946, lehrt Politikwissenschaften an der Stanford University und arbeitet insbesondere zur feministischen politischen Theorie. 1989 erschien: Justice, Gender and the Family, New York (Basic Books), 1992 eine erweiterte Neuauflage, Princeton UP.

Willem van Reijen, geb. 1938, lehrt Sozialphilosophie und politische Philosophie an der Universität Utrecht. Arbeitet derzeit u.a über Walter Benjamin und über politische Philosophie. Zuletzt sind erschienen: Modernisierung. Projekt und Paradox (zusammen mit H. v.d. Loo), München (dtv) 1992; Allegorie und Melancholie (Hg.), Frankfurt a.M. (Suhrkamp) 1992.

David Stork, geb. 1963 in Holland, lebt als Photograph in Los Angeles.

Jerzy Szacki, geb. 1929, lehrt Soziologiegeschichte an der Universität Warschau; Korrespondierendes Mitglied des IWM. 1991 erschien auf polnisch: Die Dilemmas der Ideengeschichte, Warschau (PIW).

Artur Szlosarek, geb. 1968 in Krakau, studiert derzeit Komparatistik an der Universität Bonn. 1991 erschien: Wiersze napisane (Geschriebene Gedichte), Krakau (Oficyna Literacka).

Charles Taylor, geb. 1931, lehrt Politische Wissenschaften und Philosophie an der McGill University, Montreal, und an der Université de Montréal. Stellv. Vorsitzender des Wissenschaftlichen Beirates des IWM. Auf deutsch erschien zuletzt: Negative Freiheit? Zur Kritik des neuzeitlichen Individualismus, (Suhrkamp) 1988; 1992 erschienen: The Ethics of Authenticity, Harvard UP; Multiculturalism and »The Politics of Recognition« (Hg. A. Gutman), Princeton UP.

Robert S. Wistrich, Erich and Foga Neuberger Professor of Modern Jewish History an der Hebrew University of Jerusalem und Jewish Chronicle Professor of Jewish Studies am University College London. 1987 erschien auf deutsch: Der antisemitische Wahn. Von Hitler bis zum Heiligen Krieg gegen Israel, München (Hueber). Für sein letztes Buch: Antisemitism: The Longest Hatred, New York (Pantheon Books) 1991, erhielt er 1992 den *H.H. Wingate non-Fiction Literary Prize.*

Iris M. Young, geb. 1949, lehrt Philosophie an der University of Pittsburgh und arbeitet vor allem zur Demokratietheorie und Frauenphilosophie. 1990 erschienen ihre beiden Bücher: Justice and the Politics of Difference, Princeton UP; Throwing Like A Girl, Indiana UP.

INSTITUT FÜR DIE WISSENSCHAFTEN VOM MENSCHEN

Junior Visiting Fellowships

Bewerbungen für 1993 und 1994

Für die zweite Hälfte des Jahres 1993 und die erste Hälfte des Jahres 1994 schreibt das Institut für die Wissenschaften vom Menschen (IWM) wieder Junior Visiting Fellowships aus. Zweck des Programmes ist es, vielversprechenden jungen Wissenschaftlern aus den Geistes- und Sozialwissenschaften Gelegenheit zu geben, ihre Studien in Wien fortzusetzen und mit den Permanent und Visiting Fellows des IWM zusammenzuarbeiten. Die Bewerber sollten Doktoranden der Geistes- bzw. Sozialwissenschaften sein oder bereits ihr Studium abgeschlossen haben; die Thematik ihrer Arbeit sollte mit den Forschungsschwerpunkten des IWM korrespondieren. Junior Visiting Fellows erhalten ein Stipendium für einen Zeitraum von sechs Monaten, beginnend mit 1. Juli 1993 bzw. 1. Januar 1994, das die Lebens- und Aufenthaltskosten deckt. Das IWM stellt ein Arbeitszimmer sowie Zugang zu institutseigenen und Wiener Forschungseinrichtungen zur Verfügung.

Bewerbungen in deutscher oder englischer Sprache sollten enthalten: ein kurzes Schreiben, das die Forschungsziele des Bewerbers erläutert, einen Lebenslauf und das Empfehlungsschreiben einer qualifizierten Person, die mit dem akademischen Werdegang des Bewerbers gut vertraut ist. Alle Unterlagen sind gleichzeitig einzureichen an: Junior Visiting Fellows Programm, c/o IWM, Spittelauer Lände 3, A-1090 Wien, Tel. (01) 313 58-0, Fax (01) 313 58-30; Ende der Bewerbungsfrist: 31. März 1993 bzw. 31. Oktober 1993.

Das IWM hat überdies zu den gleichen Konditionen ein

Jan Patocka Junior Visiting Fellowship

eingerichtet, das für junge Wissenschaftler vorgesehen ist, die sich mit dem Werk Jan Patockas und/oder mit den damit verbundenen Problemfeldern beschäftigen: Phänomenologie, Philosophie der Antike, politische Philosophie, Geschichtsphilosophie, Ästhetik und tschechische Geschichte und Kultur.

nowa Res Publica

die angesehenste Monatsschrift in Polen

das Bild des öffentlichen Lebens in Polen
die Wirklichkeit Polens nach der grossen Wende
der Alltag Polens nach dem Zusammenbruch des alten Systems

Politik, Kultur, Geschichte, Gesellschaft, Sitten

Wenn Sie wissen wollen, was die Polen wirklich denken -
lesen Sie **Res Publica Nowa**

Abonnementpreise: halbjährlich $36; jährlich $72; (inkl. Versandkosten)
Kontonummer: Batory Press sp. z o.o. Bank PeKaO SA IV O/M Warszawa
501132-40045070-2511-3-1110
Adresse: Res Publica Nowa, skr. poczt. 856, 00-950 Warszawa 1 Polen

---

social research

AN INTERNATIONAL QUARTERLY
OF THE SOCIAL SCIENCES

VOLUME 59, NO. 4
WINTER 1992

FRONTIERS IN SOCIAL INQUIRY

HISTORY'S LESSONS
Robert Heilbroner

FUTURES OF EUROPEAN STATES
Charles Tilly

THE STATE TO THE RESCUE? POLITICAL SCIENCE AND HISTORY RECONNECT
Ira Katznelson

THE POLITICS OF THE IMPOSSIBLE: OR, WHATEVER HAPPENED TO EVOLUTIONARY THEORY?
Eli Sagan

WEAK SOCIOLOGY/STRONG SOCIOLOGISTS: CONSEQUENCES AND CONTRADICTIONS OF A FIELD IN TURMOIL
Alan Wolfe

OTIOSE ECONOMICS
Alice H. Amsden

TOWARD A STRUCTURAL THEORY OF PSYCHOPATHOLOGY
David Shapiro

THE RESURGENCE OF PRAGMATISM
Richard J. Bernstein

MULTICULTURALISM AND THE CHALLENGE OF ANTHROPOLOGY
William Roseberry

Individual Subscriptions: $24; Institutions: $50; Single copies available on request
Editorial and Business Office: Room GF354, 66 West 12th Street, New York, N.Y. 10011

PROSTOR

eine tschechische Vierteljahresschrift für Kultur und Politik

Prostor wurde 1982 als Samisdat-Zeitschrift gegründet. Die Zeitschrift publiziert Essays von Autoren aus dem In- und Ausland. Sie bezieht ihr Selbstverständnis aus der abendländischen kulturellen Tradition und behandelt Probleme unserer Zeit aus unkonventionellem Blinkwinkel. Prostor wendet sich an ein intellektuelles Publikum, das an Fragen der heutigen Gesellschaft, Kultur und Politik interessiert ist.

Die im Dezember 1992 erschienene **Nummer 22** hat

Prag, die polemische Stadt

zum Thema. Erinnerungen an das tschechisch-deutsch-jüdische, vor allem an das literarische Prag der ersten Jahrhunderthälfte, eine Betrachtung der geistig-mystischen Zentren der Stadt, Bemerkungen zu ihrer architektonischen Entwicklung und zur modernen Architektur bilden den Inhalt dieses Heftes.

Nummer 23, die im März 1993 erscheinen wird, befaßt sich mit dem Thema

Die Erneuerung der tschechischen Staatlichkeit und der nationale Charakter

Philosophen, Politologen, Historiker, Publizisten und Künstler werden in ihren Beiträgen Fragen der tschechischen Identität im europäischen Kontext diskutieren.

Verlagsadresse: Ales Lederer, U Prasne brány 3, Praha 1, PSC 116 29.
Bestelladresse für Abonnements und Einzelhefte:
Kubon & Sagner, P.O. Box 34 01 08, D-8000 München.

For 30 years we've been writing about the world's most controversial issues.

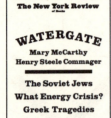

Now we're available at a price no one can argue with.

In celebration of *The New York Review's* 30th Anniversary, we're giving you three great reasons to subscribe:

Just £29.95 for 21 issues. That's a full year of *The New York Review*, at nearly 25% off the subscription price (over £9 off the newsstand price).

A free gift. Subscribe now to *The New York Review*, and receive a softcover Anthology commemorating our 30th Anniversary. The Anthology includes essays originally published in *The New York Review* about some of the most important political and cultural events of the last 30 years.

A risk-free guarantee. If for any reason you're unhappy with your subscription you may cancel and we will refund any unused portion of the subscription cost, at any time. What's more, the Anthology is yours to keep, as our gift to you.

So if you've missed the first 30 years of *The New York Review*, you won't want to miss this offer!

The New York Review of Books

Please return to: Subscriber Service Department, c/o Fitzgerald, PO Box 923, London W2 1XA

Yes! Please enter my subscription to 21 issues of *The New York Review of Books* at the special introductory rate of £29.95. I will also receive the Anthology free, and a risk-free guarantee.

❑ £29.95* enclosed.
Charge my: ❑ Am Ex ❑ MasterCard ❑ Visa

Cheques should be made payable to The New York Review of Books. *We only accept Sterling cheques drawn on UK banks or cheques in US dollars drawn on USA banks. Credit card orders will be billed in US dollars. We cannot accept international money orders. For European orders outside of the UK, please add $5 or £3 to the introductory rate for postage and handling. Offer available for the first year only to new subscribers. Please allow 6 to 8 weeks for receipt of your first copy. Add $60.00 or £35 for accelerated air delivery, suggested for the Far East and Australia only.*

Name
Address
City
Country   Postal code
Credit Card Number   Expiration Date
Signature   A3ATRX

Fax credit card orders directly to New York for faster service, attention Mike Johnson: (212) 333-5374

Jan Patočka
Ausgewählte Schriften

»Ohne Zweifel ist er derjenige, der das Erbe der tschechischen Philosophie ohne Kompromiß durch Faschismus und Stalinismus trug. Er bietet zugleich das Bild eines Bewahrers der Tradition und eines Häretikers, eines großen Skeptikers.« (Philippe Despoix)

Ausgewählte Schriften, Band V
1992. 371 Seiten, Leinen mit Schutzumschlag,
158,– DM / öS 1232,–
ISBN 3-608-91491-9

Der fünfte und letzte Band der »Ausgewählten Schriften« stellt die wichtigsten Arbeiten des Prager Philosophen zur tschechischen Kultur und Geschichte vor, entstanden zwischen 1938 und 1977. Mit ihnen greift er kritisch in die für sein Land bezeichnende Tradition einer »Nationalphilosophie« ein, die nicht nur tschechische Philosophie, sondern auch Philosophie des »Sinns der tschechischen Geschichte« ist.

Ausgewählte Schriften
Hrsg. am Institut für die Wissenschaft vom Menschen, Wien

Die natürliche Welt als philosophisches Problem
Phänomenologische Schriften I
1990. 319 Seiten, Leinen mit Schutzumschlag,
98,– DM / öS 764,–
ISBN 3-608-91462-5

Die Bewegung der menschlichen Existenz
Phänomenologische Schriften II
1991. 650 Seiten, Leinen mit Schutzumschlag,
180,– DM / öS 1404,–
ISBN 3-608-91463-3

Kunst und Zeit
Kulturphilosophische Schriften
1987. 597 Seiten, Leinen mit Schutzumschlag,
168,– DM / öS 1310,–
ISBN 3-608-91460-9

Ketzerische Essais zur Philosophie der Geschichte
und ergänzende Schriften
1988. 497 Seiten, Leinen mit Schutzumschlag,
148,– DM / öS 1154,–
ISBN 3-608-91461-7

ROTBUCH RATIONEN

CHRISTEL ZAHLMANN (HG.)
KOMMUNITARISMUS
Kommunitarismus in der Diskusssion
Eine streitbare Einführung

Wie kann ein womöglich entgrenzter Individualismus kuriert werden, ohne das geschichtlich erstrittene Recht auf Selbstbestimmung zu gefährden? Christel Zahlmann hat kontroverse Beiträge zu einer Debatte versammelt, die den emanzipativen Gehalt der Moderne retten möchte, ohne vor deren destruktiven Potentialen zu resignieren.
Rotbuch Rationen, DM 28

MICHAEL WALZER
ZIVILE GESELLSCHAFT UND
AMERIKANISCHE DEMOKRATIE

Den Umgang mit ethnischen und religiösen Differenzen in der amerikanischen Demokratie stellt Michael Walzer zur Diskussion, um den Bürgerstreit als eine Form der Zivilisierung von Konflikten freizulegen. Sein Buch läßt ein anderes Amerika sichtbar werden, ein Gemeinwesen aus vielfältigen Gegensätzen, eine *nation* mit zahlreichen *communities*, eine Demokratie aus lauter Einwanderern.
Rotbuch Rationen, DM 39,80

Rotbuch Verlag